世界の食文化 5

監修 石毛直道 編集委員 大塚滋 樺山紘一 川北稔 熊倉功夫 本間千枝子 南直人

タイ

山田均

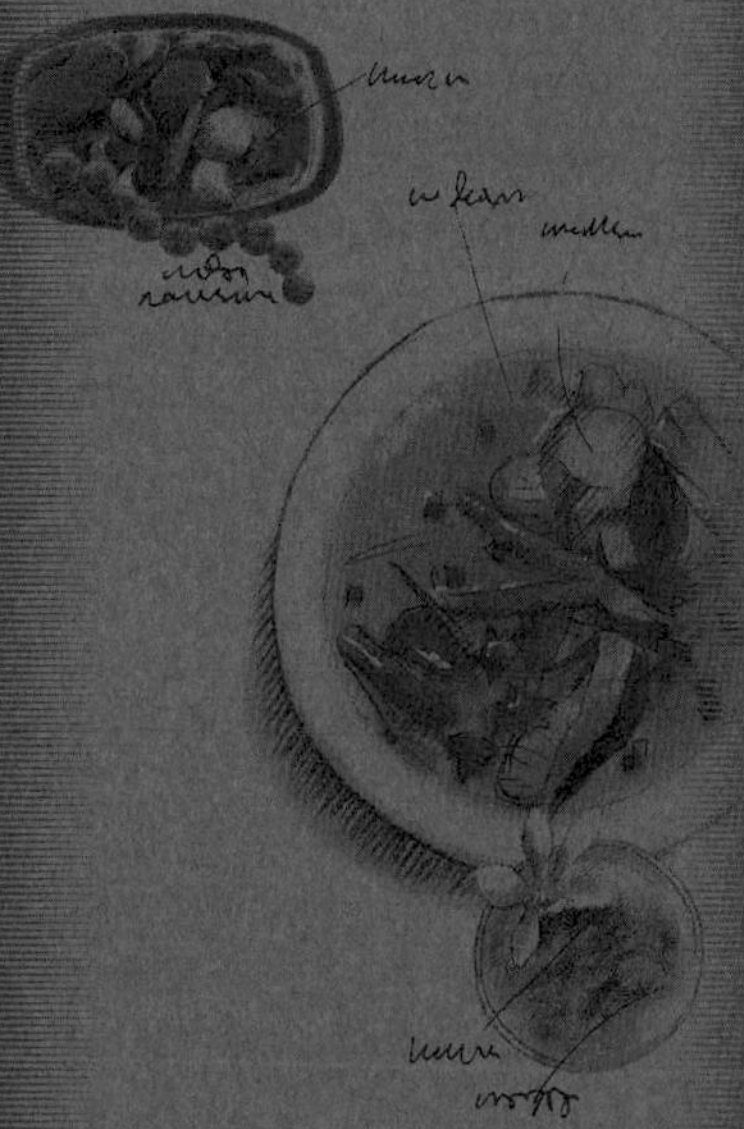

農文協

トムヤム、ナムプリック、エスニックの香り……

タイ

撮影―大村次郷

●―活気あふれる朝のダムヌーンサドゥワック水上マーケット。

❶—ダムヌーンサドゥワックでは運河がすなわち道である。僧の毎朝の托鉢も船で行く。

❷—干物にした魚を売る船もある。

❸—麺類を売る船。寸胴はじめ一式をすべて積み込んで運河をまわる。手前に見えるのは具。

❹—ドリアンの屋台。
買い手は叩いて音を聞き、
真剣に選ぶ。
売り手は大きなグローブが必要だ。

❺—昼間野菜が売られていたスペースは、
夕方からは食べ物屋の屋台で埋まる。

❻—焼き豚飯、カオ・ムーデーン。
手前は中国式腸詰のクンチエン。
ゆで卵が載るのもスタイルだ。

❼—ムーサテ。サテはマレーから
伝わったものだが、タイに来て
豚に変わってしまった。

❽—市場で僧への食事を
供養する人。
誕生日や大切な日には
こうして小さな功徳を積む。

❾—イスラームはタイでは
第二位の宗教である。
モスクの前で
托鉢の供養を受ける仏教僧。

⑩―家の前に流れる運河はそのまま生活用水でもある。今日の料理に使う野菜を洗う人。

⑪―台所臼のクロックでニンニク、エビ、トウガラシなどを搗き潰してカレーペーストを作る。

⑫―ウイキョウをエビと炒める人。庶民の台所にも中華鍋は欠かせない。

⑬―ダムヌーンサドゥワックに残る旧家の中国系農家の台所。磨きたてた鍋が印象的だ。

⑭―運河沿いに立つ農家。床下の大きな甕は、飲料水として雨水をためておくためのもの。

⑮―高床のベランダで、ナムプリックの皿を囲み、車座になっての食事が始まる。

15

⑯―ケーン・キアオワーンの材料を買いだしにいく。この店一軒で二〇種類以上の買い物。
⑰―基本的なハーブは庭に植えてあるのが普通である。パイ・マクルートを摘む。
⑱―ケーン・キアオワーン・カイを器に入れる。食欲をそそられる一瞬だ。
⑲―ケーン・キアオワーン・カイ（鶏のグリーンカレー）の出来上がり。
⑳―なかなか豪華な食卓。野菜炒めとケーン・キアオワーンとロン。

⑯

⑰

⑱

⑲

⑳

21—南タイ料理を作る女性。ケーン・タイプラーとケーン・ルアンを作ってくれた。

22—蒸し魚の身をほぐしてケーン・タイプラーを作る。中央に見えるビンは出来合いのタイプラー。

23—青いパパイアを削ってケーン・ルアンを作る。

24—ケーン・タイプラーを作る。下に見えるのは小さな茄子の一種マクア・プワン。

25—ケーン・タイプラーの出来上がり。最後にバイ・マクルートを振り掛ける。辛い料理だ。

㉖—東北タイのひき肉料理ラープ。付け合わせの野菜も重要である。これは鶏肉のラープ・カイ。
㉗—肉を包丁でたたいてラープを作る。味のバランスを取っているところ。

世界の食文化——⑤

タイ

山田均

目次

第一章　バンコクのタイ人・食の風景——11

第三章　華麗なる食卓の旅　145

五—タイの代表的料理のレシピ——181

食材・料理小事典分類――212

第一章―バンコクのタイ人・食の風景

【タイ略図】

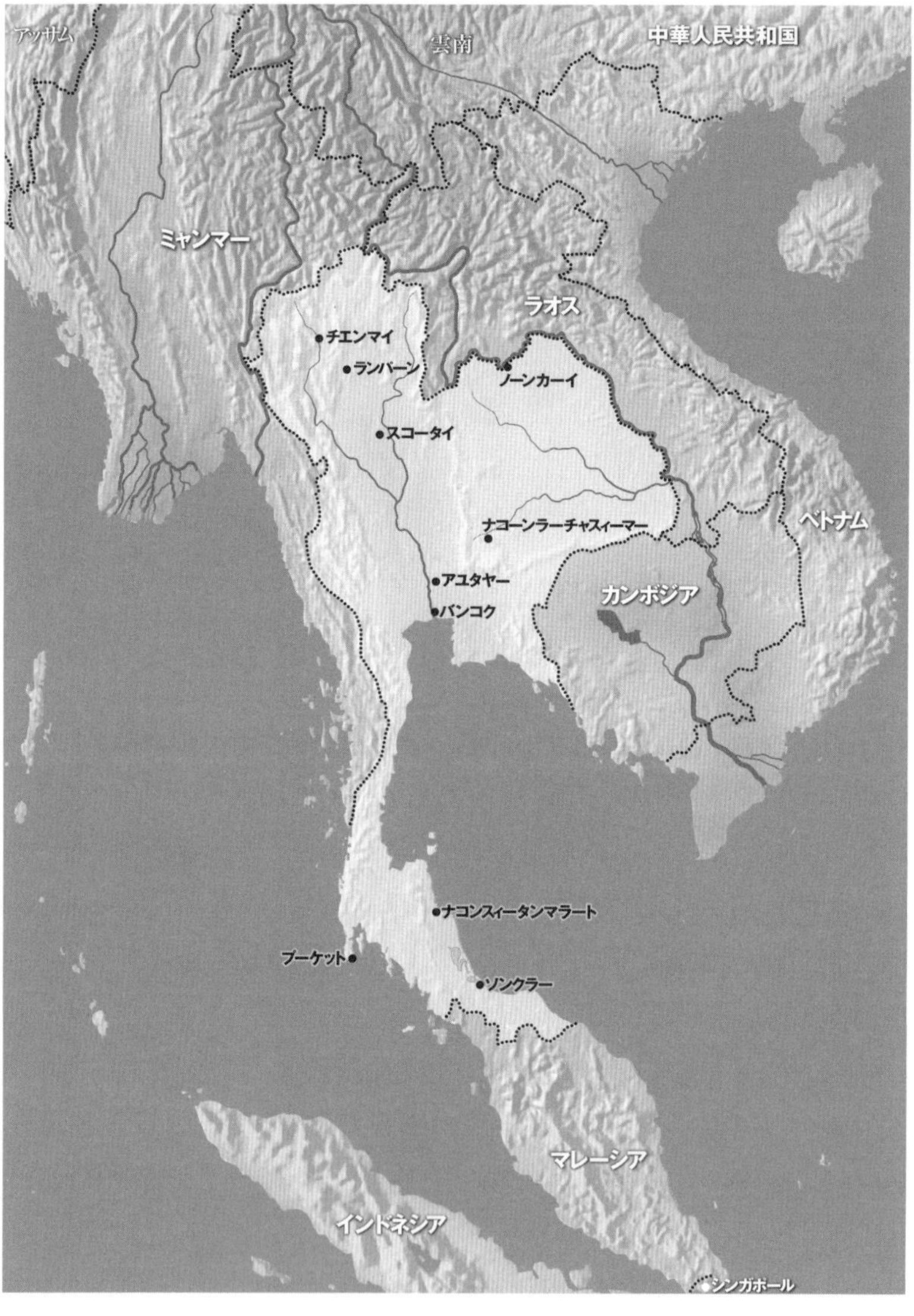
アッサム
雲南
中華人民共和国
ミャンマー
ラオス
チエンマイ
ランパーン
ノーンカーイ
スコータイ
ベトナム
ナコーンラーチャスィーマー
アユタヤー
カンボジア
バンコク
ナコンスィータンマラート
プーケット
ソンクラー
マレーシア
インドネシア
シンガポール

「タイ料理」とはいったい何なのだろうか。私たちは確かにタイ料理が好きだとか、タイ料理でも食べようとか、タイ料理は辛いよとか、あまり考えることなく「タイ料理」という言葉を使っている。こんなふうに「タイ料理」と私たちが言う場合、多くはタイ料理屋のメニューのことをタイ料理だと考えているのが普通だろう。「本格的」な宮廷料理の店あり、反対に家庭料理や東北などの地方料理を売りものにしている店あり、エスニック料理店のメニューの一角にタイ料理のコーナーを備えている店あり、その内容には少なからぬ差があることだろうが、私たちのイメージするタイ料理の姿というのはそれらの最小公倍数というのだろうか、あまり変わり映えのするものではないはずである。トムヤム・スープとか、レッドカレーとか、トートマンクンとか、一杯飯でカオパット、そばのクイティアオ、せいぜいが東北タイ料理のカオニアオとかカイ・ヤーンとか、その程度ではないだろうか。

しかし、外国での日本料理店のメニューがそのまま日本料理ではないように、タイ料理店のメニューをそのままタイ料理だというのはちょっとあたらない。何と言っても、普通の日本人やタイ人が日常生活の中で、とくに意識することなく普通に食べている食べ物や飲み物の総体こそが、本来の日本料理とかタイ料理とか呼ばれるべきなのである。本書はそういう意味でのタイ料理、つまりタイ人の食べ物について、その全体の見取り図を書いたり、どのようにして、どのような理由でそれが成ってきたのかを、事実にそくして歴史と文化の中で考えて見てみようという本である。

それにしても、考えれば考えるほどわからなくなってしまうのが、「普通のタイ人」というものである。タイの社会は、懐具合や学歴の程度、出身の家族などで、同じタイ人とはいってもその暮らしぶりは大きく異なっている。年齢層という違いもあるだろう。これらを一括してタイ人とは、と話すのは乱暴に過ぎる話である。とにかくあれこれと考える前に、異なった境遇にある何人かのタイ人に、その生活と食べているものを語ってもらい、その上で、彼らの食べているものの総体である「タイ料理」の姿をあらためて浮かび上がらせて見てみよう。とは言っても、タイの各地に暮らすさまざまの人にそれぞれのたべものを披露してもらうのはあまりに広大で無理な話だ。ここでは次善策としてバンコクの住民に限らせてもらうことにした。バンコクがすなわちタイだというのはもちろん間違いにちがいないが、タイ全体を見ていく場合は、やはりバンコクから見ていくべきである。バンコクに住んでいる人からは地方の生活の影が仄見えるが、地方の生活だけ見ても、別の地方の暮らしやバンコクの暮らしは決して見えてこないからである。

●中国系タイ人Aさんの場合

最初に登場いただくAさんは、四五歳の女性。夫と子供三人の五人家族でバンコクの郊外、トンブリー側の四階建てのタウンハウスに住んでいる。チュラーロンコーン大学会計学部を卒業後、大学院で学ぶ傍ら公認会計士の資格を取得している。実家は公認会計士の事務所である。結婚してからもしばらくは子供を実家に預けて家業を継いでいる兄の手伝いをしていたが、子供が学校に入ってからは都心にある大手の監査法人に勤務している。収入は会社からは一〇万バート(一バートは約三円)くらいだが、いくつかの小さな会計事務所に名義を貸したり、個人的に小さな会社の経理を見てあげたりしているので実収入は一五万バートを越えている。もっとも内科医である夫は病院勤務だけでなく夕方からは小さなクリニックも開いているので、彼女自身の収入は家計の足しという程度の感覚である。

彼女の毎日は子供が学校に行く世話から始まる。子供にはお粥か、パン食なら卵を焼いたりして簡単な朝食を作る。実は彼女が台所に入るようになったのは比較的新しいことで、勤めはじめ、郊外に家を買って移り住んでからのことである。結婚して、子供がまだ小さなうちは、実家の近くにある中国式の長屋トゥックテオに住んでおり、毎食ともに夫を含めた全員が両親の家で食べていたのである。もちろん相応の食費は負担したのだが、台所に立つのは彼女の母親と、彼女が子供のころから住み込みで働いているお手伝いの二人で、子供時代から彼女が自分でなにかを料理するということはほとんどなかったといっていい。それは彼女だけではなく、彼女の同年代の中国系の友達も似たり寄ったりだった。

彼女の実家は事務所で働いている従業員が一〇人近くいる。昼と夜の食事は一緒に食べるので、料理の量も半端ではない。台所では常に何かが大量に作られているといってよく、小さな女の子が料理の練習をして

オフィスビルの昼食時に出現する屋台群
午前一一時頃から仕込が終わり次第、次々にオープンする屋台の食堂。常設テントの下での食事はおいしくて安いけれど、かなりの暑さだ。トウガラシの辛さも手伝って、作る人も食べる人も汗だくになりながらの昼食である。

遊ぶというほのぼのした雰囲気ではない。忙しい月末などは従業員も座る暇さえなく、ほとんど立ったまま食事を掻き込んで仕事に戻る戦場のようなありさまである。会計事務所でさえそのように大人数の食事が普通であるほどだから、工場や倉庫を抱えている商売の家では、肉体労働の従業員も多く、そのような家の台所は、子供が遊べる場所ではないのである。こんなわけで中華系の商売屋の家に育った場合、料理を学んだり、楽しんだりという経験なしに大人になってしまうわけだが、実家で朝ご飯を食べていた頃は、朝からしっかりした炒め物、汁物のついた中華風タイ料理とご飯だったのである。

子供を学校に送ってから会社にいくので、家を出るのは遅くとも七時である。ちょっとでも遅くなると高速道路の上も結構な渋滞になってしまう。オフィスに着いて午前中の仕事の合間にお菓子をつまんだりする。日本と同じように職場にヤクルトを売りにくるけれど買ったことはない。

昼食は、何か会合でもあれば別だが、普段はオフィス街のレストランに行く。セットのランチもあり、予算一〇〇バートほどで十分である。また、オフィスの入っているビルの一階には昼時になると巨大な屋台群が出現する。屋台のブースが数十の単位で並び、クイティアオあり、ご飯にケーンや具をのせたカオケーンあり、お菓子ありで、暑いのと猛烈な人ごみさえ我慢できればおいしくて安い昼食にありつける。彼女をはじめ、タイ人は収入があるからといって雰囲気のいいレストランに群がるというようなことはない。屋台であろうと、レストランであろうと、高かろうと安かろうと、おいしいものがおいしいのであって、まずければどんなに趣向を凝らした雰囲気のいい店であっても、けっして流行らないのである。きわめて現実的なのだ。

今日の昼食は、一階の屋台群をちょっと覗いて見たのだが、出てくるのが五分ばかり遅すぎたとみえて、うまく座れそうになかった。そこで、ちょうどエレベーターから降りてきた同僚の会計士の女性と、歩いて三分くらいのところにある小さな中華料理屋に行くことにした。かろうじてエアコンが効いているといったクラスの店だが、昼時には簡単な飲茶も出しているのだ。彼女はあんかけの上海麵とワゴンで来た飲茶のハッカオ(エビの包み物)を一籠とって、同僚は中華風豚脚の乗ったご飯と、やはり飲茶の中から揚げ物をひとつ取ったので、飲茶をつつきながら子供の学校のことなどを話しつつ食べたのである。今日はAさんが勘定を持つことにしたが二〇〇バートほどだった。

夕食はいつもなら家に帰って食べるのだが、今日はちょっと特別、というより大きく特別な日、夫の母の誕生日である。華僑の家族ではお祖母さんの権力は特別なものがある。お祖母さんの誕生日となったら、どの家でもできるだけ大々的にお祝いして、家族の絆を強めるのがお約束になっている。家庭によっては隠し芸大会のようなものまでやらされるので、その手のものが嫌いなAさんは結婚前に心配したが、幸運にも夫の家ではご馳走と子供たち一同からのプレゼントの普通のパーティーだったので安心した。Aさんの夫は男四人、女二人の六人兄弟の三男である。このパーティーのためには例年通り長兄の嫁が指揮をとって、かなり前から準備が行なわれていた。プレゼントの選定や各家庭の負担金、レストランや花束の手配など、やらなければならないことは結構あるのだ。

今年のパーティーの場所はサートーンの中華総商会にある「発財大酒店」。高い店だけれど、こんな上等のところでご馳走を食べられるようになったのだという年々の上昇を再確認するのがパーティーの主目的であるので、今日に限っては安いところで済ますわけにはいかない。料理はもちろん華僑出身者の多い潮州の料理が中心になるが、人気のある中華料理はだいたい登場する。フカひれも出るし、北京ダックもアワビも出て、ツバメの巣でおしまい。ビール以外に、次兄持ち込みのブランデーも円卓を回っている。子供たちはパーティーに飽きて、テーブルの間を走りまわって遊んでいるが、誰も叱ったりする人はいない。お祖母さんは機嫌よく昔の貧乏だった頃の話をし、嫁たちはうなずきながらそれを聞く。男たちの話題はもっぱら商売の話。いっとき前までは株の話でも盛りあがったのだが、今は話さないほうが気分よく時間が過ごせそうだ。

いつもの夕食はどうかというと、何も特別なことはないと言う。勤務は時間通りだから夕方にはちゃんと帰宅できるし、買い置きの材料を使って自分で料理するのである。しかし、主婦が自分で料理できるというのも、現在では余裕のある少数の家庭にしか許されなくなったことではある。ステータスシンボルと言ってもいいだろう。実際、Aさんのまわりにも自分で料理を楽しむゆとりのある境遇の友人はいくらもいないのである。夫も自宅で食べることを喜ぶので、中華料理だったりタイ料理だったり、西洋料理のアレンジだったり、料理の指南本を見ながら工夫している。日曜日など、ちょっと時間のかかる煮物に挑戦することも多い。去年、日本に行ったときに買った日本製の圧力釜が大きな助っ人になっているといって笑っている。

●―公務員Bさんの場合

さて次に登場していただくのはBさん。四〇歳で農林省家畜局に勤めている。現在の月給は七〇〇〇バートほどである。バンコクにある中学校を卒業した後、専門学校に三年学び、二年間ほど民間で働いた後に公務員の世界に入ってきた。入局した時は公務員の最低の階級であるC一で、二〇年かけてC三まで昇進した。大学卒業者の入局がC三からなのでだいぶ遅いといえばそのとおりだが、それが役所というものだと思えば欲も出ない。定年までにはC五くらいになって、施設課の中の係長にでもなれればまずは成功だと思っている。

Bさんの家はバンコクの中でもかなりの端、ミーンブリーにあるタウンハウスである。はっきり言って、かなりの遠距離通勤なのでつらくないといえば嘘になるが、タイでも持ち家志向は強く、多少遠くとも官舎を出て小さな家でも建てたいものだと思っている人は多い。Bさんも五年ほど前に、ディンデーンにある官舎から今の家を買って引っ越した。通勤は二時間近くかかるが、一〇〇万バート以下という予算を考えればしかたのないことかもしれない。

手軽に食べられるカオケーンの店
カオケーンとはいえケーン(汁物)以外のおかずを載せてもかまわない。一品載せて足らなければ、もう一品。中国式ソーセージのクンチエンや目玉焼きを載せるのもありだ。指差しでも食べられるので観光客にもファンが多い。

ミーンブリーに引越しして以来、Bさんは朝食を自宅で食べることはできなくなった。朝は五時過ぎには家を出るので朝食どころではないのだ。サパーンプットにある電力公社に勤めているBさんの妻も、ペッブリー通りの専門学校に通っている次女も同じ時間に家を出なければならない。長女は今年からウボンの師範学校で学んでいて寮に入っているが、高校時代はやはり同じ時間にそろって家を出たものである。

Bさんが役所に着くのは七時過ぎで、食堂はもうとっくに開いている。朝五時頃から準備して、六時半には開店。ちょっと遅めの日でも七時半にはどの店もお客を迎えている。タイの役所にしろ大学にしろ、食堂のシステムはどこも似たり寄ったりで、店は食堂にある小さなブースを、それぞれの店主が月々借りて営業するのである。ブースは全部で一〇くらいあるだろうか。主食以外にお菓子のブースも飲み物のブースもある。ご飯の上に作り置きのおかずを載せるカオケーンの店はアルミの容器に何種類かのおかずを作って並べてある。お客はそれを一品ご飯の上に載せてもらって一〇バート、二品載せて一五バート、目玉焼きをプラスして二〇バートである。米で作った麺のクイティアオは並で一〇バート、上で一五バート。外の食堂ではそれぞれ五バートずつは高いから、どうせ食べるのなら役所に着いてから食べようというのだろう、朝から食堂はけっこうな人出である。Bさんもバスに長く乗ったのでお腹は空いているが、中年に差しかかってきて、朝は軽い方が何となく具合がいいような気がする。で、今朝は朝だけ役所のそばの路上に店を出している屋台の豚肉入りチョーク(米の形が見えないくらい煮詰めたお粥)を買って、役所の自分の机で食べることにした。弁はいつも机の下に用意してあるから安心である。

朝が早いので一一時も過ぎると昼食のことを考え始めるのは仕方のないことだろう。役所は一一時半を過ぎると三々五々仕事の切れ目を見つけて昼食に出始めるのが普通である。軽く済ませるのなら役所の食堂でカオケーンの一手だが、一一時四五分を過ぎて行くとさまざまな人でごった返していて席を見つけるのが一苦労だ。役所の食堂は安いので近くの会社で働いている人も役所に用事で来た人も、隣の郵便局の職員もやってくる。食堂は基本的に個人商店なので外部の人でもおおいに歓迎なのである。Bさんはそういう日には、同僚とちょっと歩いてラーチャテーウィー交差点の近くのクイティアオ・ラートナー(あんかけそば)の店で食べたりするが、これもまた昔に新聞に出たことを自慢にして、その新聞をいまだに額装して張り出したりしている地元の有名店なので、昼時には結構な混み様なのである。それに一杯二五バートとちょっと高い。何か飲み物を取って、名物のムー・サテ（豚肉の串焼き）でも一皿頼むと五〇バートを越えてしまう。月末などはちょっと苦しいわけだ。今日は幸いに一一時半には仕事が一段落したので、食堂にも混む前に入ることができた。鶏肉のクイティアオ一杯とポピヤ・ソット（ベトナム風生春巻）で三〇バート。甘党のBさんはタイ式のお菓子をデザートに頼むことにしている。もち米とココナッツミルクでできたお菓子は一杯五バートだった。飲み物を頼めば五バートほどだがとくにとらなかった。食堂の端においてある大きなクーラーにはいい香りをつけた氷水が入っていて、誰でもくりつけてあるアルミのコップですくって飲めばお金はかからないのである。

さて役所は四時過ぎには引けてしまうが、バスに乗ってミーンブリーまで帰りつくのは六時を回っていることが多い。市場で何かおかずを買って帰るのはBさんか次女の役目で、妻の帰宅はもう少し遅くなることが多い。遅いといっても勤めは役所のようなものだから七時には帰宅して、買って来たおかずと冷蔵庫の中の何か残り物でも出して、ご飯が炊けたら一家揃っての食事となる。飲み水は、二〇リットル入りのポリタンクが宅配されているので、それを小分けして冷蔵庫で冷やしてある。

というわけで今晩は市場で一〇バート分ずつ袋に入れてもらってきたおかずが三品と、生で買ってきたプラー・トゥーを家で揚げたのが副食物で、これも市場で買って来たナムプリックと野菜が加わっている。ご飯は炊き立てで、これで十分満足と言ったところだ。ただしBさん一家の場合、週末の二日は休日と決まっているので、そんな日には妻と次女が台所に入って、ちょっと時間のかかるものを作ったりする。ペースト状のおかずであるナムプリックだったり、エビのすり身のさつまあげだったり、Bさんの好物のケーン・ソムだったりといろいろだ。週末に外食を楽しむということはほとんどない。朝、昼はいつも外食だし、家の支払いもあるので倹約する必要もあるからだが、一番大きな理由といえば普段のタイ料理は家で作るのが一番おいしくできるからということに他ならない。

●—クイティアオ屋台Cさんの場合

つぎのCさんは企業家であり料理人であるという一人二役の人、つまり屋台のクイティアオ屋の親父である。四八歳。バンコクの旧市街、パーククローン市場の近くにある小さな商家の子供として生まれている。Cさんは、小さいときから市場やそこに集うさまざまな人を眺めるのが大好きな少年だった。小学校が引けるとパーククローン市場に入り浸った。親もとは造花や小さな飾り物を扱う店だったが、Cさんの心にはピンと来ない仕事だった。それに比べると市場は生き生きとしている。一日のリズムはくっきりと決まっており、朝の激しい顔ももっていれば昼下がりのけだるい顔も見せてくれるのだった。

Cさんは自然に市場の商売人の子供と遊ぶようになった。当時は義務教育が小学校四年までだったが、四年生までだとどうしても字をすらすらと読むというわけにはいかない。その後、働くにしても字を使わない仕事に決まっているので、小学校で習ったわずかな字も自然に忘れていってしまうのが普通だった。Cさんの両親は中国からの移住者の子供で、十分な教育を受けられなかったため、自分たちの子供には少なくともタイ語の書類を読み書きできる人になってもらいたいと思っていた。Cさんもそんなわけで小学校六年まで学校にやらされた。しかし、学校よりも市場にいるほうが好きだったので、中学校に行かないかという親の申し出はきっぱりと断り、市場で仕事を覚え、ゆくゆくは野菜の商売人になるつもりで市場人の世界に飛び込んだのである。市場の中二階にはそこで働く人たちの寮がある。Cさんはそこに住み始めたのだが、市場の仲間と半ば自炊生活をして暮らしたことが、Cさんのその後の食人生の原点となった。それは市場で働く人々の市場飯であり、クイティアオも当然それに含まれていたのである。

Cさんの人生はその後いろいろあって、一〇年前からクイティアオの屋台を引いているのだが、その根っこには市場で働く人たちの食事風景が織り込まれているわけである。

さてCさんがパトゥムワンのカセームサン通りに店を開くのはおよそ一一時である。クイティアオの場合、下ごしらえの時間はカオケーンの屋台よりも若干少なくてすむが、それでもスープを作るために一時間くらいはかかるし、麺やつみれ玉などの具を仕入れに行く時間もかかるので、やはり商売人の朝は早いので

旧市街に店を構えるクイティアオの老舗
老舗の名門は圧倒的に城内、すなわちパドゥンクルンカセーム運河の西側に集中している。これはバンコク都庁そばにあるクイティアオの名門店。遠方からバスに乗って食べに来る人も少なくない。使い込まれたケースが光る。

ある。朝食はいつも七時頃、仕入れに行く先の市場で食べる。何といって食べるものを決めてはいないが、クイティアオを食べることもある。もっともCさんが市場でよく食べるのはクイティアオ・ペット(アヒルのクイティアオ)である。澄んだスープがなんとも深々とした味をだしている見事な一品で、Cさん自身が売っている豚肉のクイティアオとは違う。牛肉のクイティアオもあるが、中国系タイ人であるCさんにはちょっと抵抗がある。とくに観音様を信仰しているわけではないけれど、両親も食べなかったし、Cさん自身も食べないのだ。普段はご飯を食べないと力が出ないような気がするのでカオケーンか、よく煮込んだお粥のチョークを食べることが多い。

昼食はどうしても二時過ぎになってしまう。昼時の、お客さんが立てこんでいるときにはもちろん立ちっぱなしで、手を休めることすらできない。洗い物、注文取り、お運びをてつだってくれる青年もてんてこ舞いになっている。二時を過ぎると急にお客は少なくなり、二人ともお客さんの途切れた時に椅子に座って一息つくことができる。とはいえ、昼食を食べにどこかに出かけるなどということは考えられないので、自然に自分で作ったクイティアオを食べることになる。手伝いの青年にも半日五〇バートの給金の外に一杯出してあげることにしている。

Cさんの店は三時頃には麺が売りきれてしまう。麺は細麺のセンレックなど乾物になっているのもあるが、一番太いセンヤイという麺は生麺でその日に作られたものしか食べられない。屋台には冷蔵庫という設備がないし、市場は朝しかやっていないので、売りきれたらその日の商売はお終い。店じまいして寸胴を掃除し、食器類を洗って屋台のお腹に収め、シートをかけるともう夕方である。屋台を引いて家に帰る商売人もいるが、Cさんの屋台は夜中じゅう人通りが絶えないところでもあり、夜警のいる小さなホテルの斜め向かいでもあるので、鎖でよく結わえて置きっぱなしにしてある。

Ｃさんは現在のところ独り者である。もとは妻も子供もいたのだが、屋台のクイティアオ屋からなかなか上昇できないＣさんに疲れてしまったのだろう。数年前に去って行ってしまった。それ以降、自分の育ったパーククローン市場のそばに小さな部屋を兄から借りて住んでいる。気楽な境遇のため、夕食は食べたり食べなかったり、不規則である。中国系タイ人だが、とくに中華料理を食べる機会もなく、普段はまったくのタイ料理。中華料理といえばクイティアオのほかには、やはり一種の麺であるクワイチャップを食べるくらい。クワイチャップの内臓の煮込み汁は大好物だ。兄弟は八人いるが、跳びぬけて商売がうまく行っている人はおらず、この経済状況下では皆それぞれに苦しいというのが本音である。両親もなくなって久しく、一緒に集まって中華料理のご馳走を食べようという余裕はまだしばらくはなさそうだ。それでもクイティアオのお客さんは減るどころか、むしろ増えてきている。収入も月一万五〇〇〇バートくらいで安定している。一時しのぎのつもりで始めた屋台だったが、性格にもあったのか、一〇年間続けることになった。今後どうするかはとくに考えていないとＣさんはいう。

●高校教師Ｄさんの場合

スパンブリー県出身の女性Ｄさんは独身で今年四〇歳。地元の女子高校を卒業した後、バンコクにある教育大学に進学し、卒業時には国語科の教員免状を得ている。両親ともに公務員で、親戚にも公務員、軍人、教員が多かったことから自然に教員への道を歩んだのだと言う。卒業後は順調に教職につき、現在勤めている国立のサーイパンヤー女子高校には勤続一〇年目になる。Ｄさんは三歳年上の、やはり独身の姉と伯母の家に同居している。姉はタイ音楽の道に進み、国立舞踊学校のタイ音楽の教員をしている。伯母も国立舞踊学校の舞踊の教員であったが、すでに退職し、今では家の周りの子供に安い月謝でタイ舞踊をおしえている。

Dさんの住まいはサームセーン通りである。高校はフワラムポーン駅の近くなので、鉄道で通勤することにしている。鉄道は交通渋滞がないのが強みだが、それでも七時過ぎには家を出るのが普通である。朝食は簡単ながら伯母が作ってくれる。卵焼、プラー・トゥーの揚げたもの、チャオムの揚げもの、ナムプリック、炊き立てのご飯といったところである。前日までの残り物も出てくる。飲み物は冷やした水で、一年中それ一種類である。水道の水を濾過器で漉したものを冷蔵庫にたくさん入れてあって、自分たちもそれを飲み、お客さんが来た時にもそれをだす。飲み水をタンクで届けてもらうこともできるので、衛生の面からも、できたらそうしたいとDさんは考えているが、伯母がこのままでいいと言うので当分は実現しないだろう。

炭火を使ってじっくりと串を焼く女性
慣れているのか夏でも汗ひとつかかず炭火の前に立つ。一二月頃の肌寒い季節など、串を買うついでにちょっと手をかざしてあたってみたりするのも街角の季節感の一つだろう。一本一本時間をかけて丁寧に焼いている。

フワラムポーン駅から学校までの間は中華街である。Dさん自身はまったくのタイ人だから本格的な中華料理は食べられないが、クイティアオを始め普通にタイ料理の中にはいって来ている庶民の中華料理なら嫌いではない。学校のそばにかなりおいしいパートンコー(中華風揚げパン)の屋台が出ているので、それを五バーツ分とナム・タオフー(豆乳)を一杯分買って、授業の始まるまでに机で食べて、栄養の補給にする。豆乳は屋台のイスで食べてもいいが、生徒もその前を通って行くので、朝から先生が屋台で買い食いをしているのはどうも格好が悪い。

昼食はほとんどの場合、高校の食堂でとる。大きな学校の食堂だけあって、大きなホールに店のブースが十いくつも並んでいて、かなり多彩な昼食が楽しめる。お菓子と飲み物だけの店もあるし、カオケーンの店、クイティアオの店、お粥の店などなど。Dさんの昼食はだいたいクイティアオだが、同じクイティアオの店でも豚肉ベースあり、鶏肉ベースありと四、五軒あるので、チョイスはなかなか広いのである。さらに、同じ鶏のクイティアオでも千切りになった蒸し鶏の肉が載っているものもあるし、煮込んだ鶏のもも肉が載っているものもある。鶏肉でつくったつみれ玉を載せたのもある。牛肉のもあるし、イスラームのもある。大学など大規模校や役所の食堂にはムスリムのためのブースもかならず数ヶ所はあって、ムスリムでない人が食べるのも大歓迎である。味が濃く、スパイスがきつめで、中国系でないタイ人の好みにはよく合うのだろう。Dさんも週に一度はイスラームのブースに行く。学校のあるのが中華街だからということもあって、中華風精進料理チェーのブースも出ているが、Dさんは食べたことがない。

学校が引けるのは四時頃で、その時までには下校時の女学生を当てこんだ屋台が校門のあたりに並んでいる。ウィンナーや練り物の串を揚げたのとか、アイスクリーム、串にさしたつみれ玉を焼いたもの、焼き鳥、串豚など、歩きながら手に持って食べられるものが人気である。タイでもお行儀にうるさい家庭は多いが、買い食いそのものが悪いものだという発想はない。小学生の頃から自分のお小遣いで学校の中に出ている屋台でお菓子を買ったりして育ってきているので、買い食いの女学生もまったく悪びれるところなく、大いにぱくつきながらおしゃべりを楽しんでいる。先生方はさすがに路上で食べるのはお行儀が悪いので、友達同士で代表が買いに出てきて、袋に入れてもらったのを教員室の自分の机で食べたり、早く帰る人は袋に入れてもらって、テイクアウトにする。なかなか売れ行きがいいから、屋台とは言え、そこからの上がりだけで子供三人を大学に出したという果物屋の話も聞こえてくる。

Dさんが帰宅するのは五時ころで、すぐに十分に水浴びをして、家の片付けなどをする。姉は公演が近づいているなどの特別な期間を除いては、Dさんよりも先に家に帰っていて、伯母さんが子供に稽古をつけるのを手伝ったりしている。夕食は伯母さんが準備する。トムヤムはナムプリック・パオを入れて赤い汁にしたり、澄し汁のままに出したりそのときの気分しだい。ケーン・リエン、ケーン・パー、ケーン・ソムなどのちょっと渋めのケーン、タイ式の茶碗蒸カイ・トゥン、ペースト状のおかずであるナムプリックに、プラー・サリットの上等を揚げたものをむしってつけて食べるなど、比較的時間と手間のかかるものも含めて、幾つか料理を並べてくれる。もともとスパンブリーはアユタヤー時代以来の文化的中心地の一つで、音楽家や芸術家を輩出する土地柄である。家庭で食べる料理も、これぞ中央部タイ料理の典型だという自負を持っているのである。だから普段は市場で出来合いのものを買ってきて食べることはほとんどしないのだが、週末だけはチャトゥチャックの定期市場に行って、全国から集まる一級品の食材や食品をしっかり買い込んでくる。

飲み物といえば、年配といってもいい女性の所帯でもあり、また堅い教員一家であることもあって、ビールなどお酒に類するものは一切悪者にされているのが特徴である。女性がビールを飲むなんてとんでもない、という気分で、飲み物は基本的に冷たい水か、職場の食堂で飲むタイ式のコーヒーもどきオーリエンかクラチエップのジュースくらいで、こちらは料理の多彩さと比べるとかなりシンプルな様相を呈している。

●僧侶Eさんの場合

次に登場するEさんの場合は、他の人物の食生活とはちょっと趣が異なっていると言わなければならない。Eさんは僧院の中で戒律と修行に生きる人、僧侶なのであるから。とはいえ常時数万人の出家者を抱えているタイのことであるから、それほど珍しい背景というわけではない。

Eさんの故郷はバンコクから西に二時間ほど行ったところにあるカンチャナブリーの先にある。カンチャナブリーはカンチャナブリー県の県庁所在地だが、カンチャナブリーという県はタイでも有数の広大な地域を持っている県で、ミャンマーとの国境地帯はまさに重畳の山が連なる山岳地帯である。Eさんはミャンマーのモールメインにつながる古い道沿いにあるサンクラブリーという町で生まれた。カンチャナブリーまではバスで三時間もかかる。家も貧しく、親類から高僧も出ていたせいで、一〇歳の時に少年僧として地元の寺院で出家した。その後、一六歳の時に先輩の僧が勉強のためにバンコクにある学問寺院ワット・サケートに移ったのに便乗してバンコクに出てきた。以来、三〇年近くをその名門寺院で暮らしている。

一般に僧院の朝は早いと思われがちだが、それはあくまで朝の早い農村地帯での話で、Eさんの住んでいるサケート寺では七時過ぎに托鉢に歩かないと、托鉢に供養したい信者のほうでも食事の準備ができない。

サケート寺は金の山として観光客にも名高い寺院で、その周辺の民家は材木、製材関連の商家だったり、機械の部品を扱う商家だったりで、役所を含めた古い町並みが広がっている。店が開くのは八時もだいぶ過ぎてからで、朝食の準備はどんなに早くても七時である。ちょうどその時間帯に托鉢に出ないと空っぽの鉢を抱えて帰ってくることになる。

戒律によって、僧は午後の食事を禁じられている。そのため通常、僧院の食事は一日二食で、托鉢から戻って朝の勤行の前に一食と、一一時ころに一食となっている。二食に分けているとはいえ、托鉢は一日に一回

新築祝いで食事の供養を受ける僧たち
右側にいるのが施主一家。僧の後ろに立てかけられているのは僧団の象徴としての扇で、食事の供養を受けた後、顔の前に立てて祝福の経典を唱えるのが決まりである。食物をささげるのはもっぱら亭主の役目である。

であるから新しく何かを作るというわけではなく、単に二回に分けて食べるというだけの話である。托鉢で得たものを保存しておいて翌日に食べるということは、戒律によって禁じられている。もっとも寺院に住んでいるのは僧ばかりではない。寺院に寄宿し、僧の日常の世話をしながら学校に通ったりするデックワットといわれる少年、青年たちも数多く住んでおり、僧のお下がりはまず彼らの口に入る。彼らは俗人であるから、冷蔵庫にしまっておいて翌日食べてももちろん何の問題もないわけである。さらに彼らにも余ったものなどは、境内に住みついているおびただしい数の犬、猫、小鳥などのお腹に入ることになり、けっして無駄に捨てられてしまうことはない。

Eさんは三〇分ほど寺院の周りを托鉢して歩き、鉢に半分ほどの食料を得て帰った。托鉢は信者と僧とを結ぶ厳粛な宗教儀式である。僧は裸足で目を伏せて静かに歩き、信者の招きの言葉に応じて鉢の蓋を開ける。信者は裸足になり、供物を鉢に入れて合掌する。僧は目を伏せ相手の顔を見ないまま、無言で受けて無言で去らなければならない。

托鉢に応ずる供物にはだいたいの形式というものがあるといえる。まずご飯、これはトーと呼ばれる金属製の飯鉢に入れたご飯を、僧が持つ鉢の中によそってくれるのが普通である。しかし、例えば誕生日などで一人か二人の僧にだけ簡単に供養したい時など、市場でちょっとご飯とおかずを買って、誰か通りかかった僧にささげることになる。その場合、ご飯はビニール袋に入ったまま鉢に入れられる。次におかずで、これはケーンなどの汁物もあり、炒め物もある。どれも現在はビニール袋に入れて供養されるのが普通であるが、Eさんが少年僧だったころにはバナナの葉で作った容器が主流だった。汁物などこぼれやすくて、不都合なものであった。さらに甘いものが何か付けられることが多い。お菓子だったり、果物だったりといろいろで、ココアの缶やインスタントコーヒーなどもある。

Eさんは寺に戻るとデックワットに鉢を渡して、水を浴びた。水浴びから出てくると、托鉢の中身はちゃんと食器に移されて、朝食の準備が整っている。托鉢で得たものは、同じ僧坊に住んでいる一〇人ばかりの僧と分配して食べる。それぞれが得てきたものを集めてあるので目の前には三〇種類以上の料理が小鉢・小皿にずらりと並んでいる。ひき肉料理のラープ、揚げた鶏、ケーン・リエン、ケーン・マッサマン、魚、野菜炒めなど、脈絡なくさまざまなものが並ぶのは目に楽しいが、長い目でみると毎日そう変わり映えのしないものが並ぶということは否定できない。

寺院の食事というと精進料理ではないかと想像する日本人は少なくないが、上座部仏教の場合、乞食(こつじき)で得たものしか口にしてはいけないとか、正午を過ぎたら固形物をとってはならないという掟はあるものの、肉を食べてはいけないという決まりはない。肉も魚も野菜も、まったく通常人の食生活と同じようにとることができるのである。

何の行事もない日であれば一一時に朝食と同じ献立で昼食を食べて、それで一日の食事は終わりとなる。ニモン、すなわち在家信者からの招待がある場合は、一〇時ころから先方の家庭なり役所なりに呼ばれて行き、そこでご馳走を食べて帰ってくる。これは在家信者から見ると、真理を追究する修行者である僧に食事を供養することで徳を積み、もって果報を期待する行為である。これをタンブンと言っているが、タイ仏教ではもっとも日常的な風景だといっていい。タイの生活の中では、結婚、葬式からはじまって、新築、転居、就職、子供の誕生、ゲン直しに至るまで、こうしたタンブンは実にひんぱんに行なわれるので、僧から見ればこれに招かれる機会はとても多いのである。

招かれる僧の数は普通三の倍数で、とくに九人が吉祥とされている。今日のEさんは新築のタンブンの家に呼ばれていった。迎えの車に乗って先方に着くと、席とタバコ盆が用意されており、くつろいでいると食事が運ばれてくる。肉や魚を含むご馳走で、それ自体には普段の食事と本質的な差異はないが、やはり手のかかった料理が多く、ハレの日の食べ物だという雰囲気が伝わってくる。先方の主人が手ずからご飯をよそってくれ、おかずの皿をすすめてくれる。食事が終わり、デザートのお菓子が終わると、僧一同は威儀を正して、今日のこの功徳がよき果報をもたらすようにという祝福の経文を唱える。在家信者は僧を送り帰した後に、ゆっくりと同じご馳走を味わい、タンブンの機会を得たことを喜び合うのである。

Eさんは午後にはゆっくりとすごすことが多い。夜の勤行が終わる九時ころには、僧院生活三五年以上のEさんでもさすがにちょっとお腹が空いた感じになる。本を読んでいると、同じ僧坊の若い僧がノックしてきて、どうです、看護婦さんとデートでもしませんかと誘った。看護婦さんとデートというのは、このところ仲間の間で流行っている冗談で、ココアでもいっしょにやりませんかということである。ココア缶に看護婦さんが描いてあるのを誰かがふざけて言ったら、それ以来ヒットしているのだ。Eさんが行くと、車座になった僧たちが、ココアを暖かい牛乳で溶いて飲みながら、あれこれと会話を楽しんでいた。Eさんが自分の部屋に戻ってやすんだのは一〇時半を回ったころだった。

●――メイドFさんの場合

次の登場人物のFさんはコーンケン県出身五〇歳の女性である。職業はメイド。メイドにも外国人家庭で働く人、タイ人家庭で働く人、中国系の家庭で働く人、外国人専用のメイドサービス付きマンションに専属で雇われている人など、さまざまな形態がある。Fさんは二〇代でメイドの世界に入って以来、一貫して外国人家庭で仕事をしてきた。現在の仕事先は日本の政府学術機関の長のマンションである。マンションはいわば役宅で、二年ごとに新しい長が着任しては去って行くが、Fさんはかわらずメイドとしてそこで働いており、今年で一〇年になる。給金は月五〇〇〇バートで、お客を招いたパーティーの準備をしたりすると多少のご苦労賃がもらえるので、平均すれば六〇〇〇バートくらいにはなるだろう。

主人となる人は代々日本の大学から派遣された教授なので、Fさんは一般家庭のようにナーイハーン(旦

東北タイ出身家庭の典型的な台所風景
ウボンラーチャターニー出身の家族の台所である。中央に見えるのがカオニアオ(もち米)を蒸すための蒸し器フワット。この家では昔ながらの炭火コンロを使っているようだ。友人の妹が食べているのはうるち米で、併用されていることが分かる。

那さん）とは呼ばず、アーチャーン（先生）と呼んでいる。先生はこの一〇年間に六人ほど代わったが、いずれも単身で着任してきた。マンションは三〇〇平方メートルくらいあって掃除だけでも大変だが、朝早くから役所に出勤し、夕方に帰ってからは書斎で仕事をする人が多いので、それほど散らかすわけでもない。男の一人暮らしなので洗濯物もほとんど出ない。夕食を作ってくれるように言われる日は作るが、普通の日は作らないで帰っていいことになっている。Fさんは昼過ぎには女中部屋でテレビをみているか、シーツのアイロンかけでもしてすごしている。メイドの生活や仕事ぶりに口うるさく言う先生はいないので、たまに日本から夫の面倒を見にやってくる夫人のご機嫌にさえ気をつけておけば、Fさんの仕事はメイドとしては破格に楽な部類にはいるだろう。

メイドには住み込みと通いの別がある。Fさんはどちらも経験したことがあるが、現在は通いである。通いの方が通勤の時間はかかるし、食べ物も自前で用意しなければいけないけれど、自分の家族と過ごす時間も取れ、主人の家族との人間関係を気にしないでもいいので、Fさんは気に入っているのだという。住んでいるのはバーンナーの先で、バスに乗ってスクムウィットの勤め先まで一時間ほどである。先生は七時過ぎには朝食を取る。Fさんは家を五時半には出なければならない。朝食は先生を送り出してから、午前中の仕事の前にゆっくりと食べる。

マンションの前に出ている屋台でクイティアオを食べたり、ぐずぐずに煮込んだお粥のチョークを食べたりすることが多い。Fさんはタイ人らしく濃い味の牛肉のクイティアオが好きだ。中国系の人が多いバンコクでは自然に牛肉の立場が悪くなって、ほとんどは豚肉になってしまったが、マンションの前の店は中国系ではないメイドのお客が多いせいか牛肉を出している。午前中早いうちのお客はほとんどが同じマンションに勤めているガードマンである。メイドは普通の家庭では午前中はてんてこ舞いの忙しさで、お昼過ぎにならないとでてこられない。

昼食もFさんは近くの屋台で辛いカオケーンを食べるか、やはり近くの屋台で焼いている豚の串焼きムーピンや焼き鶏カイヤーンを買って、もち米カオニアオと食べることが多い。近くの屋台では周辺のマンションではたらくメイドやガードマンを目当てに外国人の食べないような地元料理のケーンを置いてある。スズメのケーンとかパット・ペット(辛炒め)とか、その手のもので、たいてい猛烈に辛くて安い。近くには外国公館の分室も入っている大規模なオフィスビルがあり、その一階には巨大な食堂街が出現するのだが、そこのお客はネクタイはしないまでもワイシャツに革靴をはいたオフィスワーカーであり、味もかなりまろやかになっている。Fさんの食べる屋台とは別物だと言っていいだろう。Fさんの行くような屋台は午後になるとメイド同士が情報交換する場所にもなっており、主人宅の不満や自慢が尾ひれをつけて語られているが、ベテランのFさんは加わったことがない。

Fさんはこの数年間は三時か四時には帰宅できる毎日である。夕食の支度は市場でするが、Fさんはバーンナーまで行って買い物をする。バーンナーにも大型のスーパーマーケットができているが、Fさんの感覚ではそれは自家用車で買い物にいくニューファミリーのためのものというイメージが強い。昔ながらの雑然とした市場もまだたくさん活躍しているから、Fさんはそこで出来合いの食品も買えば、ナムプリックも買えば、野菜や肉も買うのである。たくさん買った人のためには地元のサムローも客待ちをしているから便利である。外人慣れしたスクムウィットあたりのサムローと違って値段の交渉はほとんどいらない。

Fさんにはもう独立した二人の娘と軍隊に入っている息子一人がいる。夫は五年前までは警察官をしていたのが事情でやめて、それからは仕事らしい仕事をしていない。Fさんは小さいながらも持ち家に夫と二人暮らしである。夕食は買い物も含めて夫がかなり手伝ってくれるし、二人だけなので簡単なもので済ますことが多く、夕食だからといってそう力を入れることはない。この日の夕食は、電気釜で炊いておいたご飯とプラー・トゥーを一匹ずつ、市場で買って来たケーン・ソム、茹でた野菜とナムプリック・パオ、昨日の残りのヌアデートディアオ(牛肉の干し物)だった。Fさんは東北タイ出身なので三日に二回はフワットというござを丸めたような容器でカオニアオをふかして食べる。若いころは毎日カオニアオでなければ食べた気がしなかったものだが、バンコクに長くいるせいで普通のご飯にも抵抗がなくなった。今日はたまたま夫がご飯を炊いてあったので、電気釜のご飯だったが、明日はカオニアオをふかすことだろう。ナムプリック・パオは作るのに時間がかかる。市場で売っているのはどうも即席な作りと味で満足できない。今、Fさんが食べているのはやはりバンコクで日本人家庭のメイドをしている姉が作って送ってくれたものである。瓶詰めにしてあって、蓋を開けると甘辛いような香ばしい香りが立ち上ってくる上等である。東北タイの料理には欠かせないプラーラー(魚を塩で漬けて発酵させたもの)はコーンケンに住んでいるもう一人の姉から送ってもらっている。バンコクではどうもうまく作れないからとFさんは言っている。

●機械工Gさんの場合

Gさんはバンコク郊外バーンケーン出身の三〇歳男性である。職業は機械工で、ドーンムアン空港で働いている。空港で使われるさまざまな車両の保守整備がGさんの仕事である。バンコクの中心にあるパトムワン工業学校で自動車整備を学び、日系企業などいくつかの工場で働いた後、空港に入った。身分は公務員に準じているし、給料は一万バート弱と公務員以上で、何より不況に関係のない職場であることがGさんは気に入っている。結婚はそろそろ考えたいとは思っているが、整備の現場は男ばかりだし、エアホステスはもちろんのこと、空港にいるグランドホステスでも大学出ばかりでつんつんしていて、手を出しにくいというのがちょっと悩みの種である。

ドーンムアン空港は二四時間働いている空港である。Gさんの仕事も一週間交代の当番制で早番、遅番、夜勤の三種類が順繰りにめぐってくる。従業員用の食堂は二四時間開いており、いつでも食べることができる。安くて盛りがいいので、Gさんのような独身者には嬉しい施設である。当番の時間帯によってGさんの食生活もかなり違ってくるが、もともとお腹が減ったらその分だけ食べるというような感じで、時間で食べたりする習慣がほとんどなかったので、夜勤であろうと早番であろうと、他の人よりは食べることについての不便はないのだという。

Gさんは職場の友達と三人でアパートの部屋をシェアして暮らしている。アパートはドーンムアンの街にあって、職場までは道を渡って一〇分も歩けば着いてしまう。三人だと一人は夜勤に当たっているので、部屋を一緒に使うのには都合がいい。両親は数年前までバンコクに住んでいたが、警察下士官だった父の退職にともなって故郷のチャンタブリーに戻っている。バーンケーンの家は姉の一家が住んでいる。

遅番の日、Gさんは九時過ぎにおきる。夜勤明けの友達はもうしばらくしないと帰ってこないし、早番の友人はもう出てしまった。外に出て行くのも面倒くさいので、Gさんは電熱コンロで鍋にお湯を沸かして、インスタントラーメンを食べることにした。インスタントラーメンはもうタイの国民食だと言って過言ではないだろう。本格的に発展したのはこの一五年くらいだろうか。今や、トムヤム味から始まってパロー味に

雑貨屋の店頭に並ぶインスタントラーメン
一九八〇年代から本格的な流行を見たインスタントラーメンは新しい国民食である。どんなに身分のある、外国生活に慣れたタイ人でも、長期の外国旅行には好みの味の数袋をスーツケースに入れていくことを忘れない。

いたるまで、さまざまな味のさまざまな麺が百花繚乱の状態を誇っているのである。Gさんの好きなのは平凡だが「ママー」で、何種類かの味をそれぞれ何袋かずつ備蓄してある。インスタントラーメンにいろいろと具を入れて充実させて食べたがる人もいるが、Gさんは否定的で、ただ煮るだけで食べるほうがおいしいのだという。タイのインスタントラーメンは日本のそれに比べるとずっとボリュームが少ない。ちょうど屋台のバミーと同じで、若い男性など二杯でもまだ足らないのではないかと思うが、タイ人はだいたいが小食なのであまりお代わりする人は見ない。Gさんも二杯食べたことなどない。

洗濯物を洗濯屋に持って行ったり、借りていたビデオを返却したり、バイクを手入れしたりしたりしているとそろそろお腹が空いてくる。遅番の時の昼食は普通は近くの専門学校の食堂に行って食べることにしている。あるいはそこまで歩いている内に適当な屋台があればそこで食べてしまうこともある。澄し汁のクイティアオ・ルークチンやそば抜きのクイティアオのカオラオがおいしい店もあるし、カオ・ナーペット(アヒルご飯)とアヒルクイティアオのおいしい店もある。学校までたどり着けば、作り置きのケーンをかけたカオケーンでもいいし、その場で注文に応じて炒めてくれるおかずを乗せたご飯類でもいい。Gさんが好きなのは平凡ではあるが、バイカプラオの葉と鶏肉を炒めたパット・バイカプラオ・カイで、これには目玉焼きがよく合う。もう一つカイランの葉を塩漬け豚と炒めたパット・カナー・ムーケムも大好きな一品で、こちらは目玉焼きはつけないが塩漬け豚を塩漬けの魚にしてもいける。昼食はだいたいこのようなチョイスの中から気分で選ぶだけで、男一人なんだから何を食べたって大差ないよ、とはGさんの言い分である。

屋台でなくて学校や役所の食堂がいい点は、値段が安くてチョイスが広いというだけではなく、食後のお菓子や果物がある点である。Gさんは別に甘党というわけではないが、食後にサリムとかチャオクワイとか、口をさっぱりさせる冷たいものがあるのは嬉しい。ジュースもコーラやお冷だけではなく、クラチアップの汁やオーリエンやラムヤイの汁やミカンの汁があって、充実しているのが普通である。

Gさんの仕事は体を動かして働く男の職場なので、休憩時間といってもタバコを吸うくらいで、お菓子を食べるということはほとんどない。そもそもあまり休憩時間がない。空港には無数の車両が稼動しており、整備の仕事もそれこそきりなく涌き出てくるのである。

遅番の終わりは一二時である。空腹でもあり、仕事が終わって、後は寝るだけという安心感もあるせいか、仲間とちょっと一杯やる機会も一番多い。一杯の場所は、ドーンムアンの町なら東北料理の屋台か夜のお粥屋である。ジュークボックスのようなカラオケの機械を置いて、酔っ払ったお客に歌わせている店もいくつかあるが、Gさんの場合はちょっと好きになれない。カラオケの順番やあれやこれやで喧嘩が多くて、客種も粗野な雰囲気なのだ。

東北料理の屋台ではパパイヤの和え物のソムタム、牛のあばら肉を焼いたスア・ローンハイ、内臓のスープであるトム・クルアンナイといったところが定番のおかずで、ご飯主体ならカオニアオ（もち米）を食べるところだが、お酒を飲むのならカオニアオは少し重すぎる。叩き肉をハーブとまぜたラープとか、肉を焼いて辛いタレにまぶしたナムトックなど、スパイシーなものをつつきながらご飯類はとりあえず省略というのが普通だろう。

お酒はというとよほど特別な収入があった時でないと店売りのビールは高くて手が出ない。ホーンティップとかメーコーンとか、タイ産のウィスキーが基本で、それをたいていはソーダ割りにする。タイ産ウィスキーはそれだけで飲んだらおいしくないのだが、屋台か、それに近いオープンなスペースで辛い料理をつつきながら飲むと、独特なさっぱりとした風味で威力を発揮するのである。二、三人なら小瓶ベーン、それ以上の人数なら大瓶クロムをやる。酔いごこちがよくなるといって、スタミナ飲料のクラティンデーンやリポーを入れたがる人も少なくない。

一方、お粥屋ならもう少し食事の感じが強くなる。カオトム・クイ（白粥）にいくつかのおかずを取って、できたらビールを一、二本といった感じである。おかずはカイ・ケム（卵の塩漬け）の和え物、プラー・サリットの焼き物、カイ・イアオマー（ピータン）、パックブン（空心菜）の炒め物といったところだろう。

●——旅行代理店勤務Hさんの場合

Hさんは今年二八歳の女性で、シーロムにある旅行代理店に勤めている。バンコクは観光産業の中心である。旅行代理店は机一つでやっているものから大きなビルのワンフロアーを借りきって営業しているものまで、さまざまな規模の店がひしめいている。Hさんの勤めているのは社長以下スタッフ一〇人ほどの小さな店で、それでも中規模店だと言っていいだろう。場所柄ビジネス客の利用が多く、七割までが国内の航空券や宿泊などの手配である。Hさんは勤続三年目で、収入は月に一万バートくらい。恋人はいるものの結婚は

夜の中華街に店開きする露店の海鮮料理屋
歩道一杯に広げられた椅子席の数は約一〇〇席。立派なエビやカニが次から次へと焼きあげられていく。客席は常に満員で、注文の声が飛び交う活気のある風景である。

まだ考えていないという。

Hさんはバンコクの旧市街ソンワート通りで生まれたまったくの中国系タイ人である。生家は文房具の問屋をしている。中国語は祖父母の世代が使う簡単な潮州語はわかるけれど、漢字はまったく読めない。トンブリー側にある商業高校を卒業した後、英語をもう少し勉強したいと希望して大学に進学することにした。商業高校から大学への進学はちょっとした冒険だったが、幸いカセーサート大学文学部に合格して、四年間英語を勉強することができた。簿記も会計もわかるので、将来は独立してできる仕事を覚えたいと思って、この旅行業界に入ったのである。

Hさんは両親と一緒に住んでいる。七人兄弟の末っ子で、稼業を継いでいる長兄とその家族三人との七人家族。使用人の小母さんが一人同居している。他の兄姉は全て独立して別に住んでいる。

Hさんは朝八時過ぎには家を出ることにしている。朝食は自宅で小母さんが作ったものを食べる。兄の子供二人は七時ころには学校に行くので、食事は六時半くらいにはできている。お粥と普通のご飯と両方が用意されている。おかずは中華料理の漬物キアム・チャーイや干しエビ、野菜のごった煮のチャップ・チャーイなどが定番で、時に応じてナマコの干物を戻したもの、鶏肉の炒め物、魚の煮付けなどが並ぶ。基本的に朝から中華料理で品数は多い。兄弟が独立する前はまだ中国から渡ってきた第一世代である祖父母も健在で、人数も多かったために、小母さんは一日の半分くらいを料理に費やしていたものである。そのせいで、小母さんはタイ人だがHさんよりはずっと潮州語が理解できるだけでなく、味付けを含めて潮州料理もよくできるのである。Hさんはいつもお粥を食べるが、長兄の子供たちは食べ盛りで朝からご飯をしっかりと食べるので、普通のご飯やたいていは卵焼きも用意してある。Hさんの家では中国茶を一日中飲んでいるが、それ

は くつろぎの時に小さな杯のようなものに入れて、中国菓子と飲むのである。日本人と違ってご飯の時の飲み物としてお茶を飲むということはない。具は日によってさまざまだが、薄味のスープが用意してあるのでご飯の場合はそれを飲むか、お粥の時には冷えた水を飲めば飲むくらいだ。

朝食の後、近所のラーチャウォンの船着場から船でオリエンタルホテルの船着場まで行って、バスに乗り継げば仕事場である。船通勤なので渋滞に巻き込まれることがないのはありがたい。オフィス街には朝から屋台が出ている。勤務先の同僚の中にはそこで朝食を取ったり、袋に入れてもらってオフィスで食べたりする人も少なくない。Hさんもなじみの屋台でときどきナム・タオフー(豆乳)を買う。この店は中華風揚げパンのパートンコーもおいしいので人気がある。

シーロム通りの昼食はまさによりどりみどりのチョイスを誇っている。大きなビルの下のスペースには屋台群が出現し、一一時半ころからは回りのビル中から何万人ものホワイトカラーが湧き出してくる。Hさんのオフィスは正午から一時までが昼食時間で店を閉めてしまう。エアラインのオフィスも昼休みの時間は電話をかけてもつながりにくいので、エージェントとしても仕事の能率が落ちてしまうのだ。Hさんの昼食はこのあたりで働くサラリーマンたちの昼食の典型的なものだろう。その日の懐具合にもよるが、だいたいは屋台群の中の一軒でカオケーンを食べたり、クイティアオを食べたりする。とくに観音菩薩の信仰をしているわけではないけれど、家での雰囲気から牛肉は食べないので、クイティアオでも薄味の澄し汁のタイプを食べることになる。豚足の煮込みをのせたカオ・カームーやアヒル肉をのせたカオ・ナーペット、焼き豚を乗せたカオ・ムーデーンも大好きで、これらを食べる時にはトゥクトゥクに相乗りして、バーンラックまで行って、そこの老舗に入る。これらの一品飯は店によって出来がまったく違うとHさんは信じている。飲み物はタイ式アイスコーヒーのオーリエンを頼むか、普通の水で済ますことが多い。ビールを含めてお酒は飲まない。

五時半に店を閉めて、六時にはオフィスを出る。Hさんは近くにある高級ホテルのフィットネスクラブの会員になっている。一年間だとそれほど高くない会費で楽しめるが、そこで売っている健康的なサンドイッチや飲み物は西洋人のもので、タイ人OLには手が出ない。そこで友達になった女性たちとおしゃべりをすると、中には西洋人の恋人を持っている人もいて、全員がデートの食べ物が西洋料理ばかりなのでやりきれないと口を揃えている。Hさんも洋食はたとえサンドイッチであってもちょっと苦手だ。

家に戻ると夕食は準備されている。商売屋なので一家揃って食事をしなければならないという雰囲気はない。Hさんが帰ると両親がそろって食事をしていた。Hさんも一緒に食べる。定番のおかずの他に、鶏のパロー(中華風煮込み)は柔らかくておいしいし、姉が午後に寄って持ってきたとかで、トンブリーの老舗の焼きアヒルも並んでいる。大きくはないがプラー・クラポンの梅蒸しもある。スープは魚肉つみれ玉のルークチンを浮かばせた薄味のものだ。テーブルは真中が回転するようになっている丸いものである。Hさんは外で食べる時はタイ式にフォークとスプーンで食べるが、家では全部箸とちりれんげで食べる。皿にご飯を盛ることもなく、日本よりも二回りくらい小さな飯茶碗を使う。

気が向くと甥や姪を連れてヤオワラートの方まで散歩に出ることもある。タラート・カオのあたりは夜中まで屋台で一杯である。スープに浮かせた黒ゴマ団子やツバメの巣を食べたり、薬草の入った苦い茶を飲んで口をさっぱりさせたりする。ときどきは両親の分も買って袋に入れてもらい、家で一緒に食べることもある。

●——女店員Iさんの場合

バンコクの中心にあるマーブンクローン・ショッピングセンターの三階でファッションウォッチを売っているIさんは二〇歳の女性である。店というよりは歩行スペースに立ち並ぶ屋台のうちの一つで、ブースといった方がいい。勤務は朝一〇時から夜は九時までで、同僚の一八歳の女性と二人組みで一つのブースを任されている。日給一五〇バートに加えて売り上げの幾分かが歩合で戻ってくるので、同じ程度の店員と比べて悪くはない。それにマーブンクローン・ショッピングセンターといえば、バンコクの若者で知らない人のないショッピングセンター、有名ブランドであり、そこで働いていることはIさんには数少ない自慢の種である。

Iさんはバンコクの東、バーンナーで生まれている。家計はかなり貧しく、母親が再婚した先の義父との折り合いも悪かったため、小学校の六年を卒業するのを待つようにして近くの縫製工場に住込みの勤めに出て、それ以来家族とは暮らしていない。とはいえIさんは自分でもけっこう努力したせいもあって、字もすらすらと読み書きができる。簡単な計算にもまったく困らない。片言の英語も話せるといった具合で、一年前に仕事に応募する際には、中学校三年まで終わったということにして採用してもらった。その後、学歴に関しては何となく露見してしまったが、時計も数を売っていたし、実力もあるということで、とくにおとがめもなく現在に至っている。

Iさんは職場から遠からぬ運河沿いに小さな貸間を友人と共同で借りている。貸間といっても、美容院の二階をベニヤ板で三畳間くらいの小部屋に区切ったもので、上は筒抜けだし、トイレは共同で、居心地がいいとは言えないが、中心街で一部屋八〇〇バートの家賃であるから仕方がないだろう。ルームメイトは、以

中華風揚げパンの一種パートンコー
中国式朝食といえばシャオピン(焼餅)とヨウティアオ(油条)のセットと豆乳であるが、前者はタイでは食べられていない。ヨウティアオも小型のバゲットのような大きさではなく、ほんの一〇センチくらいの長さのが背中合わせにくっついたスタイルをとる。

前洗濯屋の店員をしていた時の同僚で、今はちかくの映画館の二階にある玉突き場で働いている。夜の仕事で、帰りは明け方になることもある。Iさんとは生活の時間帯がかなりずれているが、おっとりした性格で仲は悪くない。

Iさんは朝の早い方だ。五時頃には目を覚ますが、ルームメイトは当然ながらまだ寝ているのでIさんは本を読んだり、英語の会話集や日本語の会話集をおさらいしたりする。お客さんも自分の言葉で話しかけられたら悪い気はしない。ちょっと練習しておいたら売り上げにつながる可能性だってあるわけだ。朝食は取ることもあるし、取らないですますこともある。朝早くからやっている屋台のクイティアオはあるし、カオケーンもやっている。近くにあるパートンコーと豆乳のセットは二〇バーツでわりにしっかりと栄養の取れる選択肢である。月末でお金がなくなった時など、部屋で電熱器や湯沸しを使うことはできるので、小さなパンと麦芽飲料のミロを溶いて朝食にすることもある。タイ人は本来お茶を飲まない。ミルクの苦手な人も少なくないが、コーヒーをブラックで飲むのも苦くて飲みきれないというわけで、ミロはそれにかわる貴重な飲料品である。

九時半頃には店の準備を始める。マーブンクローンは一〇時に開店するが午前中のお客は少ない。お昼近くなると交代で昼食を取る。表側のレストランはお客用で、クーポン制のところでもカオケーンやクイティアオが三〇バーツもしてとても食べられたものではない。裏にある従業員用の簡単なカンティーンで食べるか、隣の国立競技場の周りに出ている屋台で食べられそうなものを買ってきて、たいていは店の横のストゥールに座って、店番をしながら食べる。Iさんの好きなのはタイ式の腸詰サイクロークの焼き物で、もち米が入っていて腹もちがいいし、串が付いているので店番の合間にちょっと食べるのに便利である。串といえば鶏のももや豚の串もある。これにもち米を小さなビニール袋に入れたのを五バーツで買って食べれば昼食としては上等の部類だ。飲み物はコーラの特大ペットボトルをブースの下に保管してある。小さなクーラーボックスに氷も確保してあるので、冷たいものも飲むことができる。本当はもう少し学歴があれば東急とかロビンソンとか、大手のデパートの店員にも応募できて、従業員食堂で安くて栄養のあるものを食べることもできる。勉強が嫌いではないIさんは通信教育で中卒かポーウォーチョー(専門学校)の資格を得たいと考えている。

夕方もちょっと小腹が空くのだが、午後から夕方にかけてはお客の一番多い時なので、のんびり座っていては売り上げにならない。それでも八時頃には少しずつ人の出も区切りがついて、昼食の残りの串でもあればちょっと口に入れることもできる。九時を過ぎると周りの同じような店もそれぞれに片付けを始めて、Iさんも会計を締める。帳簿をちゃんとして、一階の銀行に入金しておくのも大事な仕事である。店を閉めてから寝るまでの数時間が夕食の時間兼くつろぎの時間で、近くのブースで小物を売っている友人と、街をちょっと買い物に歩いたり、買い食いをしたりしてすごす。場所は国立競技場の中に出ている夜店か、週に一度くらいは普通バスに乗って戦勝記念塔まで行ってみることもある。戦勝記念塔の周りは毎日が縁日のような賑わいで、屋台の食べ物だけでも数え切れないほどである。ぐるりと回るだけなので、道に迷う心配もない。パヤータイ通りをはさんで向かいにあるサヤムスクエアは高い店ばかりなのでほとんど足を踏み入れることはない。食事の場所は屋台で、カオ・マンカイ(鶏飯)やカオ・ムーデーン(焼き豚飯)など、二〇バートくらいの一杯飯である。たまには顔見知りになったお客さんが食事に誘ってくれることもあって、そんな時には屋台でも何品か料理が出るような、ちょっとした海鮮料理屋でご馳走にありつくことができるが、普段は何か一杯だけの夕食とその辺を歩いて買い食いするウィンナーの串焼やつみれ玉の串焼といったお菓子に近い食べ物である。給料日の前になって手持ちのお金が少ない時など、家でインスタントラーメンを煮てしのいだりもする。とにかく、もう少し条件のいい仕事につかないと、お金がないだけではなく、店番の時間に押されて食事も満足に取れないというのが、Iさんの考える今後の課題である。

●——観光ガイドJさんの場合

Jさんは南タイのナラーティワート出身、二六歳の日本語観光ガイドである。高校卒業後上京し、カセーサート大学の日本語学科に進学した。もともと外国語の勉強が好きだったことと、翻訳されているマンガを通じて日本という国に興味が芽生えたことが理由だった。クラスのほとんどは女性で、男性はJさんをいれて数人しかいなかったが、どちらかというと質実でバンカラな学風の中で充実した学生時代だったという。卒業後、一度は日系企業に就職してみたものの、バブルがはじけた直後の入社でもあり、給料も思ったほど高くなく、先輩のタイ人社員と折り合いが悪くなったので、一年も経たないうちに退社してしまった。その後、新しい就職先はなかなか決まらなかったが、その内に日本語ガイドをしている友人の友人と知り合って話を聞くうちに、とにかく景気が少し回復するまでガイドで収入を得ていくことにして、母校のやっているガイド講習会に通い、資格を取ったのである。

Jさんはマレー系のタイ人でイスラームを信じている。子供のころは周囲もイスラーム教徒ばかりの環境に育っていたのでモスクにもよく行ったし、一日に五回の礼拝もほとんど欠かさなかった。学校でも特別に宗教の授業があったし、モスクでは宗教に詳しい大人がクルアーンの読みを教えてくれたので、Jさんは同年代の人に比べてかなり詳しい方だと自認している。学校では原則的にタイ語を使っていたが、家族や近所同士ではマレー語とタイ語は半分半分か、それ以上にマレー語が使われていた。Jさんももちろんマレー語は不自由なく使うことができる。英語もかなり出来るほうだ。

バンコクに出てきてからはイスラーム教徒のコミュニティにいるわけではないので、モスクに行くことは稀になってしまい、毎日の礼拝も欠かしがちにしてしまうJさんではあるが、食生活だけはイスラームであることに強くこだわりを残している。豚肉はけっして口にしないし、酒類は基本的にたしなむことはない。

大学食堂に欠かせないお菓子屋のブース
たとえ予算二〇バートの昼食とはいえ、デザートを欠かすのはわびしい話である。食堂にはさまざまなお菓子のブースが存在する。左側に見えているのは山積みになったマンゴーで、カオニアオと合わせて、ココナツミルクをかけて食べる人気者。

ビールくらいは飲んでいるイスラーム教徒の友人もないではないし、Jさん自身も学生時代に試したことがあるが、びくびくしながら飲んでみても苦いばかりで、思ったほどにはおいしくなかった。後ろめたさが先に立って、寛ぐことが出来ないので、あきらめてしまったのである。一方、豚肉の方は生まれてこの方、試してみたいと思ったことすら一度もない。豚は非常に汚いものという気持ちが強く心に染み付いてしまって消せないのだ。上京した当初は、豚肉を使った台所にもイヤな気分がしてしまうというのが本当のところだったが、実際問題としてそれでは暮らせないので学生寮にいるうちに慣れてしまった。

仕事の性質上、観光客に付き合わなければならないJさんの食生活はかなり不規則である。朝は水上マーケットの観光が二日に一回は入っている。そんな日は四時に起きて、五時にはオフィスに行き、バスでお客さんをピックアップする。夜も帰国便のお客さんを空港に送って行ったり、その足で新しいお客さんを出迎えて、ホテルに連れて行ったりする。季節によっては一ヶ月以上も休日のないこともある。

Jさんはペッブリー通りのアパートに一人暮らしをしている。家賃は三五〇〇バーツと安くはないが、不規則な生活をしているだけに落ち着いたところに住みたいし、その程度の収入はある。が、このクラスのアパートだとセキュリティはしっかりとしているものの、炊事をする設備はまったくない。電熱コンロでインスタントラーメンを作ったり、小さな炊飯器でご飯を炊いたりするのがせいぜいで、あとは周辺にたくさんあるおかず屋でテイクアウトしてきて食べることになる。それでも朝の早い日などはそれすら難しい。カロリーメイトをかじってすませたり、鶏肉の串とカオニアオでもあれば買っておいて、お客さんの観光の合間にバスの中で食べたりする。

昼食はお客さんのいない日は家の近くの屋台か食堂で簡単に済ます。Jさんの住んでいる隣のソイにはかなり大きなスラオ(モスク)があってスラオ通りと呼ばれている。イスラーム教徒の数も少なくない。そのため、屋台でも食堂でも緑の地に三日月の印のついたイスラーム教徒用の食事を売る店がけっこう何軒かあり、ちゃんとハラル肉を出してくれる。しかし、かりに専門の食堂がないときでも、Jさんは普通の食堂で豚肉の入っていないものを食べればそれでいいと考えている。

お客さんを連れているときには観光客用のレストランで、お客さんのメニューとは別に、別テーブルでガイドのための食事を出してくれるのを食べる。たいていは大型店で、お客さんにはブッフェ形式のタイ料理か、数人を一組にしたセットメニューを食べてもらうが、ガイド自身はもっと簡単にアラカルトの中から何か頼むことになる。Jさんは鶏肉のチャーハンやバイカプラオ(ホーリーバジル)を炒めたもの、鶏を炊き込んだカオ・モックカイなどを食べることが多い。エビやカニもきびしく言えばイスラーム教徒の食べるべきものではないので、できるだけ食べないようにしており、必然的に鶏肉を食べることが多くなる。スープも頼みたいが、たいていは出汁に豚を使っているので辛抱することが多い。

夕食も基本的に昼食と同様、お客さんを連れて行った先で食べる。大きな団体だと日本から添乗員がついてきており、熱心な人だとお客さんの希望を聞いたり、体調を考えたりして、さまざまな要望を出してくる。おいしい中華料理とか、庶民的なタイ料理とか、ちょっと疲れているのでタイスキかお粥を、といった具合である。ガイドもそういう時には自分の知っている店の中から、これぞというのを紹介したりして、楽しい仕事になる。どんな店でもガイドの分は別立てで準備してくれるし、たいていはJさんがイスラーム教徒であることを知っているので、中華料理屋でも一人だけ別献立を出してくれることが多い。一方、添乗員がいない安いツアーの場合は、伝統舞踊ショーを見ながらとか、おかまショーを見ながらとか、あるいは大規模店のシーフードをおしきせでとか、Jさんは何かと席の温まる間もない。ガイド用の食事も澄ましスープと野菜炒め、お客の食べているケーンを小さな器にいれたものなど、変わり映えしないものだが、いずれにせよ味わって食べるような落ち着いた雰囲気ではないというのが本当のところである。

お客さんのナイトツアーがなければ、一〇時頃にはアパートに戻ることができる。帰る途中で屋台に出ているタイのお菓子屋でサリムや黒豆の冷たいお菓子を一杯食べて帰ることもある。

●──タクシー運転手Kさんの場合

バンコクの町を流しているタクシードライバーのKさんは二五歳。タイの東部チャンタブリー県の出身である。実家は中規模の果樹園を経営している。ポーウォーチョーと呼ばれる職業専門学校で機械を学んだのち、バンコクに出てきた。口入れ屋の紹介で、あるコンドミニアムの設備課に就職したものの、あまりに給料が安く、休みもないので半年ほどでやめてしまった。タクシードライバーになったのはそれからで、もう五年になる。

タイのタクシーは車を毎日会社から借りて営業する。半日を単位にして借りるのだが、Kさんの会社の場合、午前でも午後でも四時に借りて、次の三時に返すという約束である。一一時間で稼いだ中から車の借り賃を四〇〇バート払う。新しくて見栄えのする車は五〇〇バートだし、反対に見た目の悪いエアコンの効かない車は三〇〇バートからある。ガソリン代金は自分もちで、五〇バートくらい。午前四時から借りるか、午後四時から借りるかというのは判断の分かれるところだが、午後四時に借りるとすると、稼ぎどきは深夜のネオン街となり、悪い客も少なくない。何度かいやな思いをしてから、Kさんは午前四時からの部に定着している。

Kさんは二人の姉とフワイクワーンの貸家に同居しており、トンブリー側にある会社の車庫まではバイクで行く。家を出るのは三時前だ。夜のなごりの雰囲気をたたえた街路を行くいっときを、Kさんは愛している。途中の屋台で何か一品買って袋に入れてもらい、タクシーのエンジンの横にぶら下げておくと、いつまでも暖かく食べられる。豆乳とか魚の浮き袋のスープであるカポ・プラーで、タクシーの中には丼をはじめ食器類が一通り用意してある。屋台で食べる時もあるが、朝のうちにちょっと郊外までのお客さんを乗せて

魚の浮き袋の煮込みカポ・プラーの寸胴
カポ・プラーはタケノコと魚の浮き袋の煮込みで消化によく、栄養価も高い。昼間のものというよりは夕方以降のイメージが強いのはなぜだろう。トッピングとしてはウズラの卵、鶏肉の煮たものが定番で、金属製のちりれんげで食べる。

いったときなど、広々したあたりの道端に停めて、ゆっくりと食べるのは楽しみである。タクシーを運転し始めの頃にはよくわからなかったが、今ではおいしい食堂をもっている役所や学校もレパートリーに加わっているし、屋台や大衆食堂にも詳しく、ちょっとしたB級グルメだといっていい。そんな話題が好きなお客さんとは熱心に情報交換する時もあって、スィーヤーン地区にあるつみれ玉ルークチンの話題で盛り上がった時など、今行って来たばかりだというお客さんが一〇個ばかり丼に分けてくれたこともある。

近頃はタクシーで高架鉄道BTSの駅まで行って、そこから鉄道でオフィスに行こうという人も少なくない。朝からタクシーはけっこう稼ぎどきなので、朝食を悠長に食べている気分にはならない。明け方五時頃にちょっと食べた後は一〇時過ぎまで車を走らせており、お客さんもあまり途切れることがない。昼食時が近くなるとまた少し人間が動き始め、タクシーも忙しくなってくる。ボーベーの衣料品市場、プラトゥーナム、パフラット、テーウェートなどでは必ずお客を拾うことができるので、昼前にはそのあたりに車を持っていって待機している。ちょっと早く行って余裕があると屋台か大衆食堂で簡単な昼食を食べてしまう。カオ・マンカイ(鶏飯)、カオ・ムーデーン(焼き豚飯)、カオ・ムークロープ(揚げ豚飯)、カオ・カームー(豚脚飯)、カオパット(チャーハン)といったごく普通の屋台の食事でもいいし、旧市街ならクイティアオのおいしい店も多いので、サオチンチャーの周辺やプラ・アーティット通りの方に行ってみたりする。もっともタクシードライバーは車両を時間で借りている身であるから、時間のかかる店はまず失格で、座ったら途端に出てくるようなのが理想だし、目当てにしている食堂の近くでもお客さんがつけばそれまでで、仕事を優先させる。

Kさんは三時には車を返さないといけないから、二時より後には新市街の方角へはできるだけ行かないことにしている。朝のうちに東向けにちょっと遠くまで行っておき、ゆっくりと営業の範囲を西の方角へ戻して行き、午後からは旧市街から出ないようにして、トンブリーの車庫に戻すという漠然としたイメージである。車を返し、車体を洗って走行距離を書類にすればKさんの仕事はそこまでである。帰り道の途中、バンランプーあたりでおかずを買ったり、コロシアムの野菜市場で季節のものを買ったりして、フワイクワーンに着くのは四時を回る頃だろう。チップなどの臨時収入があれば、プラトゥーナムで有名な蒸し鶏を買って帰ることもある。

夕食は一緒に住んでいる姉二人ととる。看護婦をやっている長姉は不規則な勤務もあるが、公務員の次姉は市場で買い物をすましてから五時には帰宅する。三人だけで住んでいるわりには何品かの料理を用意して、食卓は賑やかな方である。魚のトムヤムやタケノコの炒め物は家で作るが、豚の血の煮凝りを使ったココナッツミルクのケーンやムール貝の身を使ったヤムは市場で買って来たもので、蒸した魚とナムプリックと卵焼カイ・チアオも並んでいる。砂糖にまぶしたタイの餅菓子もデザートとして用意してある。思うにKさんが朝早くからの出番を選択しているのは一つにはこうした家族との夕食を大切にする気持ちのためである。午後からの出番を選んだら夕食は外で一人で簡単に済まさなければならない。その後の盛り場でのお客の取り合いはチャンスだとはいえ、楽ではないし、昼間の仕事をしている姉たちと顔を会わせる時間がなくなってしまう。

夕食の後は果物などを食べながらゆっくりりと過ごす。床に入る九時頃まで、姉たちとテレビをみてくつろぐこともある。

●――ホステスLさんの場合

タイの最北部、チエンラーイ県パーン出身のLさんは二二歳。職業はタニヤの日本人クラブに勤めるホステスである。ホステスといっても英語も日本語も片言しかできないし、ましてカラオケも歌えないので、おしぼりをだしたり、水割りを作ったりという簡単な接客と、店でオフと呼ばれている店外デートが主な仕事である。一七歳の時に両親の借金の肩代わりでチエンマイの売春宿に勤め始めたのを振り出しに、パッポンでもパッタヤーでも働いたことがあり、この世界ではもう中堅の働き手だといっていい。今の店はタニヤで二軒目、勤め始めてから半年になる。

Lさんの仕事は夕方六時から始まる。店の掃除をしたり、ママの訓話を聞いたりした後、同僚とおしゃべりしながらお客さんを待つ。店の前にも二、三人が当番で呼び込みに立っている。他の店の従業員には呼び込みをしながらストゥールに座って夕食を食べているのも見かけられるが、Lさんの店では呼び込み当番が玄関先で食べるのはもちろん、お客さんの見ている前で食事をすることそのものが禁止である。このあたりはタニヤでも老舗といわれるLさんの店の厳しいところで、昨日今日の新しい店や、ナーナー地区のゴーゴーバーのように個人営業の女性が店と契約を結んでいるような殺伐としたタイプの店とは一味違うので

北タイの市場に山積みされるネーム
ネームは北タイの腸詰で、発酵してちょっと酸っぱいところが独特の味わいとなる。細長い袋に入れるのが普通だが、袋に丸く詰めたり、テトラ型にして売っていることもある。右側のはバナナの葉に包んだもの。

ある。客種も駐在員を主としていて、その点も何だか安心である。一時に営業が終わって片づけをしたあとには、お客とデートに出ている女性以外はチイママ以下全員に簡単な賄いが出る。お粥とか、ご飯にナムプリックやチャオム（臭菜）の掻き揚げ、プラー・サリットの揚げ物、卵焼、ネーム（北タイの腸詰）やムーヨー（北タイのソーセージ）のヤム（和えもの）などが定番だが、そうやって皆で食べるのはほっとする時間である。賄いに時々はお馴染みのお客さんも参加することもある。たいていはタイに長い一人暮らしのお客さんで、タイ語も不自由がない。出張でチエンマイに行った時など、皆の好きそうな名物をお土産に買ってきてくれたりして楽しそうにしている。

Lさんはプラトゥーナムに近いアパートに同じような夜の商売をしている北タイ出身の女性三人で部屋をシェアしている。景気がいい頃は、毎日のように店外デートもあり、お客さんとの泊りがけの外出もあったし、プレゼントもチップもふんだんにあったものだが、バブルがはじけて以来三人ともすっかり帰りの時間が規則正しくなってしまい、役所か会社に勤めているようだと笑いあっている。お店で簡単な食事を済ませてくるのはLさんだけで、あとの二人は帰りがけに屋台の物を何か買って帰ったり、それぞれ友達とプラトゥーナムあたりの屋台で食べてくる。プラトゥーナムあたりは食事のおいしいところで、屋台とは言っても海鮮料理などかなりの品数の本格的な料理が食べられる。もちろんごく普通の一杯飯もあるし、カオ・マンカイ（鶏飯）やシイタケと鶏の脚を中国風に煮込んだカイ・トゥンの老舗もあり、魚の浮き袋をタケノコと煮込んだカポ・プラーにも定評のある店がある。それでもプラトゥーナムという土地が華僑の色の濃い土地柄であることから、ほとんどは中華がかったもので、東北タイや北タイの料理はほとんどないのは残念である。

Lさんは帰るときにはお土産に豚の串ムーピンや層になったゼリーのお菓子カノム・チャンを少し買った

り、季節の果物を買ったりする。帰るとたいてい他の二人は床に茣蓙を敷いて食事の最中である。友達が来たりすると、安いビアチャーン(象印ビール)かリーオー(豹印ビール)を飲んだり、アパートの階下にあるレストランからプラーチョン・ペサ(雷魚の姿煮)をとって、これも階下でやっているコンビニでメーコーンウィスキーと氷とソーダを買ってきて酒盛りになったりもする。そんな時には北タイの辛いネームがどうしても欲しくなってしまう。

ゆっくりと水浴びをして、寝るのはほぼ明け方といっていい時間帯である。目が覚めると昼近い。水浴びをして月極めの洗濯屋に服を持って行き、その足で近くの大衆食堂にはいって朝食をとる。豚のミンチの入った薄味スープとタケノコのケーンをご飯にかけたもので、三〇バートである。チエンマイで年季が明けてから、バンコクに出て、もう数年が過ぎたが、Lさんが一人でバンコクの町を歩くことというのはほとんどない。知っている地区だけを回って過ごしているだけで、旧市街にもトンブリー側にも行ったことがなく、行き方もわからない。バスにもほとんど乗れないので、職場までの移動はサムローか友達とタクシーを相乗りして行く。Lさんの場合、現金収入という点ではそれほど困っていないが、チエンラーイの両親にも毎月仕送りをしなければならず、都会暮らしも身につかないので、おいしい店とか有名な店とか、バンコクの若い女性のように歩き回ることはない。バンコクに関して、実のところほとんど知らないのである。

Lさんも友達も、パンや西洋料理はもとよりまったく受けつけない。お客さんが食事に連れて行ってくれる時にも、タニヤの近くのお店にしてもらうことが多い。そうすればお客さんを連れてきたタイ人ホステスのために、本格的な西洋料理のメニュウの外にタイ語メニュウもあって、カオパット(チャーハン)やカイ・ヤッサイ(タイ式オムレツ)など簡単なタイ料理の一品物がいくつか並んでいるから、それでしのぐことが出来るのである。
昼間は部屋でのんびり過ごすことが多い。四時をすぎたらそろそろ下の美容院で簡単にセットしてもらって、お化粧、身支度して出かけないといけない。タニヤの入り口あたりでタクシーを降りると、そこはもう近くのホステスを当て込んだ屋台でいっぱいである。ホステスの出身地を反映してか、北タイ料理と東北タイ料理が充実しており、おいしいのである。仕事前だからのんびりと食べているわけにはいかないが、Lさんも友達もたいていは軽く一杯食べて行く。とくに北タイの食べ物というわけではないが、タイの汁かけ素麺のカノムチーンなどちょっとした腹ふさぎにいい感じである。

さて、これで背景も出身地も職業も異なる一二人のバンコク在住タイ人の食卓風景を覗いてきたわけだが、いかがだろうか。共通している部分もあり、大いに違っている部分も少なからず見ることが出来たはずである。

共通している最大の点といえば、外食と市場から買ってくる副食物の割合の高さである。外食といっても屋台からレストランまでさまざまであるが、いずれも持ちかえりができるという点では市場であるといってもいい。タイでは食べ残した料理を持ちかえれることはもちろん、最初から家で食べるつもりで食堂で包んでもらうことも普通に見られる光景である。市場も、市場の中のおかず売り場では、小さなストールが用意してありそこで食事も済ますことができる。その点では屋台や簡単な食堂だといっても間違いではないだろう。そのような外で作られた食事に、現代のバンコクのタイ人たちは頼り切っているといっていい。

それは単に日本人の考える外食という意味とはちょっと違う。外食というのが特別なものでもなく、店屋物を買ってきて済ますというようなマイナスなものでもない、市場というものと溶け合った暮らしのかたちとでもいうのであろうか。町の台所としての市場の存在感が大きな特徴なのである。

その証拠に食生活が大きく市場に頼っているからといって、本来の手間の掛かった料理つくりや、食卓風景が失われているわけではない。市場の料理と家庭の料理は不即不離の微妙な関係を保ちつつ、バンコク人の食卓を形作っているのである。

一方、一二人の食卓でもっとも異なった点は何であろうか。思うにそれはその個人個人が持つ民族的な背景ではないだろうか。華僑としての性格を色濃く残す食卓もあれば、ラオ系のもち米食を主流にしたものもある。中部タイの食卓も、南部タイの食卓もそれぞれに特徴があって、バンコクに住んではいてもそれらを忘れることはない。日本人でも、正月になると自分の育ったところの雑煮のやり方にこだわったりするものだが、それがもっと大掛かりになり、日常的になったことを考えれば近いかもしれない。バンコクのタイ人はバンコク人であると同時に、南部タイ人なのであり、東北タイ人なのであり、華僑なのである。一二人の食卓が異なっているのは、このようなモザイク的文化背景が、個々人の中では二重写しになっているという暮らしの意識に理由があるのであり、それはそのまま現代バンコクの食生活の特徴だとも言うことができるものである。

さて、それではどのようにしてこの特徴を持ったバンコクの食生活が形作られてきたのだろうか。社会の歴史の中から多少のあらすじをたどれないかというのが次章のテーマである。

第二章　タイ料理の形成

タイ料理というのはどのように形作られて来たのだろうか。タイ料理がおいしいと思っている人なら、その味がけっして一つの色合いから成り立っているといった単純なものではないことに気が付いているはずである。中華料理と似ている部分は大きいけれど、まったく別物であるような気もする。インドのような香辛料の使い方をする部分もあるけれど、できあがったものはぜんぜん似つかないものだ。ではタイ料理はもとからこのようなかたちであったのだろうか、と言えば、それもまた大いに違うような気がする。いったいぜんたい、これは何ものなのだろうか。

実は、タイ料理のたどってきた道について、これこれであるとはっきりとわかりやすく説明してくれる書物も研究者もまだ出ていない。そもそも、料理というようなごく日常的なことについて、その由来をさかのぼってはっきりとさせることは、歴史学という方法のもっとも苦手とする分野なのである。歴史学は書き記された情報や物的証拠を材料にして、過去の事実やものごとの変化を明らかにし、それによって今のあり様を説明する学問である。ところが、日常のありふれたことについて、書き残す意味を認める人は少ないし、ありふれた道具もいわゆる消耗品として日常生活の中に使いつぶされてしまい顧みる人はいない。そのため、そうしたあたりまえのことほど、いわゆる資料がすくないために、どうして今がこのようにあるのかを説明することが難しくなってくるのである。もちろん、ものごとには必ず由来があって、変遷があって、今の形になっているものである。料理だけが例外であるというわけにはいかない。しかし、人間のやることというのは、ある場合にはさまざまな刺激のもとに、一世代でかなり変わってしまうこともあり、別のある場合には何百年もぜんぜん変わらないこともあり、変化の速さや量が一定しないものである。そのため、書き記されていないことについてはたった五〇年か一〇〇年前のことであっても、私たちの乏しい想像力では真実に及ばなくなってしまうのである。

第二章では、そうした難しさを前提としつつも、残された断片的な情報や記録や文学から、タイ料理が今の形になるまでの道筋をできるかぎりたどり、タイ料理とは何かというおおもとの問いに答える助けとしてみるつもりである。

一──タイ料理の原型(バンコク以前)

●──碑文に記された米と魚

歴史上知りうる最初の食べ物に関する記述といえば、一三世紀末にスコータイ王朝第三代目のラーマカムヘーン王がしるしたといわれているスコータイ第一碑文をまずあげなくてはならないだろう。「わが父の名はイントラーティット、母の名はスアン」で始まる名乗りの文章は、タイでは小学生でも暗誦できる、のびやかなリズムをもった名文である。石柱の四面に書かれた文章の第一面には、次のよう刻まれている。

ラーマカムヘーン王の御代、スコータイのくにやよきかな、田には米あり、水には魚あり

スコータイ第一碑文第三面
ラーマカムヘーン王の考案によるといわれるスコータイの文字は、それまで周辺の民族に行なわれてきた文字とはかなり異なる字形と表記法上の特徴を持っている。一行目右寄りにタラート（市場）の語が見える。

すなわち、スコータイには米と魚というタイ人の食の原点ともいうべき二つの食材が満ち溢れていたということを率直平易に示しており、これこそがタイ国が豊かであるということそのものなのだというラーマカムヘーン王の堂々たる矜持が感じられる。★1

米の飯はタイ語で「カーオ」という。漢語ではうるち米のことを「粳」（カウ）と書くので、おそらくは同一語なのであろう。タイ語と漢語とは古い時代において語彙のかなりの部分を共有している。親族の呼称、動物の名前など、タイ語の基層単語の中には漢字で書くことができる語彙が少なくない。それらが漢語からタイ語が受け入れたものであるのか、タイ語が漢語の中に入って漢字を当てられたものであるのかという判断は複雑で難しいが、漢語の音に通じているタイ語の単語が古い層に属するということはほぼ間違いないだろう。とすれば、タイの食卓の中心は、昔から現代まで、何と言っても米の飯、それもうるち米なのだという想像がつく。一方、米の飯以外のものは十把一絡げにして「カップ・カーオ」つまり「飯と一緒に食べるもの」という名で呼ばれてしまう。タイ人の心の中では、食事というものは食卓の主役である飯とその他大勢のひきたて役との二種類からなっているのである。★2

ちょっと寄り道になるが、米が豊かにできることがそのまま国の力をあらわすしるしになるのだという考えは近代に近い時代にまで存在していた。一九世紀、ラタナコーシン朝になってからも、王宮の前の広場に大きな田んぼが作られていたことがある。これは当時のライヴァルであったベトナムの使節が来た時に、タイ国の豊かさをアピールするために作られたものである。西洋の例から見れば、国王の宮殿の前に田んぼがあるというのはちょっと考えにくいことであるし、そもそも肝心のベトナム人がそれを見てどの程度タイの豊かさを感じておそれいったのかはわからないのだが、タイにおいては、国王の権威と米の力がそれだけ強く結びついていることを示しているのだろう。タイにおける国王の権威というと、ヴィシュヌ神の化身であるとか、ガルーダの乗り物であるとか、もっぱらアンコール帝国から移入したようなインド的な装置が取り沙汰されることが多い。しかし、実はタイ族が本来持っている米の力、それを生み出す大地の力との関係もけっして軽く考えることのできないものなのである。

現国王のお名前プーミポンはサンスクリットで「大地の力」を意味する。タイ族がチエンマイに立てた王朝の名はラーンナー王朝といい、「一〇〇万の田んぼの国」「広々とした田んぼの国」というほどの意味である。今の中華人民共和国雲南省にもタイ族の自治区があり、中国語表記で西双版納、タイ族の言葉でシップソーンパンナーと呼ばれている。こちらは「一二の一〇〇〇の田んぼ」というほどの意味で、その数字が象徴するところはよくわからないものの、いずれにせよ田んぼが国の豊かさのしるしとしてみなされていることには疑う余地がない。タイ族の本来の気持ちでは立派な豊かな国とは、田んぼをたくさん持っている国のことなのである。★3

さて、ここでカップ・カーオの筆頭のようにしてあげられているのは、魚である。田んぼで米を作るためには豊かな水が必要であり、そこには当然魚がいるはずであるから、米と魚は付きものだといっていいだろう。では、どのような魚をどうやって食べていたのだろうか。すりつぶして加工したのか、汁物にしていたのか、焼きものにしていたのか。汁物にしていたとすれば、どのような汁だったのだろうか。

碑文には触れられていないが、ここに出てくる魚というのはおそらく川魚で、具体的にはプラー・クラーイ(ナギナタナマズ)やプラー・サリット(キノボリウオの仲間、グラミー)などであろう。季節に従って水位を増しあふれる川やその後にできるブンとかノーンと呼ばれる巨大な水溜りは、それらの魚たちの絶好の産卵地となり、豊富な蛋白源を保証してくれたに違いない。現在でも、たとえば北部のパヤオ郊外に満々と水をたたえるクワーン・パヤオなどは淡水魚の重要な漁場であるし、中部でいえばナコーンサワン県のブン・ボーラペットは、現在ではかなり縮小してしまったとはいえ、タイ人ならば誰でも知っている、豊かな湖の代名詞のようなところである。タイ人の祖先たちはそれらの川や湖沼からの恵をあるいは煮たり、干物にしたり、すり身にしたり、地方によっては漬け込んで発酵させたり、さまざまな形で享受していたことだろう。

いずれにせよ、現代でも食事をすることを、実際に魚をおかずにするか否かを問わず「キン・カーオ、キン・プラー」(飯を食べ魚を食べ)という言いまわしをするように、魚はタイ人にとってもっとも基本的で、まるで空気のような存在なのである。同様に漢語音と通じた音をもつ鶏(タイ語でカイ)や、あひるもやはり古くからタイ族の生活に密着した存在であり、食材としての歴史も古いものであることが想像されるが、魚と違って一度食べてしまうと、自然に増えてどんどん取れるというものではないので、食品としての効率は悪い。普段のおかずというものではなく、あくまで特別な場合のちょっと上等なおかずだったのではないだろうか。

スコータイ時代にはすでに市場が機能していたようである。第一碑文第三面には次のように記されている。

このスコータイの北側に、タラート・パサーン(パサーン市場)あり。アチャナ仏あり、宮居あり。ココヤシのパーあり、パラミツのパーあり。畑あり、稲田あり。里あり、大小の家屋あり

パサーンとはバザールに由来する語だという。大掛かりな多品目の市場である。パーとは果樹園のことだが、一つの品目だけを扱う小規模な市場のことだという解釈もあり、結論は留保したい。別のところでは、

スコータイの都では、マーク(ビンロウジ)のパー、プルー(キンマ)のパーが町中にあり、ココヤシのパーも都に多く、パラミツのパーも都に多く、マンゴーのパーも都に多く、タマリンドのパーも都に多く、(以下略)

とあって、食材となるさまざまな果物が作られ、売られていたことが想像できる。作り、売ることができるのであるから、これらの果物はしかるべく需要のある、ポピュラーな食材であったこともわかる。嗜好品の

遺跡に残るスコータイ様式の仏立像
スコータイは今までになかったような優美な仏教美術を生んだ国であった。とくに仏像は大きいものにも小さいものにも、一目でそれと知られるたおやかさの刻印が記されている。写真はカンペーンペットに残る仏立像。

ビンロウジやキンマがすでにちゃんと作られているのもおもしろい。市場があるということはスコータイの外からモノを持って売りに来る人や買いに来る人があったということであり、そうした出会いがモノや方法の広がりを生んだであろうことも想像できる。★4

●―トウガラシとコショウ

一四世紀前半からチャオプラヤー川下流域に勢力を持ち始めたアユタヤーは、水上交通の要所に位置し、当初からごく商業的な性質を持った町であった。一三五〇年にウートーンの領主がここを都として王朝をひらき、以後一七六七年にビルマによって滅亡させられるまで、おおよそ四〇〇年の間、アユタヤーは、インドシナ半島における政治権力の中心としてのみならず、モノの流れの中心地、いわば巨大な市場として繁栄したのである。市場であるアユタヤーの町にはさまざまな地域から来た商人たちが住みつき、新しい食材や調理法が伝えられてきた。それらが混ざり合い、影響しあいながら、新しいものが生み出されていくという過程が、アユタヤーの食の風土だったのである。

食材の変化という点では、一四九二年にコロンブスによって発見された新大陸アメリカから、いままで誰も知らなかったような目新しい食材や調味料が見つかり、スペインを中継地にしてつぎつぎと世界中に紹介されるということが起こった。この事件は世界中のあらゆる地域の料理に大なり小なりの変化をあたえた、生活文化史上の革命的大事件であったといっていい。たとえば旧大陸ヨーロッパには、ヒマワリ、ココア、落花生、トマト、ヴァニラ、パパイア、カボチャ、七面鳥などといったものが新大陸からもたらされたのであって、その影響の大きさは現代のヨーロッパ料理からそれらがいきなり姿を消した場合を思い浮かべれば容易に想像がつくはずである。トウモロコシは南米からヨーロッパを経て中国に伝えられ、さらに東南アジア地域にも伝わったが、とくにアフリカでは主食として大いに受け入れられ、調理法もそれにつれて発達したのである。

一六世紀になると、商業国家であったアユタヤーには当然ながらさまざまな新しい食べ物が輸入され、それらは即座にインドシナ半島中に広がっていった。その中で、もっとも大きな役割を果たしたものは何と言ってもトウガラシである。トウガラシは現代のタイ料理にはもちろん欠かすことができない香辛料であり、外国人がタイ料理と聞いた時に最初に思い浮かべるのもトウガラシの辛さなのではないだろうか。いわばタイ料理のシンボルにさえなっているわけで、まるで大昔からタイ料理の中で使われてきたことが当たり前のように思われるのだが、事実はちがう。トウガラシはタイ族が東南アジアに来てから三〇〇年も経って

ミャンマーのシャン料理屋に並ぶおかずの数々
シャン族はタイ族の一派で、ミャンマーのマンダレーの東方からタイとの国境地帯に住む。料理は豚の脂身を多用した脂っこいもので、トウガラシの辛みはほとんど使われず、全体としては甘みが勝っている。辛味はコショウを使うことが多い。

から出会った、どちらかというとニューフェイスだったのである。

それではトウガラシが入る以前、タイ料理は何を持って辛さを作っていたのだろうか。それともタイ料理は辛くなかったのだろうか。

はっきりした証拠は挙げにくいのであるが、おそらくタイ料理はコショウを使って辛さを作っていただろうことが考えられる。また辛みを持つ食材はイーラー（ウイキョウ）やクラティアム（ニンニク）など他にもあるし、薬草の中にも辛さや苦さを持つものがあるから、それらも併せて使用していたかもしれない。とはいえ、辛さの質はトウガラシと比べればかなり穏やかであり、丸みを帯びたものである。顔じゅう涙と鼻水にまみれてのた打ち回るような激しい辛さは、本来のタイ料理にはなかったであろう。それはやはりトウガラシ以後に実現されたものであり、転げまわらないまでも、輪郭のはっきりした濃い辛さというのがタイ料理の特徴のひとつだとしたら、トウガラシは革命的な存在だったことは確かである。★5

コショウはタイ語で「プリック・タイ」つまり「タイのプリック」と呼ばれている。しかし、「タイの」とわざわざ言うということは「タイでないプリック」、つまり「外国のプリック」もあったということを意味している。むしろ「外国のプリック」が入ってきたから、今まであった「プリック」をわざわざ「タイのプリック」と呼ぶようになったというのは自然な想像だろう。で、「外国のプリック」がどんどん人々の生活の中に広がって行くと、いつのまにか、まるでそれが本来のプリックのように思われてきて、いつか「外国の」という言葉がとれて単に「プリック」と呼ばれるようになってしまう。そして昔の「プリック」はあらためて「タイのプリック」と呼ばれるようになってしまうのである。では、現在「プリック」と呼ばれているものは何かというと、トウガラシなのである。

要するに、コショウのことを昔は「プリック」と呼んでいたものであり、そこに外国からトウガラシが輸入されて、「外国のプリック」と呼ばれるようになる。そして今まであったコショウのことはそれに対応して「タイのプリック」と呼ばれるようになる。さらにトウガラシが今までコショウがしめていた辛さの市場で圧倒的な一般性を獲得すると、しだいに「プリック」とだけ呼ばれるようになる。それでいつのまにか、「プリック」とはトウガラシであるということになって、コショウは「タイのプリック」と呼ばれるようになったのではないかというわけだ。

●—アユタヤー朝、食の賑わい

さて、一般にアユタヤー時代と呼び習わされているのは、すでに述べたように一三五〇年にアユタヤーに王権がたって、一七六七年に進入してきたビルマ軍によってアユタヤーが壊滅されるまでの約四〇〇年間である。アユタヤー時代というと、何か連続した一枚岩の政権を基盤とした、安定した時代であったかのように聞こえるが、けっしてそのような平板なものではない。たしかにアユタヤーに王宮のあった時代は長かったが、王宮の場所は他の町にもかなり移ったし、王宮のある場所に準じた町もいくつか存在した。王権をになう血統もいくつかあり、決して連続したものではない。しかも、この時期にはアユタヤーだけが統一的な権威として国家を形作っていたわけではない。それぞれの地方にはムアンと呼ばれる大きな町が、それぞれに領主をいただいており、その勢力下にはさらに小さなムアンが存在しつつ大きなムアンに服属したり背いたりしていた。★6

畿内と呼ばれるアユタヤーの周辺は国王の直轄地であるものの、その外側は半独立国である大国が並び、さらにその外側は一応の服属を誓っているだけの国が存在していた。これにはシャン高原の国々や雲南のムアン、南はマラッカまでが含まれていた。

同時に、これら大小のムアンは、それぞれの半独立的な立場から隣り合った勢力との間のつばぜり合いを続けていた。相手はタイ系諸族である場合も、まったくの異民族である場合もあり、レベルの異なる小さな外交が各地で行なわれていたのである。

このように、アユタヤー時代は交易ネットワークが高度に発達した時代であるとともに、各ムアンの関係が密になった時代でもあった。関係が密になれば文化的な交流は自然に起こってくる。人が交われば、婚姻関係も生まれ、すぐに台所のレベルでの文化交流が始まってくるからである。各ムアンはそれまで培って来た、それぞれの自然環境を背景にした食生活の伝統を交換し、影響を与えあって、現在のタイ料理につながる地方料理の伝統を形成していった。後で述べるように、タイ料理といっても北部には北部の、南部には南部の地方料理の形があるが、その範囲というのはアユタヤー時代のムアン勢力地図がもとになって、形成されているように見える。つまりアユタヤー時代は、ムアン同士の文化的な交流が行なわれる中で、現在のタイ料理における地方的枠組みが定まった時代だといってもいいかと思う。

一方、外国との交渉という視点で見ると、アユタヤーは西にビルマ、東にアンコール帝国に接しており、南にはマレー世界が広がっていた。すでに述べたように、アユタヤーの本質は交易ネットワークに支えられた巨大なムアン群の長であり、最大の市場であるから、町には交易を目的とした商人がさまざまな地方から集まり、定住していた。そこには当然それまでタイ族が持っていなかった食材があり、調理法があり、食習慣が存在していたはずである。アユタヤーは当時の食文化にとって、ちょっとした展示場であり、交流の舞台だったといっていい。一七世紀のアユタヤーに派遣されたフランス人使節シモン・ド・ラ・ルベールの記録によれば、当時のアユタヤーには四〇余もの民族が住んでいたという。

アユタヤーにおける外国人の代表格は何と言っても中国人だった。アユタヤーの人口の少なくとも一〇分の一が中国人であったとの研究もされており、そこまでいくともはや単純に外国人というよりは少数民族だと言うべきだろうが、とにかく文化的背景の異なる、しかも食べ物には何かとうるさい集団が存在していたわけだから、そこからタイ人が受けた影響が小さいはずがない。

一七世紀の記録によると、アユタヤーには中国人の水上市場が四ヶ所あり、そのなかの一つ、パーククローン・ワットドゥーム市場には、中国人の民間信仰である本頭公の廟も建てられていたという。また、中国人大富豪の屋敷の前には中国式の長屋があり、二階建てで一六軒からなっていたというから、たとえ一軒が間口二ワー（四メートル）の小さな家だったとしても、全長六〇メートルあまりの堂々たる建物である。さらに中国の干菓子、春巻、煎餅を売っている中国菓子の市場も記録されている。

陸上の市場となると一層大規模であった。現在のワット・スワンナダーラームの周辺にあった、最大の市場の一つサームマー市場を例に挙げれば、中国から運んできた真鍮をはじめとする金属製品、焼き物、食器類、中国布、絹製品、日用品、中国産の果物、豚肉、あひる、鶏、淡水魚、海水魚、カニ、貝、中国家具、金物雑貨、桶、野菜などを商っていたという。現在のバンコクの中華街と変わらない繁盛ぶりはまさにアユタヤーの市場性、国際性を示していたということができる。

これらの市場の中や周辺には、いうまでもなく小さな食堂が存在していたであろうし、天秤棒に食べ物をのせた商人も歩き回っていたことだろう。天秤棒といっても現在の屋台に近いものまであったはずである。天秤棒の系譜はその後二〇世紀の前半まで続く。水上市場であれば、そこに物売りの船が行き交っていた。とすれば、その中には簡単な食べ物を売る船もあったと考えるのは自然である。★7

アユタヤーに居留していたのは、中国人だけではない。ペグーから来たモーン人、ヴェトナム人、カンボジア人、オランダ人、ポルトガル人、マカッサル人、日本人などは、それぞれ自治性の強い町を作って、シャム王から官位を受けた頭領のもとに交易に従事していた。そこには当然ながら市場も発生したであろうし、内部ではそれぞれの民族集団の持つ料理が食べられていたことであろう。★8

市場がタイ料理の最前線であったことは疑いないが、さらにもう一つ、王宮の重要性も忘れてはならない。交易性の強いアユタヤーの王宮には、さまざまな外国からの料理が運び込まれたであろうし、そうした目新しい料理に刺激を受けて、それまでになかった工夫が行なわれ、贅沢な新しい料理が編み出されたかもしれない。それらは宮中に働く何百、何千人という女性たちによって、宮中の習わしや言葉とともに、一般の社会にも少しずつであれ伝えられ、家庭料理にも影響を与えたはずである。現在、タイの代表的なお菓子としてみなされているトーン・イップ、トーン・ヨート、モー・ケーンなども、この時代にポルトガルから女官を通じてもたらされ、タイ風にアレンジされたものなのである。★9

ロッブリーに残るナーラーイ王の宮殿跡
アユタヤーの北方の古都ロッブリーには、フランスと使節を交換したことで有名なナーラーイ王の住んだ宮殿が残っている。
この王宮がタイ料理史に果たした役割は大変に大きい。

このようにアユタヤーという都の内部においてさえも、その内部に多くの異文化を包含しており、市場や宮殿を通じてそれらの文化が持つ食文化の伝統が交換され、混ぜ合わされてきた。しかし、アユタヤーが受けた外国からの影響は、その内部の異文化や交易活動によるものだけではない。アユタヤーはその四〇〇年の歴史の中で、何度も異民族の支配を受けたのである。アユタヤー自身は、一五六三年から一五六四年にかけてビルマのバインナウン王の征服を受け、その後三〇年あまり、ペグーの属国に甘んじねばならなかった。北部の諸ムアンも一六世紀中盤から一八世紀後半にいたる二世紀半にわたってビルマの支配を受け、宗教や言語面でその影響を蒙っている。その反面、アユタヤーは一四三一年にはアンコール帝国を攻略し、行政システムや言語、建築技術などをカンボジアから移植している。生活全般に広くのこっているカンボジアの影響の中には、もちろん生活文化の大きな一部である食文化も含まれているに違いない。南タイの諸ムアンにしても、マレー的な生活からさまざまな影響を受けて、現在の地方色を形作っている。

それでは外国人とは無関係の、ごく普通の庶民たちはどのような食生活を送っていたのであろうか。ラ・ルベールの記録によれば、一七世紀当時のタイ人の食生活はきわめて単純なものであったという。主食は米の飯、おかずはほとんど全てが魚で、干し魚あり、漬物にして発酵させたものあり、焼き魚あり、ペーストありで、ラ・ルベールはその豊富さに驚嘆するものの、食生活の単純さにも驚いている。タイ人は魚を取るために半日ほど船に乗り、それでその後数日分以上の魚を得てしまうと彼は書いている。一方、市場が盛んだったことを考えれば、野菜のほうも食べていたはずだが、ラ・ルベールの記録には登場してこない。一般にタイ人の住む家には現在でも小さな菜園があるのが普通である。普段使用する野菜の大部分はこの家庭菜園で賄ったのではないだろうか。

しかし、だからといってアユタヤー時代にはご馳走がなかったのだと考えるのは早計である。プレーン・ヤーオ（男女の掛け合いで取り交わすクローン形式の歌垣）の中には次のような愉快なものも残っている。

豚の脚を煮込むときにはよく注意して
肉が崩れてからトーン豆を加える
マカームピヤック（タマリンドの果肉を固めたもの）の味がはっきりしなければ
ライムの汁を加えてやると、味はまろやか柔らかく
さて、遠火で卵をじっくり煮詰めて
とろとろになったらマトゥーム（ミカン科ベルノキ）を入れる
木でかき混ぜながらゼリーのように白くなるまで
日本のナムプラーを一たらし、タマネギを薄切りにしていれる
（中略、田ウナギ料理がでてくる）
こうしてあれこれだんなに作って食べさせる
豚も卵も田ウナギも、そろって精のつくものばかり
注意を怠らずしてせっせと励めば
ふにゃふにゃだったものも堅き木の棒のよう
日が暮れてからも眠ることなく
船はぎっちらぎっちら、撞木は鐘を突いてやまず

夜の強精食が考え出されるくらいだから、食文化の発展もかなりのものと言えるわけだ。

このように一三世紀、魚と米から始まったタイ族のインドシナ半島での暮らしは、一八世紀後半までには西洋、中国、カンボジア、ビルマといった大きな伝統の影響を受けてその幅を広げていった。同時に、アユタヤー時代を通じて行なわれた域内ムアン同士の関係から、現在のタイにつながる地方色を形作っていった。それは、現在のラタナコーシン朝時代のタイ料理につながって行く、いわば近代タイ料理の原型ともいうべき姿なのだった。

二—タイ料理の確立（ラーマ一、二、三世の時代）

●—アユタヤーの滅亡と都の移動

一七六七年三月二八日、コンバウン朝ビルマのシンビューシンの軍は一四ヶ月間に渡る包囲戦の末、交易都市アユタヤーを陥落させた。アユタヤーにあった財宝は持ち去られ、人々は外国人もタイ人も捕虜として連れ去られた。連れ去られなかった人々は、難を逃れて地方に身を潜めた。建築物は王宮や寺院はもちろんのこと、民家も市場も全て焼き払われた。アユタヤーは人的にも物的にも文字通りの灰燼に帰し、そこに実現されていた工芸、文学、音楽、美術、さまざまな伝承技法などはそのほとんどが失われた。その文化的な損失は現代にいたるまで影響を与えているほどである。食文化も例外ではなかったであろう。

七ヶ月あまりの戦闘の末にビルマ軍を撤退させ、新しく政権を建てたのはアユタヤーの武将タークシンであった。タークシンは潮州華僑を父に持ち、タイ湾周辺の華僑のネットワークを後ろ盾としていた。ビルマ軍を駆逐する際にも、東部沿岸のチャンタブリーにとりあえずの拠点を置き、タイ湾に沿った華僑組織やベトナム南部ハティエンに存在していた中国人の勢力をたのんでいる。そのため、タークシンの政権はアユタヤーの延長というよりは、それまでインドシナ半島に張り巡らされていた華僑ネットワークが国家になったという意味合いの強いものであった。タークシンはそのネットワークの頂点を目指したのである。

トンブリー時代の外堀だったロート運河
トンブリー時代に外堀として掘られたロート運河はラタナコーシン時代には幹線運河の一つとしてはたらいた。美しい橋がいくつもかかる落ち着いたたたずまいを今に伝えている。

タークシンの建設したトンブリーの都城は、現在のバンコクとその対岸を含む土地に広がっていた。都城の形はほぼ六角形で、その中心をチャオプラヤー川が貫いていた。王宮は川の西側、つまり現在のバンコクの対岸側で、川をさかのぼってくる船に正面から睨みを利かせることのできる位置に作られた。都城の周りには外堀と交通路を兼ねた運河が掘られて、チャオプラヤー川への運河口には市場が活況を呈した。これが現在のパーククローン市場である。もちろん、タークシンはもともと何もない荒野にこの都城を建設したわけではない。トンブリーは一六世紀後半以来チャオプラヤー川をさかのぼる船の拠点として発達しており、アユタヤーの末期には交易上の要所として華僑の集落となっていたのである。ビルマもアユタヤーの攻略に際しては、まずトンブリーを確保してから作戦を展開している。タークシンが廃墟と化したアユタヤーを再建するのではなく、物資のやり取りに一層の利便性を持つトンブリーに都を構えたことは、彼の目指していた商業性を示している。一七七六年、数回の使節派遣の末、タークシンは鄭昭という中国名で乾隆帝に進貢することを許可され、清朝との通交を復活させている。[★10]

領土についていえば、タークシンは三年間かかって、北はピサヌロークから南はナコーン・スィータンマラートまでの対抗勢力を潰して、アユタヤーの版図を回復することに成功した。さらにマレー諸国やカンボジアを朝貢国とし、チエンマイとウィエンチャンを属国としている。

しかしながらタークシンはアユタヤー以来の貴族勢力によるクーデターに倒れ、政権はわずか一五年しか続かなかった。その一五年間もアユタヤー崩壊に伴う戦乱を平定し、新しい権威を樹立するのに追われ、けっして平和な時代であったとは言えなかった。アユタヤーの版図は回復したものの、文化的な事柄に関しては、先行きの見通しもつかない状態だったといっていいだろう。生活に密着しているはずの食文化でさえ、アユタヤーの滅亡に際して失われたものの復興すら夢のまた先の話であった。[★11]

一七八二年、タークシンの没後に、あらたな政権を立てたのはアユタヤーの武将だったチャオプラヤー・チャックリーであった。チャックリー、後の呼び名に従えばラーマ一世王は都城をチャオプラヤー川の対岸に移して、そこに王宮を建設した。これが現在まで続いているラタナコーシン王朝である。

ラーマ一世王は一七三五年にアユタヤー朝の名門に生まれ、ボロマコート王治世下でのアユタヤーの安定と繁栄の中に青少年期を送っている。その後、アユタヤーの衰退と滅亡を目の当たりにして王になった彼が生涯を通じて目指したものは、簡単に言えばアユタヤーの再現だったといっていい。王宮にしろ、副王宮にしろ、主要な寺院にしろ、アユタヤーの都を形作っていた主要な建造物は全て、できるだけ同じ位置関係をもってバンコクにも建設されねばならなかった。バンコクの都城の周囲は高さ三・六メートル、全長七・二キロメートルの城壁で囲まれていた。この城壁を築くレンガの一部は荒廃したアユタヤーの旧城壁からわざわざ運んできたものであるのも、新しいバンコクの都がアユタヤーからの連続性をもつものであることを示すためであった。

アユタヤーが交易ネットワークの上に成り立った域であり、さまざまの国の商人、とくに中国人の影響の強い国であったことはすでに触れた。タークシンのトンブリー朝も、中国人のネットワークの上に存在し、いっそうの商業性を目指していたこともすでに述べたとおりである。ラタナコーシン王朝もその意味では前二者のありようを引き継ぐ性質を持っていた。初代国王のチャックリー、後の呼び名に従えばラーマ一世王が国王宮を建てようとしたチャオプラヤー川沿いの土地は、もともと中国人の豪商の土地であり、国王はその土地をもらいうけ、かわりに代替地を授けるというかたちで国王宮の建設にとりかかっているのである。彼の授かった代替地サムペンは、その後バンコク第一の商店街、繁華街として発展していく。彼自身も高官の官位を得て、王権にきわめて近い特権的な商人として活躍をする。

国の内部の中国人ネットワークを保護しただけではない。ラーマ一世王はトンブリー朝のタークシンが清朝皇帝に対して名乗った中国名鄭昭をもとにして、鄭華という名で朝貢貿易を続けている。あたかも王朝として連続しているもののように見せかけて、清朝との関係を安定したものにしていきたかったのであろう。鄭姓の中国名を名乗って清朝に朝貢することはラーマ四世王の時代まで続けられており、ラタナコーシン朝の商業性が最終的には中国の大商業圏の中で機能していたことを示している。

しかし、当然のことながら、ラタナコーシン朝の最初期からアユタヤーの最盛期のような交易国家が実現されたわけではなかった。アユタヤーの崩壊によって、米をはじめとする一次産品の生産がかなり阻害されていた。また、そうした物資がバンコクに流れてきて、外国との交易ルートに乗り、国王をはじめとする商人たちの懐を潤すという流れそのものも破壊されていた。というのも、そうした商業ルートは、アユタヤーに実現されていた畿内、大国、服属国というさまざまなレベルでのムアンの服属に基盤を置いていたものだったが、アユタヤー崩壊以来、地方のムアンはそれぞれ独立した権威をもって割拠していたからである。交易国家の実現は、まずはそれらのムアンとの服属関係を復活させることが前提となり、したがって遠征と征服を繰り返すことになった。商業よりももう少し力づくの時代だったわけである。

当時の中国との交易の状態はたとえば壁画師ナークによる作品などにも影響を見ることができる。アユタヤー末期の仏教壁画ではまず壁に白い下地を塗り、それを背景にしてさまざまな鮮やかな色を乗せていくのが普通だった。緑も青も紺も中国から輸入された鮮やかな絵の具で描かれたのである。しかし、トンブリー朝からラタナコーシン朝の初期にかけての時代は輸入品の絵の具を許さなかったので、タイで入手できる岩絵の具、土絵の具、植物の汁、鍋底の煤などを用いざるを得なくなった。結果的に穏やかで明るい色調を保ちつつ、上品で渋い色遣いで描く独特のスタイルが生まれたのである。料理もやはり同じような事情で、食材や道具など、中国からの輸入品に頼っていた部分は、何らかの適応を迫られたことだろう。

しかし、そのように中国との通交が不便な時期であったとはいえ、食文化が停滞した変化のない時代であったと決めつけるのは早計である。ラーマ一世王の時代はまさにバンコクを建設する時代であり、その労働力として今までになかったほど多くの外国人移民がなだれ込んだ時代でもあるからである。

ラーマ一世王は城壁の建設に労働力としてウィエンチャンからラーオ人五〇〇〇人を徴用した他、メコン川の西側、現在の東北タイにちらばって存在していた小さなムアンの長に命じて、工事を分担させた。当然ながらその地域からの労働力もバンコクに流入したのである。また東側の城堀として、全長三・五キロメートル、幅二〇メートルのロープクルン運河を建設する際には一万人のカンボジア人を徴用している。その後のバンコクの拡大の過程にあっても、モーン人を使ったり、中国人を使ったりと、バンコクという街は言わば外国人労働者によって建設された街なのである。当初のバンコク都城の敷地は約四平方キロメートルに過ぎない。しかし、そこには商業とその周辺の仕事を行なう中国人が相当数住んでいたことはもちろん、ラオスやカンボジアから徴用された労働者も数千人以上が居住していた。それだけでもアユタヤーとはかなり変わった人口構成であり、食文化を始め生活一般に大きな影響があったに違いないことがわかる。★12

さらにラタナコーシン朝の初期には周辺諸国、地域からの集団移民が相次いでいる。一七世紀に引き続き、一八世紀後半のトンブリー時代にも、一九世紀初頭のラーマ二世時代にも、モーン人は、まさに数千人の単位でビルマからテナッセリム山脈を越えて移住してきた。タイにとっては、象の扱いに巧みなだけでなく、ビルマの事情や国境周辺の地理に通じたモーン人は貴重な人材だった。歴代の国王は彼らに土地を与え、指導者にはタイの官位を与えるなど、さまざまに優遇した。現在でもモーン族の血を引く人の集落がパトムターニー県やラーチャブリー県に見られるほか、バンコク周辺にも大小のモーン人集落が存在しているのはそのなごりである。

モーン人の食生活から入ってきたものの中で、もっとも可視的なものはカノムチーンであろう。カノムチーンは米から作った細目の麺で、タイではさまざまな汁をかけて皿で食べられている。現代タイ語ではカノムはお菓子、チーンは中国の意味であるから、簡単に中国渡来のものかと思われている節もあるが、本来はモーン語のハノムチンがなまったもので「ねかせたうるち米の粉」といった程の意味である。北部タイでは中央部タイや南部タイより日常的に多く食べられており、こちらはランプーンのモーン人たちから伝わったものかもしれない。本来は、祝いごとや慶事のパーティーの食べ物で、バンコク周辺のモーン人集落では現在でもお祝いのパーティーなどに欠かさず用いられている。タイ人の間ではお祝いの意味は忘れられて、ごく普通の食べ物になったり、僧侶を呼んでタンブンの食事を供養するときのものだというように理解されて、葬式のタンブンにまで登場することがある。

モーン人は現在独立の国家を持っていないために、何となく実感が伴わないのであるが、アユタヤー末期以来近代に至るまで、タイに与えた文化的影響は大きいものがある。たとえば出家中のラーマ四世王に強い影響を与えたのもモーン人の仏教教団であるし、今も残るオーンアーン運河の名前はパトゥムターニーのモーン人が甕を船に載せて売りに来たところからそう呼ばれている。ラタナコーシン朝初期のバンコクでは、モーン人は中国人と並んで非常に身近な存在であり、同じ上座部仏教を信仰する彼らの生活習慣もタイ人にとって、中国人のそれよりもずっと受け入れやすい、抵抗のないものだったはずである。モーン人の食生活も魚と米を中心にした、タイ人に近いものである。★13

一方、カンボジア人の移民も少なくなかった。これは労働力としての徴用もあったが、政治的な理由でメコン川下流から避難してきた人もあったのである。彼らの中にはカトリックの信者もあり、今も残るカトリックの名門、コンセプション寺院は彼らの寺院である。その周辺にはカンボジア人の集落が広がっている。

アムパワーに残るラーマ二世王の館跡
詩人でもあったラーマ二世王は、現在のサムットソンクラーム県アムパワーで生まれている。メークローン川に面したアムパワーは母の生家で、父の一世王にも縁の深い土地である。現在は館が復元され、歴史公園として整備されている。

同様にベトナムからの移民もあり、彼らもまたタイ国からしかるべく保護を受けてバンコクの近郊に集落をいとなんだ。バーンモーにはアユタヤーに住んでいてタイ人と一緒に逃げてきた人が、バーンポーにはラーマ一世王時代に国内の政治事情で非難してきた人が、サパーンカーオにはラーマ三世王時代のタイとベトナムとの戦争によって捕虜となった人が住んでいた。現在のサンヒ橋のたもとからラーチャーティワート寺院にかけても、カトリックを信奉するベトナム系の人々が弾圧を受けて移住したところとして有名である。彼らのセント・フランシス・ザビエル寺院の周辺には、現在でもベトナム料理屋が数軒が並んでいる。もちろん、新市街によくあるようなこぎれいな雰囲気の外人向けベトナムレストランではない。ごく普通の庶民が行く、ごく普通の料理を出す食堂である。ポピヤ・ソット(生春巻)など、現代のタイ人にも馴染みの深いベトナム料理は、これらの大量な移民とともに、ラタナコーシン朝の前期にタイに入ったものではなかろうか。★14

そのように大きな民族集団でなくとも、マレー人の集落もあり、インド人の集落もあり、アユタヤー以来のポルトガル人の集落さえあったのが、一九世紀初頭のバンコクという街であった。これらの外国人がそれぞれの民族集団ごとに住みながら、城内の運河や城門周辺に開かれた市場で出会い、物を交換しながら暮らしていたわけである。★15

●—ラーマ二世王のご馳走

一八〇九年にラーマ二世王が即位した頃には、アユタヤーの壊滅以来四〇年あまりが過ぎ、戦乱の雰囲気もようやく薄れてきた。当時のバンコクではどのような料理が作られ、喜ばれたのだろうか。芸術一般が大好きで、詩人としても非常に有名であった国王は、食べ物をたたえる「カープ・ヘールア・アーハーン・カーオワーン」という御座船漕ぎ歌を作って、当時の食べ物に熱いエールを送っているので、まずそのあたりから見ていこう。

鶏カレー　肉のマッサマン・カレー
この私のすばらしき人

イーラーの香りは高く　ツンと来る味
熱く辛く
男なら誰でも　このカレーを食べれば
愛し、求めたくなる
力が涌き出る　腕をもって
胸を叩き、さがしもとめる

マッサマン麗しきそなたのカレーよ
イーラーの香りは高く　味は力強い
男なら誰だってこのカレーを呑み込めば
夢を見る心地になる

鶏カレーはココナツミルクを入れたケーン・ペットのことで、鶏肉を使うくらいだから、なかなかのご馳走には違いない。ココナツミルクをカレーに入れることをタイ人がいつごろから始めたのか定かではない。ココナツについてはスコータイ時代の碑文にその名前が見えているので存在は確認され、古いとされているお菓子の中にも用いられているが、カレーに入れることがオリジナルのかたちだったかどうかは疑問である。むしろマッサマンやカリーといった南方系の料理が入って来た時に、影響を受けてはじまったことではないだろうか。

マッサマンはまったく南方伝来のカレーで、イスラームの地域では羊肉で作る。この詩の中で「肉」と言っているのは、豚や牛や水牛ではない。冷蔵庫のなかった時代のバンコクでは、豚はよほど余裕のある人の食卓にしか上ることはなかった。それも普通の家で汚いものを食べている家豚ではなく、清潔とされている野豚であった。これはバンコクやその周辺では簡単には捕れないので、森で猟師がしとめてから、食材として特別な食卓のために運ばれてくる。生で運んでくることは不可能であるから、焼いた後、燻製にして運んでくるのである。牛や水牛は耕作に使うのが第一義であって、食べてしまっては効率が悪いし、何だか申し訳ない気持ちがする。牛肉や水牛肉がバンコクの中で少しずつ一般的に食べられるようになったのは、おそらく一九世紀の半ばをかなり過ぎてからだったと考えられている。このラーマ二世王の詩に出てくる「肉」は、おそらく山の食材、具体的には鹿肉、キョンの肉、野豚の肉と言ったところであろう。★16

イーラーはウイキョウ。トウガラシが伝わる以前にはコショウと並んで辛みを作る代表的な香辛料だったが、辛いだけではなく炒った時の香りがいいので、現在でもよく使われている。トウガラシが詩に謡われることはあまりないが、イーラーは時々登場するところを見ると、タイ人にとっては何か趣のあるものなのかもしれない。

いろいろ入れたヤムヤイを
お皿にきれいに盛りつけて
日本のナムプラーで食べれば
この上ない幸せの味

タップ・レックを湯がいて煮立てる
お酢をかけて、コショウも少々
この旨さはどこに
比べるものがあろう、そなたの手料理を

ヤムヤイは今のヤム・ルワムミットをもっと大掛かりにしたもので、あれこれとおいしいものを入れた和え物である。日本のナムプラーというのはアユタヤー朝で引用した掛け合い歌にもでてきたが、おそらくしょっつるか、醤油。醤油であれば中国からのものをスィーイウと称してタイでも使っているので、日本のスィーイウと言いそうなものだが、詩の場合は韻を踏む関係上、多少の語彙のずれがありえる。結論は保留すべきだろう。

タップ・レックはレバーの料理の一つで、前に出た「肉」と同じく山の動物のレバーであろう。

ムー・ネームのすばらしさよ
生トウガラシとトーン・ラーン(デイゴ)の葉でもって
きれいに包んで食べたらば
いつも心に描いてしまう味
エビのコイを程よく味付けして
舌にのせるともう体が震えそうだ

天人の作った不思議の食べ物も
そなたの料理には及びもつかぬ

ムー・ネームは豚肉を使ったスナックのようなもので、トーン・ラーンの葉とともに食べる。バイ・チャプルー（ハイゴショウ）の葉などを代用して食べてもいい。ムー・ネーム自体は甘さを含んだものだが、生トウガラシも一緒に口に入れるので、葉のほろ苦さと豚肉の甘さ、トウガラシの辛さが口の中で混ざり合ってたまらないのである。これは中央部でも東北寄りの地方でよく食べる。

コイというのはもっぱら東北タイで食べられている生肉を漬けた料理で、ラープ・ディップやプラーなどの生肉系統に位置付けられる。

想像をこえた野豚の煮ものよ
ケーン・クワ・ソムにラカムを入れて
その愛らしさを伝えるようだ
悩み悲しみに胸が痛む
テーポーの腹肉のスープ
脂がのって　スープに脂が浮かぶ
すすりたくなる、その香り
極楽の気持ちを味わうよう

愛の心もそのかたちを変えること
ナムヤーがケーン・コムのように
まろやかに、うるわしく
賞賛のとどまるところを知らず

ケーン・クワはココナツミルクを入れたケーン・ペットの一種で、マカームピアックの酸っぱい汁を加えて炒めるのである。ケーン・クワの具は現在に至るまで基本的に豚肉で、ラーマ二世王の時代は詩にあるように野豚を用いている。ラカムはヤシ科トゲサラサ。苦しみという意味もあるので、次の行の胸が痛むという表現が関連付けられてでてくる。

テーポーは大ナマズで、体長一メートル以上の淡水魚である。これは脂の乗った腹肉をスープにするわけで、現在のトムヤムだろう。ただしナムプリック・パオを入れて赤くしたり、ココナツミルクを入れてほの甘くミルキーな感じにしたりした、今風のトムヤムではなく、澄し汁を酸っぱく味付けした本来的なトムヤムであり、ちょうどポテークやフワプラー・モーファイに近い(もちろん火鍋モーファイはまだないわけだが)ものであったはずである。

ケーン・コムはごく昔からタイ人の生活にあったものだろう。ペーストはケーン・ナムヤーと同じだがクラチャーイ(ショウガ科オオバンガジュツ)を入れ、魚肉をもとに、バイ・チャプルーの千切りを搗きこんで作る。入れるものもタイ人の生活に密着したものばかりで、ネギ、ニンニク、カー(ナンキョウ)、タクライ(レモングラス)などである。この詩の中のケーン・コムは何をメインの具にしているのかわからないが、昔からケーン・

コムに使われてきたのはホーイ・サーイである。これは田んぼにも水牛の水浴び用の池にも、ちょっとした水のあるところならたいていいる巻貝である。ケーン・コムもココナツミルクを入れないのが古形であると考えられている。

さて、こうしてみると、ラーマ二世王のご馳走の中には私たちにとってとくに目新しいものはないことに気づくだろう。森の動物の肉は、当時の食材として普通の豚や牛がなかったから食べていたのであって、珍味だから食べていたというわけではない。またこのメニュウも、ごく日常的な食卓風景などではなく、国王がもう詩に謡いたいほど感動した大変なご馳走であることにも注意しなければならない。マッサマンにしろ、鶏カレーにしろ、ヤム・ルワムミットにしろ、レバーにしろ、エビにしろ、その調理法は凝ったものと言うよりは、むしろかなり単純なもののように思える。当時のバンコクに住む一般人が、特別な機会に食べていたご馳走と本質的な差異はないし、現代の私たちが食べている料理とほとんど同じものなのである。★17

ラーマ二世王のこの詩は料理を称えているだけでなく、それを作る女性のことも誉めているのだが、後宮のことでもあり、いろいろな料理とそれを作るいろいろな女性が対象になっている。マッサマン・カレーを作るのはイスラームの妃であり、コイ・クンを作るのはラオス系の妃であろう。宮中にはタイだけではなく、外国も含めてさまざまな地方から、独特の文化伝統を持った一〇〇〇人以上の女性が集ってきており、その間では当然ながら情報や技術の交換が行なわれたに違いないのである。

一方、当時のバンコクや地方における、ごく普通の人々の食卓はどのようなものだったのだろうか。時代は少し下り、バンコクが交易におけるアユタヤーの栄光を取り戻した時代、ラーマ三世王の治世の記録をのぞいて見ることにしよう。宮中の料理の記録は、タンブンの際に国王から僧侶に対して供養された食事の記録などに、簡単なものをみることができる。しかし、一般の食卓を記録する人はタイ人にはいないから、このようなことこそ、外国人の立場からの記述が役に立つのである。ラーマ三世王時代の一八三〇年にフランスからタイに来て、一八六二年にバンコクで生涯を閉じたカトリック僧ジャン・バティスト・パルゴワの記録によると、当時の食卓事情は次のようなものであった。

バンコクで食べることができるのはタイ料理と中国料理の二種類である。タイ料理は辛くてたまらない。中国料理は辛くはないが味が薄い。しかし、どちらも値段は安く、バンコクに関して言えば食料は非常に豊かだった。しかし、城外に一歩出ると、事情はたいへんに違っていた。食堂やホテルというものは一切ないので、米を始め、食料はすべて持参する必要がある。持参する食料としては、塩漬け卵、干魚、ナムプリック、エビのペーストであるカピなどである。もしも途中で食料が尽きた場合には、手に入るものは何でも食べないといけない。すなわち、タニシ、カエル、タガメ、水キンバイ草、タマリンドの実、その他の葉、木の実、タケノコ、水牛の肉、猫の肉、鮫の肉、ワニの肉、蛇の肉、猿の肉、サイの皮、田ウナギ、コウモリ、カラス、昆虫のさなぎなどなどである。

このリストを見ると、たしかにフランス人には抵抗のある食材が多いようであり、本当にそれがどの程度食べられていたのかという疑問を感じるものもあるが、基本的には現在でも食べられている、昔からの食材が大部分である。現在のように食肉の生産と流通とがシステム化されていない時代にあっては、そもそも肉を食べること自体がご馳走であって、ここにあがっているものは手に入る蛋白源としてどれも珍しいわけではない。また、魚や鶏など比較的によく食べられている食材があげられていないのは、とりわけ珍しくなかったからであろう。

要するに一九世紀の前半にあっては、バンコクには外国人も多く、さまざまな食文化が行なわれており、場合によっては現在のタイ料理とほとんど同じような多様性を持った食卓も実現可能であった。これは多少

チャオプラヤー川とサンタクルーズ寺院
サンタクルーズ寺院はアユタヤーから避難してきたポルトガル人カトリック教徒がトンブリー時代に立てた寺院。パルゴワはここに住んで、上流のコンセプション寺院の長も兼ねた。

の内容の違いはあるかもしれないが、アユタヤーの再現という点では一つの完成を見たということができるわけである。一方、一般庶民の普通の生活の中では、米と魚を中心にした、スコータイ時代以来それほど変わらない、伝統的な食事が行なわれてきたのである。

三―タイ料理の展開(ラーマ四世からピブーン政権)

●―外国人とシャム宮廷

アユタヤーに実現されていたのは、国王が大商人として交易のルートをも握り、物流のシステムと領域がそのまま国であるような、市場としての国のスタイルであった。これまでに述べたように、これはビルマによって一七六七年に崩壊させられたが、トンブリー朝、ラタナコーシン朝を通じて復興され、一九世紀の半ばには十分に復興がなっていた。

ラーマ三世王時代に、清朝との交易は最盛期を迎えたといっていい。中国はもちろん、近隣の諸地域からの移民者も相次ぎ、市場としての国力は非常に高まっていた。チャオプラヤー川の両岸にはいくつもの水路がひらかれ、それは一九世紀後半になると、西はラーチャブリーやペッブリー、北はチャイナートやナーンサワン、東はチャチューンサオやプラーチーンブリーにいたるまでつながっていた。それら水路の河口には市場が活況を呈していた。

ラーマ四世王からラーマ六世王の時代は、そうした市場としての国であったタイ(一九三九年以前の国号はシャム)が、国境に囲まれた国法の領域である近代国家に脱皮するという大きな変化の時代であった。その大変化は政治体制だけの単純なものではなく、経済の仕組み、物資の種類などから、社会組織、生活習慣、価値観など、およそ社会といわれるものの全体にわたっておこった。その原動力となったのは、西洋の帝国主義国家の圧力であり、その圧倒的な軍事力を背景にいやおうなくタイ社会に入って来た西洋人の生活習慣であり、ものの考え方であり、彼らの持ちこんできたモノであった。

ラタナコーシン朝のタイに西洋の商人が本格的に登場するのは、一八五五年のボウリング条約によって自由貿易が保証されてからだといっていい。しかし、その遥か以前から西洋人はなし崩し的に入り込んできており、タイではけっして珍しい存在というわけではなかった。カトリックの宣教師はアユタヤー時代から布教を続けており、ラーマ三世王時代にも、中国人やベトナム人を対象に地道な活動を行なっていた。プロテスタントの宣教師は、医学や工学などタイにとって実用的な技術を手土産に、一九世紀前半から活発な活動を始めていた。西洋列強関係のニュースも、イギリスについては一八四二年のアヘン戦争をはじめ、インドでのこと、ビルマでのこと、マレーでのことなど、詳しい情報を入手していたし、ベトナムとの緊張した関係をもつタイとしては、当然ながらフランスの動きもフォローしていた。貿易が王室や高官によって独占されていたのは事実ではあったが、アユタヤー以来の交易国家であり、陸続きの隣国に囲まれているタイには「鎖国」というような状態はありえなかった。西洋列強の実力や動きについてはかなり正確で迅速な情報を得ていたのである。

むしろタイの指導者層にとって、西洋人の文化や技術はたいへんに好奇心をそそるものであり、英語を学んで、西洋人と話してみたいという人は少なくなかったのである。一八三六年に、当時出家中であったモンクット親王、後のラーマ四世王を王立寺院ワット・ボウォーンニウェートに訪問し、その痛風を診察したアメリカ人宣教師兼医師のブラッドレー博士は興味深い記録を残している。ブラッドレーは招待を受けた時に妻を連れて行くべきか否か、かなり迷った。モンクット親王は当時王立寺院ワット・ボウォーンニウェートの長に就任している高位の僧侶であり、女性を連れての拝謁はふさわしくないのではないかと恐れたのである。しかし、実際に拝謁してみると親王は夫妻をよくもてなしてくれ、同じテーブルに着いて話し、いささかもこだわるところがなかったという。また別の日の往診では、ブラッドレーは小さな部屋に案内されたが、そこにはじゅうたんが敷いてあり、家具もアメリカのものと同じであった。西洋風の食事やデザート、フルーツなどが供されたという。もちろん、この部屋は親王の住む王立寺院ワット・ボウォーンニウェートの一室であるはずだが、そこにはとにかくも西洋式の部屋があり、西洋風の料理が供されたのである。モンクット親王をブラッドレーに紹介してくれた弟のチュターマニー親王も西洋文化に理解が深かったし、高位の貴族たち、とくに若い人々の間では西洋人の技術や文化に憧れと好奇心が芽生えていたわけである。英語を学び、西欧の技術を直接習得したいという意欲も並々ならぬものがあった。チュターマニー親王は砲術を学んでいたし、ある者は造船を、またある者は建築を学んでおり、僧籍にあったモンクット親王はもっぱら語学や天文学などに興味を示していた。

一八五一年、モンクット親王はラーマ四世王として即位し、チュターマニー親王が副王ピンクラオとなった。まもなく、英国との間にボウリング条約が結ばれ、自由貿易の時代となったが、そうした時代の変化そのものは必然のものとして認識されており、スムーズな条約締結であったといっていい。ラーマ四世王は二七年間の長期にわたり僧籍にあり、自ら交易を主催していた経験はないため、条約締結によって失う権益を持たなかったこと、以前から外交官ボウリング卿とは手紙のやり取りを通じて面識があって、イギリスの実力や意図するところを知っていたことも理由であろう。

チャオプラヤー川とパーククローン市場
パーククローン市場はチャオプラヤー川沿いの代表的な市場である。船で運ばれてきた物資をすぐに市場の中に運び込めるように、川に面して運び込みの桟橋がいくつも造られている。

ボウリング条約が締結されると、西洋人商人が多数タイに滞在するようになった。バンコクの港はパークナムで、外国人の居住区はバーンラック周辺であった。一八六二年には在住西洋人の要請がきっかけでチャルーンクルン路が建設された。これは城内のワット・ポー寺院から城門の一つサームヨート門を経て、城濠を兼ねるオーンアーン運河にかかるダムロンサティット橋までと、そこから城外に出て川沿いに南に下るダーオカノーンまでの二つの部分からなっており、近代的な工法で建設された道路としてはタイではじめてのものであった。城内にはさらにワット・スタット寺院の前を東西に通るバムルンムアン路、それらとは直

角に交わるファンナコーン路が相次いで建設されている。★18

道路が建設されると、そこに外国人のエリアが発生した。とくに城内から南にあるバンコク港を結ぶチャルーンクルン路の周辺は西洋人の商店や生活の施設が並び始めた。とくにこの時代にあらたに訪れた外国人は商人が多く、滞在期間も長くなかったため、家を借りて生活するというよりもホテルや短期の下宿型ホテルを必要としたのである。

現在知られている最初のホテルは一八六三年開業のユニオンホテルである。その他にも草創期のホテルとしてヨーロッパホテル、ファルクスホテル、フィッシャースホテル、カータースホテル、ダイアモンドスターホテル、ジャーマンホテル、ハンブルグホテル、ノーフォークホテル、コンチネンタルホテル、クリティセンホテル、オリエンタルホテル、ボデゴホテル、イタリアンホテル、ロードホテルなどの名が残っている。これらは一九世紀後半に相次いで、チャルーンクルン路とその周辺に開業したものである。当時のホテルは、貸し家の紹介など不動産斡旋業も兼ねている。中期長期の滞在者はしばらくホテルに滞在してから、折を見て貸し家に移ったものであろうか。一八九九年にはオリエンタルホテルの支配人だったイギリス人によって一〇〇部屋を擁する東洋一の大ホテル計画すら立案されている。この計画は実現こそしなかったものの、当時のホテル業界が相応の規模に育ってきており、大規模化し、競争が行なわれていたことを示している。

これらのホテルは、ヨーロッパのホテルがそうであるように、その規模は小さくとも必ず食堂を備えていた。それらは泊り客のためにはもちろんのこと、在住西洋人たちの会食のためにも利用されており、各ホテルの競争の焦点になっていたものである。

たとえば草創期のオリエンタルホテルの広告を見ると、セールスポイントとして、第一に港、税関、銀行、郵便局から近いことがあげられ、第二に汽船からホテルまでの荷物運送サービスがあげられ、第三にレストランでの日替わりメニューがすばらしいことがあげられている。さらに、ビリヤードルーム、バー、喫煙読書室、婦人専用室などが設備されていること、客室がよくしつらえられていて、広いベランダとバスルームを備えていることが数えられている。別の広告を見ると同ホテルの中にはボウリングの施設もあったようである。これらの中でとくに在住者の心を引きつけたのは何といってもレストランの出来不出来であっただろう。

タイの民俗学に業績を残したプラヤー・アヌマーンラーチャトーン(サティエン・コーセート)は青年時代にオリエンタルホテルで働いていたことがあった。彼によれば、とくに日替わりメニューは目玉商品であって、毎日ブラックボードにその日のメニューを麗々しく書き付けるというのは、事務員の大切な仕事だったのだという。当時のホテルの中で現在も残っているのは唯一オリエンタルホテルのみだが、現代の同ホテルが東洋では非常に珍しいミシュランの三ツ星レストランを擁しているというのも、最初期からの方針にその原点があるのかもしれない。

しかし、このような初期の西洋人社会にタイ人がほとんど関係していなかったことも事実である。プラヤー・アヌマーンラーチャトーンによれば、オリエンタルホテルでは支配人と会計監査人は西洋人、事務や受付は中国人、ボーイやサービス係員は全員が海南人、料理長と料理人も全員が海南人、ベルボーイとガードマンとドアマンは全員がインド人、というはっきりした区分ができていたという。彼自身も一八八八年にバンコクで生まれてはいるが、完全な中国人であり、事務員としての採用であった。ホテルの客はもちろんすべて西洋人であり、そこにはまったく一般のタイ人とは無縁の世界が広がっていたわけである。

多少時代が下るが、一九世紀末から二〇世紀初頭にかけて、チャルーンクルン路のバーンラックからオリエンタルホテルを過ぎてシープラヤー路にいたるあたりには酒場、食堂、舞踊場、ライブハウス、ナイトクラブの類が並んでおり、西洋人のホステスが働いていた。酒を売る店はタイ人経営が二軒、フランス人経営が二軒、ドイツ人経営が二軒、イタリア人経営が一軒、日本人経営が二軒あった。一九〇六年には「ホテルや酒場での酒類販売制限に関する法律」が発令され、酒類販売時間が制限されているほどである。ただしここでタイ人とあるのはタイ国籍の中国人であろう。

この西洋人地域の存在は、一九世紀の段階では一般のタイ人の生活に何らかの影響を及ぼしたというものではなかったが、ホテルというものが出現し、日常的に西洋料理が供され、西洋の習慣が行なわれるようになったという点では、やはり食文化史の上で大きな意味を持っていることだと言わなければならない。

こうした西洋人の文化から、直接的な影響を受けたのは一般のタイ人ではなく、宮中にいる王族と官僚貴族層であった。

ラーマ四世王は王位に就くと、西洋人に対して親和的な姿勢でのぞんだ。彼らの持っている進んだ技術に対してはその価値をこだわりなく認めた。自ら外国語の習得と最新の知識の獲得を愛した国王は、次世代の王族の教育にも同じ姿勢を貫いている。英語教師レオノーエンス婦人をシンガポールから宮中に招いて王子たちの教育にあたらせたことは、ハリウッド映画『王様と私』の題材にも取られている。宮中にスクールなる施設を作り、西洋人の教師に英語でさまざまな知識を教授させたことも知られている。そのスクールからは、ラーマ五世王をはじめ、近代的内政制度を作ったダムロン親王、国教としての仏教組織を完成させたワチラヤーン親王など、近代国家シャムをつくった掛け替えのない人物が輩出したのである。

そのような教育と宮廷の雰囲気が生んだものは、新しい「近代国家」という概念であり、その中での宮廷観であり王族観であった。確かに、アユタヤー以来、シャム国王はヴィシュヌ神の化身とされており、観念的にはきわめて神聖な存在であったが、富の集中という点から言えば、ヨーロッパの王室とはだいぶ様相が異なっていた。シャム国王は交易ルートの主であり、国土の主であり、マンパワーを自由にできる人ではあったが、想像のできないような特別な宮廷生活の主人公というわけではなかったのである。イギリスの王室や貴族の生活に比べれば、シャムのそれは圧倒的に質素であり、洗練されておらず、日々増えつづける西洋人の目に十分な威厳のある存在には見えないであろうことは確実だった。威厳あるシャムの宮廷では、西洋人の目に触れても恥かしくないようなレベルですべてが行なわれるべきであるという、そのような考え方が、とくに西洋人に日常的に接しており、シャムの王族としての誇りを持つ若い世代に生まれて来たことは不思議ではない。

たとえば食事の作法にしても、ご飯を手で握って口に入れるのは、シャムでは普通だけれど、西洋的な目で見れば感心できないことである。西洋風の食器を使って食べた方が、シャムの方式で手を使って食べるよりも上品で、宮中にはふさわしいという価値観が生まれてくる。料理も大皿に乗ったご馳走を取り分けて食べるのは田舎臭いのであって、美しい皿にきれいに飾り付け、料理の内容も一ひねり工夫した、いわゆる凝ったものであればあるほど、近代国家の宮中にふさわしい洗練された、特別な料理だという気分になってくるのである。

この傾向は一九世紀の後半、ラーマ五世王の時代になると一層増してきたことであろう。ラーマ四世王の時代には胎動であった近代国家への変化は、政治経済社会のすべての分野に、にわかにその姿を具体的にあらわした。学校制度ができ、軍隊ができ、行政制度ができ、法律ができた。鉄道ができ、電気ができ、水道ができ、道が出来た。さまざまな新しいものができる中で、一貫して目指していたものは文明国としての近代国家シャムの実現であった。その背景には、まさに四方から迫ってくるイギリスとフランスの植民地となってしまう危険が存在した。実際に一八八三年にはベトナムはフランスの保護領となり、一八八六年にはビルマがイギリスに併合されている。一八九三年にはラオスをめぐってシャムはフランスと交戦して、領土

タイ建築と西洋建築の折衷様式の宮殿
ラーマ五世王によって、ラタナコーシン朝百年事業として建設されたチャックリー・マハープラサート宮殿は、石造りの西洋建築の上にタイ式の尖塔が載り、王の出御のためのベランダも備えるという折衷様式で当時の時代の雰囲気を伝える。

を失ってもいるのである。事態は差し迫っており、これを回避するためには、一年でも早く、西洋人の目にも明らかな近代化が行なわれる必要があったわけである。★19

とくにラーマ五世王は一八九七年に第一回の欧州訪問を行なった際には、ビクトリア朝イギリスを始め各国の王室と交流し、その実態に自ら触れている。この時の印象は大きいもので、王室のあるべきイメージはここに定まったのではないかと思われる。現在ではいわゆる「宮廷タイ料理」ということが一般の民間レストランのキャッチフレーズになったりしているが、もし、そのような特別なものが多少なりともあるとするならば、ラーマ五世王の後半、一八八〇年代頃から一九三二年の絶対王制の廃止ころまでの上流階級の食卓にその原型を求めているのかもしれない。

いずれにせよ、この時代は食材にしても、食事の道具にしても、技法にしても、近代のタイ料理の形が定まった時代であった。タンプージン・プリエン・パーサコーラウォンの書いた『メークルワ・フワパー』は、近代タイ料理のスタートラインともいうべき、この時代の食卓についてのレシピ集である。初版は一九〇八年であるが、一八四七年生まれの著者が還暦の祝いに出したということから、その内容は一九世紀後半におけるタイの宮中とそれに近い人々の食卓を反映していると考えていいだろう。著者のプリエン・ティパーコーラウォンは、当時一流の文化人であり農務大臣・文部大臣もつとめた官僚貴族チャオプラヤー・パーサコーラウォン(ポーン・ブンナーク)の夫人である。イギリスの料理書に影響を受けて書かれたもので、ポケット版ながら全五冊からなる大部の本である。それぞれ煮物、汁物、お菓子などの部に分類して料理の説明をしているが、それ以外にも料理にまつわるエピソードや歴史、食材についての説明や選び方、衛生について、健康についてなど、女性にとっての実用的な啓蒙書の意味も持っている。とにかくタイ料理を網羅的に集め、きちんと単位を使ってレシピを記述したものとしては初めての画期的な書物であり、タイの食文化の基本資料であることは疑いのないところである。★[20]

『メークルワ・フワパー』にレシピの載っているものからいくつかを、名前だけでも紹介しておこう。汁物の部では、「すっぽんのケーン・クワ」「エビとパイナップルのケーン・クワ」「パヨームの花のカレー」「サリット魚のトム・プローン」「黄色カボチャの鶏カレー」など。おつまみ・スナック類の部では、「牡蠣の塩漬け」「ラオス風ラープ」「変わりラープ」「タガメとタマリンドの搗き合わせ」「カニの搗きもの」「大エビの煮込み」など。皿に盛る副食物の部では、「中国風エビの酢〆」「ランタオ菜の炒め物」「キャベツとエビの炒め物」「クラーイ魚のさつま揚げ」「舌平目のソット・チアン」「干し魚の炒め物(ムワン・ラーチャニクン女史のレシピによる)」など。一読して気がつくのは、豊富な食材にささえられたメニュウだと言うことで、それでも名前のつけ方やレシピを見ると、近年になってからさまざまに写真入りで紹介されているいわゆる宮廷料理のような凝った名前もなく、作り方もいたってシンプルである。ラーマ五世王時代ののびのびした、率直な雰囲気が反映されていると見るべきだろう。★[21]

食材は、魚、エビ、鶏、アヒルなど多彩であるが、牛肉はほとんど使われていない。豚の使用もごく限られている。牛はバンコクから北の近郊でインド人によって飼育されており、もっぱら乳牛として利用されていたようである。肉をとる場合は、バンコクまで牛を追って連れてきて、チャルーンクルン路のはずれにある屠場で肉にしなければならなかった。「ラオス風ラープ」にしても材料には魚が主に上げられており、エビか豚か鹿肉、サマン(アカシカ、絶滅)の肉でもいいと添え書きされているものの、牛肉、水牛肉は上げられていないのである。豚は当時の中央部のタイ人にとっては日常的な食材ではなかった。豚を食べているのはほとんどの場合中国人であり、中国人がそれを商っていた。一般の市場に出回る絶対量も、限られていたことだろう。

大富豪たちの饗宴

さて、一八五五年のボウリング条約によって西洋人との自由交易の時代が訪れ、その結果、西洋人の文化が入ってきたこと、指導者層の間に西洋文明を受け入れようとする気風が満ちたこと、西洋に倣った近代国家の建設を急がなければならなかったことはすでに述べた。しかし、もう一つ非常に重要な変化が社会に現れた。大富豪の出現である。

ボウリング条約が結ばれると、タイの外国貿易は飛躍的にその規模を拡大した。一八二二年には七〇艘しかなかったジャンク船の往来が、一八五六年には二〇〇艘以上になっている。すでに一八四二年に開かれていた汕頭(スワトウ)の港からは、一旗上げようという志を持った若者たちが続々とタイに流れ込んできた。彼らはまず同郷の先輩知己を頼って仕事にありつき、自分のもっている能力をあらいざらい使いながら、なんとかひとかどの人物になろうと奮闘した。規模を拡大した輸出業と、輸出するためのモノを作る製造業とがその労働力を飲み込んで行った。

当時のタイが外国に輸出していたものといえば、米、砂糖を中心とした一次産品であった。それらの生産を拡大し、外国に売れば売るほど商人は利益を得て、移住してきた人たちは大金持ちになるという夢に近づけるのだった。一九世紀後半、タイの水田の面積は急速に伸び、米の市場とそれに群がる商人たちの数も巨大なものになった。★22

さらにラーマ四世王の時代に始まった道路と運河の建設が、商業の中心を川から引き離すことに成功した。それまでの中国人の居住区としてはラーマ一世王以来のサンペンがあったが、商業の中心はあくまでパーククローンやターティエンなど、チャオプラヤー川の両岸に存在していた。サンペンはむしろ中国人労働者の居住区と市場であり、いわばスラムのような役割を果たしていたのである。しかし、一八六二年にチャルーンクルン路をはじめ三本の道路が建設されると、その両側には中国人の商店街が広がって行った。当時の記録によれば、チャルーンクルン路の両側二、三マイルにわたって中国人経営の店が並び、タイ国内の物産や中国からの輸入品が売られていたという。さらに、ラーマ五世王時代の一八八七年に完成したヤオワラート路がタイの中華街の真の動脈となった。サンペン、ヤオワラート、チャルーンクルンの三本の平行した道は有機的な結合を遂げ、バンコクに住む多くの中国人の商業活動と日常生活の拠点となったのである。

当時のタイが近代国家としての体裁を整えなければならなかった事情も、大富豪を生み出す大きなきっかけとなった。近代国家としてのさまざまな装置を取り揃え、維持するためには、それまでになかったほどの巨大な財源を必要とした。軍隊も役所も公務員も教員も必要であったし、道路も運河も鉄道も路面電車も、一つ一つに財源が必要であったが、それをまかなうだけの安定した税収はまったく期待できなかった。そもそも税金を集めるシステムというものは近代国家の核心なのであり、その近代国家というものをこれから作ろうというのであるから財源がないのはもっともであった。タイ政府はそれを国家の独占的な商売で乗り切ろうとしたものの、人材も不足しており結局不可能であることは明らかであった。そこで国家が独占していた事業の独占権を民間に払い下げて、そこから安定した財源を確保しようというシステムが採用されたのである。もちろん、独占権を得ることのできた民間業者は、莫大な富を手にすることになった。木材、酒、阿片、賭博場などの権益は、近代国家への財源となる一方で、大富豪を生み出すことになったのである。

さらに運河の掘削や道路の建設は、利用可能な土地の絶対面積を増加させた。城外のまったく手の入っていない土地の所有権を国から安く購入した王族、官僚貴族、中国人富豪は、その土地に自分の資本を投じて道路を建設したため、その安い土地はまもなく莫大な資産価値を得ることになった。そこからの地代や不動産業の利潤などは大いに彼らと彼らの子孫とを潤すことになった。現在のシーロム路、スラウォン路、サートーン路、ラーマ四世路、ランシット運河などはどれも大富豪を生み出した魔法の道だと言っていい。一九世紀後半からの、独占事業の請負と土地の所有と貿易は、縒りあわさるようにして大富豪を生み出したのである。一九〇二年には社会事業団体『報徳善堂』が、一九一〇年にはタイ国中華総商会が設立されている。★23

大富豪たちの拠点はヤオワラートであった。ヤオワラートは単なるタイの中華街ではなく、シンガポール、香港と並ぶ中国人商圏の中心であった。ラーマ六世王時代には当時のシャムで最高の「七階ビル」が建てられている。その屋上では毎晩ジャズが演奏され、当時上り坂にあった錚々たる事業家たちが出入りした。まもなく最高層ビルは同じヤオワラートの「九階ビル」に移ったが、上に設けられたナイトクラブの踊り子が妖しい姿で客を招く姿が有名であった。その他にも、賭博場、売春窟、暗黒街、中国劇、映画、音楽、市場など、ヤオワラートは人の世の楽しみに満ちていたのである。★24

そこで大富豪とその予備軍の中小富豪たちが、思う存分中国料理を食べて、富豪になった喜びを味わうためにできたのが、豪華中華レストラン「ラオ」である。「ラオ」とは高級中華レストランの多くがそれぞれ「なになに楼」というように「楼」の字をつけた名前を名乗っていたところから、その音をとってタイ語でそう呼ばれている。もちろん、それまでも中華街の発生とともに何らかの食堂は存在したであろう。後で述べるように、さまざまな屋台、露店商人も存在した。しかし、使いきれないほどの金をつかんだ大富豪の要求を満足させるような、中国にも負けないような本格的レストランはなかったのである。

最初の「ラオ」は一九一二年のホイティエンラオ「海天楼」である。これは二人の大富豪、客家の伍蘭三(ラムサム家)と潮州人の陳立梅(ワンリー家)が語らって、富豪にふさわしい社交場を兼ねた豪華レストランが必要だと考えて設立したものである。それについでゴックチーラオ「国際楼」、ヤオワユーン、キーチャンラオ、

中国正月には各地で行なわれる獅子舞
華僑の多い町では中国正月には獅子舞を始め、龍の行列や中国芝居などさまざまな行事が繰り広げられる。獅子舞の向かいに立つのは弥勒で、中国人の信仰が厚い。

ライキー「来記」などが開店した。これらのレストランは味についてそれほどの差はなかったが、雰囲気の豪華さという点ではホイティエンラオが一頭地を抜いていたといわれている。三階建てで屋上のナイトクラブでは、毎晩香港から招いた歌い手がステージに立っていたのだという。ホイティエンラオは現在でも超高級中華レストランとして有名であるが、ヤオワラートの周辺からはかなり前から手を引いてしまい、新しく建った高級ホテルの最上階に移ってしまった。

それ以降の「ラオ」としては、イムイム・パッターカーン、クワンメン、タンチャイユーなどが開き、次いでトンキー、スィーファーが有名になった。いずれも現在でもかろうじて健在ではあるが、以前の栄光は見られない。一九三六年開業のスィーファーなどはタイ料理のレストランとしていくつもの支店をもち、もはやラオであった頃の面影は残っていない。

「ラオ」ができたのはたしかに大富豪や中小富豪が生まれたからである。しかし、富豪とまでは行かないが、多少の余裕のある中国人はそれ以上の数が存在したであろう。誰でもおいしいものを食べたい気持ちは強いのであるから、ラオができたと言うことは、ラオに準じたレストラン、非常に贅沢ではないけれど多少は本格的な雰囲気を持った、無名のレストランも、ラオの数の数倍が開店したと言うことにほかならない。すなわちレストランというものがタイに発生したという意味で、ラオには大きな意味があるわけである。たしかにラオは中国人社会の産物であり、その点ではチャルーンクルン路のオリエンタルホテルのレストランと同じかもしれないが、西洋人社会と中国人社会ではその規模が格段に違っていることを忘れることはできない。タイ社会全体への影響力も比較にならないほど大きいのである。★25

そもそも中国人はタイ人にとっても身近な存在であり、バンコクだけでなく地方の隅々まで住みついていた。ラオに範をとった中小の中華レストランが彼らの需要に応じて、とくに中国人の多い町、チャンタブリー、チョンブリー、チャチューンサオなどに出現してくるのは時間の問題であった。多くは地方の街の宴会に使われたり、中央から来た人のもてなしの席に使われたりする。値段もヤオワラートの本当のラオとは比較にならない安さとなる。本格的な宴会料理は食材も手に入りにくいので、地方でも入手可能なもので按配することになる。料理人も香港から呼んでくるというわけにもいかないので、地元で生まれ育った中国人になる。そうこうするうちに次第にタイ料理との厳密な区分がつきにくくなってしまい、中華料理を基本のベースにしたタイのご馳走というように変化していってしまうのもやむを得ないことだろう。現在でもタイの地方都市を旅行して、その町で一番のレストランという店に入ると、そこは中華料理をベースにした料理を出す店であることが多いし、漢字の名前を名乗っている場合も少なくない。ほんの四半世紀ほど前までは、バンコクでもその傾向が強かったように筆者自身は記憶している。純粋タイ料理のご馳走をだすレストランはきわめて限られた存在であり、ほとんどはタイ風中華料理といった趣だった。ホイティエンラオを頂点とする中華料理の裾野は、いつのまにかタイ料理と溶け合った単なるご馳走になってしまうのであった。そのような店では、家での宴会に食材と調理道具をもちこんでその場で調理するという、料理人ごとの出前も普通に行なわれたし、現在でも行なわれている。そうするとそこで出たご馳走をヒントにして、あとから家庭で作ってみたりすることも行なわれるのが自然であろう。レストランの料理はご馳走のお手本として家庭料理にまで入り込み、生活に溶けていくわけである。

一方、本格的なラオの料理は現在でも高級中華レストランの中で、とくに宴会料理として受け継がれている。一般にト・チーン(中国テーブル)と呼ばれている一〇人を単位としたセットメニュウで、その値段によって食材が変わるが、代表的なメニュウの中のいくつかを上げれば次のようなものである。仏跳牆、黒クラゲと魚の浮き袋の炒めもの、ガチョウの足と麺の土鍋蒸し、魚の浮き袋の赤ソースかけ、アワビの青梗菜炒め、赤ソースのフカヒレ煮込みなど。さらに余裕があれば子豚の丸焼き（ムーハン）が入るだろうし、平凡だけれどフカヒレスープが出てくるのも悪くはない。いずれも素材の質がものをいう料理であり、調理法も複雑で家庭料理の域をはるかに超えており、当時はバンコク以外で食べることは不可能だったものばかりである。

●――普通の人にとっての「変革の時代」

さて一八六二年のチャルーンクルン路建設以降、道路が相次いで建設され、バンコクは急速に巨大化した。それ以前にも、ラーマ四世王は一八五一年の即位後すぐにパドゥンクルンカセーム運河を掘削していたが、これは城壁都市バンコクを守る外濠というよりは交通用の運河であり、道の一種であったと言っていい。当時の道の多くは基本的にはまず運河なのであり、運河を掘り出した土を両側に盛りたてて道路を建設するのが普通であった。

自由貿易の時代になり、国内での生産が増してくると、新しい市場が交通の要所に次々と開かれてきた。パドゥンクルンカセーム運河沿いには、サームセーン運河との交点にバーンラムプー市場とヨート市場、サパーンカーオにはナーンルーン市場、マハーナーク運河との交点にはボーベー市場などが生まれた。チャルーンクルン路沿いにはバーンラック市場が、マハーナーク運河の先にはマッカサンの集落と市場が生まれている。バンコクの人口は人口調査がはじめて行なわれた二〇世紀初めで四〇万人、二〇世紀の半ばでは一五〇万人ほどとなり、街としての充実を見せていた。

このような市場に並んでいた食材には、それまでのタイ料理に用いられていたものはもちろん揃っていたが、一九〇〇年にコーラートまで鉄道が敷設されて、大量輸送がスムーズになった二〇世紀初頭からは、東北タイから豚肉が大量に運ばれてきた。少し遅れるが北タイからも鉄道を使って豚が続々と運ばれてきている。運んで売ることが可能になれば、生産する人がでてくるのが世の常であり、生産量も飛躍的に伸びたのである。その背景には都市を中心に根付いた中国人社会の存在と、彼らの食生活がタイ人の食卓に与えた影響も無視することができない。『メークルワ・フワパー』に紹介されている料理の大部分は鶏、アヒル、魚、エビ、野菜を食材としているものではあるが、若干ながら豚肉を材料にしたものも載っている。★26

中国人の移住者が増え、大規模な市場が増えるにつれ、クイティアオなどの簡単な中国料理がその周辺で売られるようになった。ただし二〇世紀前半までのバンコクの写真を見ても、現在のように道端にリヤカー改造の簡易店舗を開いて、恒常的にその場所で商売をするような業態の店、いわゆる屋台はまったく見られない。クイティアオの場合、多くは船で売りに来たものであり、船に寸胴などの道具一式を積んで売っている姿は写真で見ることができるし、かなり重くはなるが天秤棒での行商も可能だった。その他の道路での商売は基本的にすべて天秤棒で道具を担いで売って歩いたものであろう。当時のタバコには販売促進のための「おまけカード」がつけられており、さまざまな市井の風俗を今に伝えてくれるが、その中には町の物売りシリーズといったものもあり興味深い。「クイティアオ売り」「果物売り」「プラートゥー売り」「ドリアン売り」「砂糖ヤシのジュース売り」などは、屋台全盛の現在に通じる商売だといっていいだろう。★27

さて、上流階級の人々が西欧文明の影響を受け、近代国家の形成にともなって中国人大富豪が出現したことはわかったが、ごく普通のタイ人庶民の食生活はどのようなものだったのだろうか。結論から言えば、それは豊かな米と魚に支えられた比較的にシンプルなもの、すなわちスコータイ時代、アユタヤー時代とくらべてそう大きな差異のないものだったようである。ラーマ五世時代の末にトンブリーはバーンルワン運河(バンコク・ヤイ運河)のほとりで生まれ育った作家ウィチットマートラーはその著作『子供』のなかで次のように述べている。

私の子供時代のバーンルワン運河は、子供の目から見る限りでも魚が集まってくる場所だった。家の人も私自身もいつも釣りをしていた。やり方がわかってくると、どんどんいろいろな魚が釣れたのである。運河の中で網を打っている人の姿も毎日見た。中くらいの大きさのサンパン船かマート船で、うしろにかみさんが乗って舵を取り、前のほうで網を打つのだった。網が上がるたびに多少の差はあっても魚がかかっていた。網打ちの船以外にも、大きな救い網を持って水に入り、魚を取っている人も毎日いた。(中略)運河に筏を浮かべて、パックブン(空心菜)の栽培をしている人もいた。家の前の水際に二本の大きな丸太を浮かべて、その間に竹をわたしてあった。魚をその下で飼っているのか、それとも魚が集まってくるのを獲るつもりなのかわからなかったが。それから運河にはエビがたくさんいた。夕方から宵の口にかけて、水に入ってエビを探す人が見られた。杭や橋げたのあたりを探すと手長えびの大きいのが取れるのが常だった。冬になると寒いけれど、もっとたくさん取れるので、市場へ持っていって売るのだったが、当時は今と違って、魚もエビもただのような値段なのだった。

バンコクの近郊にあってさえも、自分の家の前で獲った魚やエビとちょっとした野菜、米とナムプリックで立派な食事になってしまう時代なのだった。

一九三二年六月に人民党が起こした立憲革命によって、絶対王政はいきなり終わりを告げた。ラーマ七世王は翌年イギリスに渡り、その地で退位を表明した。革命によって庶民の生活がすぐさま変わるということではなかったが、シャムを取り巻く内政、外交の状況はますます厳しさを増してきたといってよかった。列強は四方からシャムを挟んでにらみ合っており、シャムとしては一刻も早く、どこへ出しても恥ずかしくない文化を持った国民の姿をアピールする必要があった。革命後数年して、英語カルチャーの訳語として「ワッ

メコン右岸の失地回復を記念する戦勝記念塔
戦勝記念塔は一九四一年フランスとの紛争の末、それまで取られていた領土の一部を回復したことを記念して建てられた。基壇には戦死者の名前が彫られ、その勲をたたえている。同じ事件を記念して作られたのがメーコーン・ウィスキーである。

タナタム」が造語されたのはそうした風潮を反映したものだろう。ワッタナタムは時代のスローガンとなり、バスの車掌が客にもう少し詰めてもらいたいときなども「もう少しワッタナタムをお願いします！」などと叫んだものだという。一九三九年からピブーン政権が発布しはじめた、国民に対する指導勧告「ラッタニヨム」も、そうした近代国家の国民にふさわしいワッタナタムを下敷きに、日常生活のあるべき姿を定めるものだった。その中には言葉の使い方や帽子をかぶること、靴を履くこと、女性のあるべき服装などにまじって、手づかみの食事に代えてフォークとスプーンを用いること、腐らせたものや昆虫を食べないことなどがあげられている。こうしたことが庶民の実際の日常生活にどの程度浸透したものか明らかではないが、少なくともスプーンとフォークはこの時代に考えられたニューモードとして地方に向けて広がっていったものである。★28

この時代は近代化にともなう生活の大変化に直面した時代であった。西洋人の社会ができて、その生活スタイルは、食文化についても王族や官僚貴族などの間に強い影響を与え、タイ料理もすこしずつ凝ったものができ始めた時代だった。一方で、近代化にともなって出現した中国人富裕層は豪華な中華料理レストランを発生させ、そこの料理がタイ料理の中にもご馳走の一つとして取り入れられて行った。食材も現在とほとんど変わらない品揃えとなり、家庭料理も、ご馳走も、また道端で簡単に済ませるような庶民料理もそろい、二〇世紀半ばころまでには、豚や牛肉、乳製品などの消費を除いては、現在のタイ人の食卓にかなり近いものが完成されていたことが想像されるのである。

四——現代の食卓へ…開発と国際化

●——トーンユー夫人のレシピ集

一九世紀半ばから二〇世紀半ばの一〇〇年間は、タイにとって近代国家としての変革を迫られた、激しい変化の時代であった。しかし、さまざまな新しいモノや食材がでてきたにもかかわらず、ごく一般の人の食卓にとって、変化はそれほど急激なものではなかったことも事実である。依然として中部、南部の人の主食は米であり、北部、東北部の人のそれはもち米であった。一般のタイ人の生活に洋食はまったくといっていいほど入り込んでいなかった。おかずは依然として魚と鶏、アヒル、エビ、野菜が主役を占めていた。豚は少し家庭に入った程度で、牛肉の消費はそれほど一般的ではなかったと言っていい。

筆者の手許に一冊のレシピ集がある。著者は一九〇五年にラーチャブリー県で生まれたトーンユー・ブンナーク夫人。夫人は一八歳で内務省土地局勤務の中級官吏に嫁ぎ、よき主婦よき母として生涯を送り、六人の子供、一六人の孫、六人の曾孫に恵まれて、一九八七年に八三歳でラーチャブリー県で亡くなった人である。このレシピ集は夫人の葬儀に際して、会葬のお礼として参列者に配られたもので、料理上手で有名だった夫人が生前得意にしていたメニューを集めたものだという。夫人の家庭は地方の堅実なそれであって、子供たちもほぼ全員が公務につくか、公務員に嫁している。夫の退職時の階級は佐官級であるから、低くはないけれど、特別に高いわけではない。むしろ、官吏の給料だけでしかるべく体面を保ちつつ六人の子供を育てるのだから、少し苦しいくらい。つまり、夫人の食卓は二〇世紀中盤のタイ人中流家庭の典型的なものだといっていいだろう。

レシピ集は中華、インド、西洋、タイの四部にわかれ、およそ三五〇種の料理が紹介されている。レシピ集として偏ってはいけないということか、中華、西洋、タイがそれぞれ一〇〇種あまりが採られているが、やはり本当に力を入れているのはタイ料理である。食材の特徴はというと、豚肉、牛肉の使用はかなり少なめである。中国料理の部でさえ、豚肉料理四種、牛肉料理三種が採られているだけであり、西洋料理では七種にすぎない。タイ料理の部では豚肉料理七種、牛肉料理一種が採られているが、タイ料理の場合は豚肉を主役にした料理というよりも豚肉を具の一部に使った料理であるというほうが正確であろう。もっとも多用されている食材は、圧倒的にエビと魚である。運河の恵みを受けるラーチャブリー県の地の利を生かしてか、いずれも淡水のそれで、海産物はほとんど使われていない。タコ、イカの類は、まったく使われていない。★29

タイ料理の部は、一―澄まし汁、二―ケーン・ソム、三―ケーン・ペット、四―炒め物、五―和え物、六―ペースト、七―挟みもの、八―皿もの、九―デザート、一〇―スナック類、一一―その他、に分けて説明されている。

澄まし汁というのは、ケーン・チュートやトム・チュートと呼ばれているもので、カレーペーストもココナツミルクも入れず、一番単純にハーブと具だけで味付けする汁物である。「豚ひき肉の澄まし汁」がバチョーという中国名とともに最初にあげられており、「ケーン・ローン」、「ケーン・ブワン」、「ケーン・リエン」、「ケーン・ルアヘー」などという、古風で地味な汁物が並んでいる。「ケーン・ブワン」は、現在ほとんど聞かない名前だが、当時でもかなり昔風の汁物だということがコメントされている。作り方はさほど複雑なものではないが、材料は大掛かりで、豚の内臓を一揃い、つまり心臓、肺、腸、レバーなど全部と肉は肉で三枚肉も豚脚も一通り揃えなければならない。これはタンブンなどの行事の際に、一〇人以上の大人数で食べる特別に大掛かりな豚鍋であると考えれば近いだろう。★30

澄まし汁の項目に「トムヤム」も入っている。これは現在バンコクのお店で出すようなナムプリック・パオを入れて赤くしたり、果てはココナツミルクを入れてクリーミーな感じにしたりするようなトムヤムではなく、澄まし汁のポテークに近いトムヤムであることは明らかで、酸味と辛みがすっきりと合わさった本来の形なのである。この赤くしたトムヤムに否定的な人は、タイの食通の中には少なくない。食通で知られる歴史家のノー・ナ・パクナムなど、ナムプリック・パオをトムヤムに入れるような人はそれだけで食いしん坊失格だと強い調子で言いきっているほどである。

炒め物の中では「鶏の生姜炒め」「カナー(カイラン)とサトーの炒め物」「鶏のバイカプラオ(ホーリー・バジル)炒め」「春雨炒め」「牛肉のタオチアオ(豆醤)炒め」など、現在の惣菜屋でも定番になっている物が並ぶ。サトー(ネジレフサマメ)が入っているのは、ラーチャブリーが南部タイに向かう入り口に位置しているためだろうか。いずれにせよ、ガスコンロが普及したために強い火力が得られ、中華鍋を用いた炒めものも自由にできるようになったことが見て取れる。

和え物も「春雨の和え物」「トゥワ・プー(シカクマメ)の和え物」「プリック・ユワック(アマトウガラシ)の和え物」などの植物系統の渋い和え物が多く採られている。現代の観光客に人気の「牛肉のサラダ」や「シーフードサラダ」など影も形もない。

さて、トーンユー夫人のラーチャブリーの食卓は上に簡単に紹介したように、落ち着いた、けれんみのないたたずまいを見せている。しかし、二〇世紀の後半から、タイの社会はふたたび大きな変化の時代を迎えていた。一九五八年に実権を握ったサリット・タナラット陸軍大将が、強大な権力のもと、東北タイを中心に積極的な開発路線を推し進めたのである。その結果、地方から労働力としてバンコクに出てくる人々が激増して、バンコクは急速に巨大化した。一九六〇年から一九七五年までの一五年間でバンコクの人口はおよそ二倍に増加しているのである。スローガンの開発を実行するのには資金が必要だが、その資金は外国資本からの投資を積極的に勧誘することによって、民間企業が発展することを頼りにして計画された。そのため、外資一〇〇パーセントの会社設立も認めたので、とくにアメリカからの資本投下が目立った。資本が下りれば、当然ながら人間もついてくるだろう。日本人を含めて外国人居住者の数も急増し、バンコクは世界の巨大都市にむけて大きく舵を切ることになったのである。

●――外国人の急増と新しいレストラン

外国人の来訪者数も急速に増加した。ビジネス客も増加したが、観光客も六〇年代からうなぎ上りに増えた。はじめはアメリカ人が、海外渡航が自由化され団体旅行が始まった一九六五年ころからは日本人もめだって増加した。★31 外国からの客が増えるに従ってホテルも続々と新設された。すでに述べてきたように、ホテルそのものは、ラーマ五世王時代から西洋人ビジネスマンを対象にしたものが相当数営業していた。しかし、そこはあくまで租界的な空間であり、西洋人の利便のためだけの特殊な施設であった。★32

しかし、六〇年代以降に建設された高級・中級ホテルは、依然として外国人を主な顧客にしてはいたものの、レストランを複数備えているものが多く、その中には中華料理レストランとは別にタイ料理のレストランをもつものが増えてきたのである。それは、一つにはタイ料理を食べてみたいという観光客の要求にこたえるためと、ご馳走としてのタイ料理を食べる中流以上の層が生まれて来たということを示すであろう。同じ中国系タイ人であっても、初代やそれに近い二代目なら、ご馳走という時に思い浮かべるのはもちろん中華料理、それも故郷の料理である。タイ料理はおいしいと感じられないはずである。しかし、世代が下るにつれて、タイ料理でもこだわりなくご馳走として食べ、お金を支払うことの出きる人が増えてくるわけである。とはいっても。このようなホテルのレストランで供されるタイ料理が、トーンユー夫人の食卓のそれとは本質的に異なることはやむをえないだろう。客層は外国人か、もしくは中華系タイ人なのだから、辛さを抑えて、味付けはもちろん、食材の選び方も、肉類を多用した、彼ら好みのものに変化していかざるを得なかった。

一方、一九二〇年代に、鉄道フワランポーン駅に隣接して建てられた鉄道局経営「ラーチャターニーホテル」は質実な、鉄道利用者のための宿泊施設であった。こちらは一九六八年にいたるまで存続し、食堂も売り物で比較的安く、西洋料理を主にしていたがタイ料理も若干メニュウに加えており、なかなか人気があった。王宮前広場に隣接する老舗ラタナコーシンホテルと並んで、タイ人を対象にしたホテルの嚆矢とすべきかもしれない。同じように、二〇世紀後半に開業した中流以下のホテルでは、次第に増えてきたタイ人ビジネス客への対応として、メニュウにタイ料理を加えておくことが普通になった。★33

軍や大学、政府機関の会館もタイ料理のレストランとしては重要な役割を果たした。これらは本来はその機関の関係者のための食堂ではあるが、タイの場合一般にも開放されていることがほとんどである。ホテルと違って客の大部分は普通のタイ人であるから、メニュウもトーンユー夫人の食卓に近いものが用意されており、味付けも食材もオリジナルなタイ料理であるといっていいだろう。外食の習慣のなかったタイ人にとっての入門コースであり、味のほうも、ターチャーン船着場脇にある海軍会館の食堂のように、現在でも評判が高いものが少なくないのである。

また、タイ人のための西洋料理屋も少しずつでき始めた。自家製のパンやケーキを食べさせる「リトルホーム」第一号店がワラチャックに開業したのは一九七〇年代中盤であった。雰囲気的にはそれ以前から中華街にあった茶館のそれを引きずっていたものの、パイやケーキも出したり、メニュウはモダンであった。そもそもワラチャックのあたりは二〇世紀中盤までは外国人の高級雑貨店も並び、美しい建物と街路樹の瀟洒な町並みだったのである。

一方、外国人来訪者や居住者が増えることで、外国料理のレストランも生まれて来た。中国人と並んで古くからの居住者であるインド人は、パフラットやチャルーンクルン路、スリウォン路周辺に住んでいた。一九六五年にはワンブーラパーに「ローヤルインディア」、一九七九年にはスリウォンに「ヒマリチャチャ」が開業している。後者はラオス在住のインド人が共産化の際にタイに移住して開いたものである。西洋人はシーロム路、サートーン路、チャルーンクルン路にそって住んでいた。西洋料理一般は主にホテルのレストランで供されていたが、一九六二年にはフランス料理「ノルマンディー」がオリエンタルホテルに開業し、六〇年代には同じく「メトロポール」がラーチャダムリに開いている。チエンマイでも一九七〇年にはすでにフランス料理「ル・コック・ドール」が開店している。八〇年代に入ると西洋料理店は急に増えてきた。一九八四年にはドイツ料理「バイオットー」がスクムウィットに開業しており、ランスワン通りのイタリア料理「パンパン」も八〇年代の開業である。これらはエラワン交差点よりも東側、プルーンチットからスクムウィット路にそって、広がって行った。レストランとまではいかないが、フランス人会(アリアンス・フランセーズを併設)やドイツ人会(ゲーテ・インスティチュートを併設)のレストランは手軽にふれることのできる外国の香りであった。映画や音楽界などの催しとともに、簡単な料理も味わうことができた。

これらの西洋料理店の中でも庶民的なものや、後に述べるファストフードは六〇年代の後半から次第にタイ人の顧客を獲得し、タイ人の外食のチョイスにも数えられるようになっていった。その顧客の多くは、外食風景の新しい主役である学生・若者なのであった。これもさかのぼって考えれば、サリット以来の強力な開発路線のおかげで、バンコクにも地方にも大学や高等教育機関が新設されたことと、経済の好転によって社会に余裕ができたことで、学生の絶対数が増加したことに理由を求められるだろう。すなわち、学生や若者という新しい消費者層ができたために、新しい繁華街ができ、新しいかたちの食堂が求められたのである。それは手っ取り早く言えばアメリカの若者たちのライフスタイルをお手本にして、それをなぞったものだった。★34

一方、六〇年代中盤から七〇年代中盤にかけては世界的にイデオロギーの対立のあった時代である。ベトナム戦争は激化し、一九六五年からは北爆が開始されている。一九六六年から中国では文化大革命が始まった。七〇年代に入ると日貨排斥運動、学生運動が起こった。カンボジアでは共産主義者による暗黒政治が敷かれ、ベトナムも社会主義化し、さらにラオスも社会主義化した。同じ頃、自由主義陣営の国々では好景気が続き、経済が大いに発展していた。この時代の大学生というものはもともとは開発政策の結果として生まれてきたものであったが、イデオロギー対立の時代になると、今までどおりの開発路線を突っ走る政府にたいして、むしろ左派的な立場から激しい学生運動を展開することになった。しかし、同時にその反面、アメリカ的なライフスタイルのもっとも熱心な追求者となったのも学生なのだった。一九七三年一〇月一四日といえばタイ人であれば誰でも知っている、学生デモと軍が衝突して六五人以上の死者を出した日であるが、まさに同じ一九七三年に学生や若者をターゲットとした新しいタイプのショッピングセンター「サヤームセンター」が、新しいショッピング・エリアであるサヤームスクエアの向かいにオープンし、ニューモードと消費生活の殿堂として活躍を始めている。さらに同じ年の同じ一〇月には、若者向けのモダンなレストランチェーン「S&P」がその第一号店をスクムウィットに開いているのである。

その後、学生運動に参加していた人の一部は山岳地帯にはいり、共産ゲリラとしての活動を続けた。一方、サヤームセンターもファッショナブルな学生の集う最先端の場所として名声をほしいままにした。「S&P」も順調に固定客をつかみ、支店を増やしていった。二つの道は再び合流することはないように見えたが、共産ゲリラたちは八〇年代に入ると急速に活動に行き詰まり、一九八三年にはあいついで数千人の単位で集団投降して山を降りてしまった。タイ政府も彼らを罪に問わず受け入れる姿勢を示し、タイにおける学生運動ははっきりとした形で終わりを告げたのである。一九八三年といえば、それはまさにサヤームセンターに続く、さらに巨大な、ショッピングセンターの不沈空母とでもいうべきマーブンクローンセンター(現MBKセンター)の開業の年なのだった。

日本料理店は戦前には「花屋」がスリウォン路に営業しており、七〇年代には「徳川」「新大黒」「赤門」などが開いたが、同時期からは高級ホテルの中にも日本料理店が開くようになった。日本人宿泊者が増したためであろう。一九七〇年に開業した高級ホテル、ドゥッシットターニーホテルの「将軍」などがその例である。ただしホテル開業時から日本料理店を入れていたわけではない。ラーチャダムリ大丸デパートの日本料理屋にはタイ人客も少なくなかったが当時としては例外であった。韓国料理店はサヤームの「高麗亭」が最初で、七〇年代中盤の開業であるが、内容はといえばとても韓国料理といえるようなものではなかった。本格的なものが出現するのは一九九〇年代以降、スクムウィットにおいてである。

これらの外国料理店は長い間、当該の外国人たちのためのものに過ぎなかったが、八〇年代末ころから次第に一般のタイ人の間にも受け入れられてきた。日本料理は米を主食とするところなど西洋料理よりは親しみぶかいのか、タイ人にはもっともスムーズに受け入れられたように見える。現在ではほとんどの日本食レストランにタイ人家族連れの姿が見られる他、タイ人の好みによるタイ人を対象とした日本料理店も出現している。西洋料理については軽食やおやつとしてパンを食べることはあっても、本格的な料理は現在にいたるまで、一般のタイ人に受け入れられているようには思えない。インド料理は、まったく受け入れられていない。

●東北タイの料理

外国料理に近いものとして現れたのは、サリットの開発政策以来、続々とバンコクに流れ込んできた東北タイからの労働者たちの料理であった。タイの四地方の食文化中で、東北タイはもっとも他の三地方とかけ離れた伝統をもっている。主食はもち米、食材としては生肉食、昆虫食の習慣が強い上に、調理法も独特なものがあり、中央部の料理と重なる部分が少ないのである。バンコクに流入した彼らは、バンコクでは道路工事、工場の単純労働者、メイド、タクシー運転手など、低所得の仕事につき、そこからの現金収入からさらに地方の親戚などに仕送りをしなければならなかったから、貧しく、未来があまり明るくなかった。言葉の訛りも強く、バンコクに溶け込みにくいところから、同じような境遇の友達や同郷者を頼って暮らしていると、そこは自然にスラムになってしまった。東北タイの料理は彼らの集まるところに店開きをするので、立派な店構えであるわけがない。七〇年代から八〇年代前半にかけては、ござを敷いて、担いできた食材とコンロで簡単な料理を作って食べさせる業態がごく普通であった。フワランポーン鉄道駅の周辺、戦勝記念塔からディンデーンの方面、朝鮮戦争従軍者に与えられた官舎がスラム化していたラーンナーム路などにはそうした簡便な店がずらりと並んでいた。しかし外国人にはもちろん、ごく一般のタイ人にとっても、何やら恐ろしげで、不潔そうでもあり、何が出てくるか不安でもあり、気軽に座って食べられるという雰囲気ではなかったのも事実である。

しかし、そうした傾向も八〇年代後半に入るとだいぶ和らぎ、地面にござを敷いて飲み食いしていた店も、普通の屋台とテーブルになり、さらに簡単な店を持つものも現れてきた。外国人も入れるようなしゃれた店構えの東北タイ料理屋すら出現した。もっとも、そのようなこぎれいな店にすると、そこに出入りするこぎれいな客の舌に合わせて味付けをせねばならず、味のほうは本来の力強さを失ってしまうのが常なのだった。九〇年代末には東北タイ料理から派生した鍋料理チェオホーンがタイ社会でヒットした。清潔で明るい雰囲気の店もたくさんできた。本来日本人にはとても好かれる味なので、ファンも多い。店によっては日本語のメニューを用意しているところすらある。四〇年近くかかって東北タイ料理は普通のタイ人にとっても違和感なく食べることのできる段階にまで受容されたということができるだろう。★35

●─新しい生活スタイルと食文化

バンコクの巨大化とは新しい幹線道路の建設によって、市域が広がっていくことを意味していた。一九三二年の政変を境に、鉄道による発展から、道路と車による発展を目指す方向へと政策は転換しており、バンコクという街の発展も車を前提にしてイメージされていた。一九五九年にはバンコクの三ヶ所のバスターミナルもできて、地方への交通網が作られていった。バンコクの中でも、一九七六年にはバス路線が民営から公営へときりかわり、中心から東へ、北へと、以前では考えられなかったような遠方の町も通勤圏

旧市街から東側に広がる新市街を望む
旧市街の東端から新市街を望む。バンコクの膨張はパホンヨーティン路とスクムウィット路という二本の幹線道路に沿っておこった。高層ビルが立ち並び、その間を高速道路が絡みつくように走るという典型的な大都市の風景が広がっている。

として考えられるようになった。人口が五〇〇万人を超えたのもこの時期である。一九八〇年代中盤から、そうした新開地には、新開地ならではの広大な敷地を生かした巨大レストランが出現した。大きな池を中心に庭園のようになっているもの、あずまやが点在してそこを渡り廊下で結んでいるものなど、いずれも数百の客席を持つ、それまでの考えを覆すような大店舗だった。

画期的なのは、そこで供されるメニュウは、中華料理の影響は受けているものの、タイ料理がメインに据えられていたことである。それまでは、ナムプリックなどのごく普通のタイ料理は家庭で作るか、市場で買ってきて家で食べるものであり、レストランでは中華がかったご馳走を食べるのが普通だった。そういうレストランしかなかったからである。タイ料理の大型レストランができたということは、タイ人の中流層が厚くなってきたことを意味しているだろう。レストランが華僑の富裕層だけのものではなく、車を持っている、すこし余裕のあるタイ人にもあたりまえの場所になってきたわけである。

市域の広がりは食生活にも大きな影響をあたえるものだった。市域が広がることは、バスを使おうと自分で運転しようと、通勤時間が倍々ゲームで長くなることを意味していた。車を前提とした市域の広がりは、車の台数を爆発的に増やすことになった。それは、世界一広い駐車場、それはバンコクだ、と言われるほどの世界的に有名な交通渋滞を生み、人々から個人生活の時間を奪った。多少なりとも余裕のある暮らしのためには、共働きをしなければならず、勤勉なタイ女性は迷わず働きに出ることになった。そして車の数はさらに増えることになった。もっとも、女性が外で働くこと自体はごく普通のことではあった。トーンユー夫人の時代は、然るべき身分の主人を持っている女性は専業主婦で終わるのが普通だったが、それほどの主人ではない場合や何らかの技能を持った女性の場合、女性が職業を持つことは、六〇年代以前からまったく珍しいことではなかった。夕方の市場にあふれかえる惣菜屋が強い味方になっていたし、共働きをするほどの家庭なら使用人もいたからである。しかし、家が職場から遠くなり、交通渋滞で時間もかかり、仕事もなかなか終わらないとなると、市場が開いている時間に帰宅すること自体が至難のわざとなる。さらに、使用人の給料も馬鹿にならず、信用の置ける使用人を探すのも大変だとなると、市場に頼ることができなくなる。スーパーマーケットが出現したのは一九八〇年代前半のことで、そのような生活の事情を反映したものだった。現在では郊外に行くと必ずといっていいほど大型のスーパーマーケットがあり、日曜日などは自動車で来た家族連れが一週間分の食材を買い込んでいくのを見ることができる。一方、都心にあった名門の市場は次々にその看板を下ろして、都市開発の波に飲み込まれつつある。去年まで市場であった場所に、来年はマンションや商業ビルがそびえたっているかもしれないのが現在のバンコクであり、タイなのである。

デパートは、今も交差点にその名を残すエス・アー・ビーなど、一九世紀末の西洋人商店を嚆矢としているが、どこも高級輸入品を扱っていて、用のなさそうな人や子供が門前でうろうろしていると、インド人の門番に追い払われたものだという。ごく普通の人が気軽に歩けるようなデパートは一九五七年ワンブーラパーで開業の「セントラルデパート」(中央洋行百貨公司)が最初である。その後、「メリーキング」「タンフワセン」、戦勝記念塔に第一号店を出した「ロビンソン」などあいついでデパートができたが、現在に至るまでタイ人の気持ちでは、一番高級なのは「セントラルデパート」のシーロム本店、もしくはチットロム支店だというところがある。日系のデパートでは、「大丸」「そごう」が営業していたがいずれも撤退し、現在は「東急」「伊勢丹」が健闘している。いずれのデパートにもスーパーマーケットが併設されており、専門のスーパーマーケットに比べれば割高だが、都心で食料品を買って帰宅することができる。なかにはチケット制のフードセンターを併設しているものもある。これは小さなブースにさまざまな種類の食べ物屋が出店していて、そこで買ったものを共用の客席でたべるという、屋台の並ぶ夜店や学校の食堂と同じようなものである。ただし一つ一つの店に支払うのは現金ではなく、共通のチケットで支払うシステムである。

六〇年代以降に新しく出てきた食事の代表格はタイスキであろう。鍋の中にスープが煮たててあり、そこで魚でも牛肉でも豚肉でも、お好みの具を煮ては、自分の金網ですくって食べる。単純ながら、具の工夫でいくらでもバリエーションのある味を楽しめ、参加型の楽しさも加わって、日本人にも人気の高い料理の一つである。タイスキは日本のすき焼きにヒントを得たとも、しゃぶしゃぶをタイ風にアレンジしたものだとも言われるが、はっきりしない。ただ、火鍋とよばれる、コンロ兼用の鍋は一九五〇年代には中華料理店ではすでに使われてきたものであり、それに日本のしゃぶしゃぶがヒントを与えたのかもしれない。最初はスリウォン路ターンタワンの「コーカー」が一九五七年に開業しており、しばらく後に「クワントン」が、ヤオワラートに「テキサス」が開業した。「コーカー」「クワントン」は一九七〇年代前半に相次いで新しいショッピングエリアであるサヤームスクエアーに支店を開いている。

ファストフードは九〇年代以降、大きく全国展開したが、それ以前にもなかったわけではない。「ホーバーガー」は八〇年代前半に上陸しており、「A&W」は現在はほぼ撤退したが、八〇年代中盤にシーロムに支店を開いていた。もっとも早く受け入れられたのは「ピザハット」であるが、タイではファストフードというよりはレストランの範疇だろう。「ダンキン」は一九八〇年のスタートである。サヤームスクエアーの第一号店はダンキンとしては世界最大との触れ込みであった。「マクドナルド」が上陸したのは一九八六年で、第一号店はアマリンそごう店だった。ハンバーガーの価格は他のタイ料理に比べるとかなり割高であり、九〇年代半ばまではかなり伸び悩んだが、現在は急成長を遂げ、全国的に店舗を展開している。もっとも後発は「スターバックス」で第一号店はチットロム店で一九九七年。これもかなりの割高感があるものの、それまでになかったアメリカのスマートな雰囲気で、ちょっと泥臭いタイ資本の「ブラックキャニオン」などの追随を許さない勢いである。

七〇年代以降のタイ人の食生活は、今までの伝統的な、それなりに完成された食卓から、いそがしく、バラエティに富んだ、うすっぺらな食生活、大都市の食生活に向けて駆け足を続けている。しかし、一方で食に対する人々の関心は非常に高いものがある。食文化専門の出版社セーンデート社からは一九九〇年代にはいると次々と豪華な印刷で料理書や食文化書が出版されている。レシピ集『メークルワ・フワパー』も復刻された。いいものを食べたいとは誰しもが思っていることである。しかし、本当にいいものが未来に待ってい

壁にかかる「シェル推薦の店」を示すお椀マーク
シェル・チュワン・チム「シェルご推薦」の店は、このお椀のマークが目印である。日本の宮内庁御用達とは違い、もっとずっと庶民的な(小汚い)店でもおいしければ推薦される。この食堂は旧市街の老舗。汚いが味は絶品である。

るのかどうか、答えることのできる人はいないのである。[★36]

◉註

★1—スコータイは現在のタイ国のほぼ中心に位置する。一三世紀前半に建国され、一五世紀半ばにアユタヤー朝に吸収されるまで存続し、その間に仏像、仏塔などにすぐれた美術作品を残した。現在はその遺跡がユネスコ世界遺産に登録されている。スコータイはタイ族の建てた初期の国ではあるが、同時代(一三世紀〜一四世紀)にはインドシナ半島内陸部で似たようなタイ族の国が次々と生まれたのであり、スコータイはその一つに過ぎないというべきだろう。それらの国の規模は、そのよって立つ盆地の面積と水利の事情、つまりは水田の面積に比例したはずである。この意味でも、田んぼは国力の基礎だったわけである。

★2—一方、タイ語には「もち米」を示す固有の語彙はない。もち米のことは「カオニアオ」すなわち粘った米というふうに呼ぶのである。これはタイ族にとって本来的な米がうるち米であり、もち米というのは説明をつけて示される特別なタイプの米であったことを意味している。

★3—国王をあらわすタイ語の一つに「プラチャオ・ペンディン」(大地の主)という単語があり、タイ族と大地との結びつきを感じさせる。ここで大地と訳したペンディンのペンは平らなものを指す言葉で、ディン(土)と結んで大地を意味するが、これがあくまで「平ら」であることは注目に値しよう。現在も王宮前広場で行なわれる、国王によるヒンドゥー儀礼レーク・ナー(初耕祭)も国王と田んぼの結びつきを示すものだろう。

★4—スコータイはすぐれた陶器を輸出していた。一五世紀頃から日本に到達していた可能性があるが、本格的に評価されたのは桃山時代に茶道が発達して以来のことである。「宋胡録」と呼ばれて珍重されたが、これはスコータイの古窯サンカロークの音を移した呼び名だろうといわれている。魚の抱き合わせ文様やマンゴスチンを象った壺など、風土を感じさせるデザインが多い。

★5—純タイ語に「海」を表す語彙がないことでも明らかなように、本来のタイ族は雲南省、アッサム州、シャン高原、ラオスなどの盆地に分布する内陸の民である。ビルマのシャン高原に住む人々の料理、西双版納のタイ族の料理などにはトウガラシ以前の辛味の残影があるように思える。

★6—タイ族の町をムアンという。ムアンの長をチャオ・ムアンという。チャオは「詔」や「主」とも関連する語であろう。また、それぞれのムアンは周辺に支配力を発揮しており、その支配力の域をもムアンと呼んでいる。漠然とした「くに」を示すといってもいいだろう。雲南省には「勐」「芒」「孟」などの字を持つ地名が多いが、いずれもタイ語ムアンを音写したもの。似た言葉にチエンがある。漢語の「城」に通ずる概念で、計画的な四角い堀と城壁に囲まれた本格的なムアンである。北タイにはチエンマイ、チエンセーンをはじめとし数多くのチエンが存在する。シャン高原

のケントゥンはチエンフンをビルマ読みにしたもの。雲南省の景洪はチエンフンを漢字に写した表記である

★7―アユタヤーの市場では海の魚もかなり豊富に売られていたという記録があるほか、当時の日本との貿易で、タイからの重要な輸出品として蘇木と並んで鹿革があるところを見ると、鹿の肉も相当の消費があったのではないかと考えられる。鹿革は多い年では一年間に一二万頭分も運ばれている。もっとも鹿革はアユタヤー周辺で獲ったというわけではなく、森林地帯で獲ったものがアユタヤーに集められたものだろう。市場の名前ではパー・トーン、パー・プラーオなどの名が伝わっている。バナナやココナツを商っていたのか。パーはこの場合、集まって売られているところというほどの意味であろう。

★8―ポルトガル人はアユタヤーに来た最初の西洋人であり、一六世紀初め以来の交流の歴史を持っている。城壁の南側に商館と倉庫、教会を含む集落を作っていた。ベトナム人は一七世紀半ばにフランス人神父に伴われて移住してきた。現在のセント・ヨセフ教会の付近に集落と市場があった。日本人は一七世紀初めには城壁の東南、ポルトガル人集落と相対する位置に集落を築いていた。他の国と違うのは、商人だけでなく、亡命した武士、亡命したキリスト教徒などが含まれていた点である。モーン人は一六世紀後半、ナレースエン王子がビルマから帰還するときに伴われてきたもので、城壁の東北側、ナレースエンが住んだチャンカセーム宮殿の向かいにあるフワローに集落を構えていた。また一七世紀ナーラーイ王の時代にも大きな移住があり、チャンカセーム宮殿の近くに集落を構えた。

★9―ターオトーン・キープマーの名で知られるマリー・ギマー(Marie Gimard)は、日本人とベンガル人の混血である父と日本人とポルトガル人の混血である母との間に、一六五八年頃アユタヤーで生まれ、ナーラーイ王のギリシャ人宰相コンスタンチン・フォールコン(一六四七―八八)の妻となった。ロッブリーを拠点に外交の表舞台で華やかな活動をし、客人に料理の腕前も振るったという。フォールコンの失脚・処刑後は、ポルトガル人居留地に住みながら、アユタヤー宮中に出仕して二〇〇〇人もの女官の頭になったという。ポルトガルの菓子をタイ風にアレンジした菓子は、彼女が宮中で創作し他の女官にも教えたものだという。宮中は女官たちの生活の場所でもあったから、得意料理や得意な菓子など、お互いに教えたり、習ったりして楽しんだことであろう。

★10―トンブリーにはアユタヤー末期より貿易船に関税をかけるための役所が置かれ、市場も賑わいを見せていた。トンブリーの市場はアユタヤーの市場と同様、陸上市場と水上市場の両方があった。陸上市場ではワット・モーリーロークに隣接してあった。この寺はもとワット・ターイタラート(市場はずれの寺)という名前だった。水上市場はタラート・プルーの近くのワット・インとワット・チャンの間にあった。これは後にワット・サイに移っている。

★11―中国側の資料によれば、タークシン王は清朝から大量の中華鍋を購入している。これが調理上の必要ではなく、鋳潰して大砲を作るために使うためだったという説もあるが、鋳造技術やコストの点で疑問が残る。むしろ中国人の人口が増えて、

そのための必要があったと見る方が妥当であろう。当時清朝の援軍がタイに駐留しており、中華鍋の必要はあったからである。いずれにせよ、中華鍋が大量にタイに入ったことは事実であり、食卓への影響も少なくなかったことが考えられる。

★12―ティパーコーラウォン『ラーマ一世王年代記』には、ラーマ一世王がウィエンチャンから連れてこられたラーオ人たちをロート運河にかかるサパーン・モーン橋の近くに居住させたことが書かれている。トンブリー朝においても、ビルマの攻撃を避けてウィエンチャンから逃げてきたラーオ人がコーラートやサラブリーに到達し、バンコク軍がウィエンチャンを征服したさいに捕虜とした三人の王族などとともに、バンコク・ノーイ運河、ワット・ダーオドゥン、バーン・イーカンに居住させた記録がある。

★13―ラーマ一世王自身は一七世紀にアユタヤーに移住してきたモーン人を祖先に持つ家柄に生まれている。ラーマ一世王の正室もラーチャブリーのモーン人有力者の娘であり、ラーマ二世王は母親の実家であるラーチャブリーのアムパワー(現在サムットソンクラーム県)で生まれ育っている。その後もモーン族と王室との関係は深い。トンブリー朝に移住した人はパークレット、サームコークに拠点を構えた。ラーマ二世王時代の移住者は近郊のナコン・クアンカン(プラプラデーン)にすみついた。

モーン人の食生活は魚と米とを主とした、タイ人に近いものである。プラーラー(馴れずし)は東北タイ地方の料理だというイメージが強いが、実はモーン人も同じものを食べており、むしろ東北タイにプラーラーを伝えたのがモーン人だったのではないかとも議論されている。

★14―ベトナム阮朝初代の嘉隆帝は、フエの広南阮氏に生まれるが、タイソン阮氏の反乱軍に追われて一七八四年にバンコクに亡命している。現在のポルトガル大使館の場所に屋敷を与えられ、タイの武将としてビルマ戦などにも参戦した。一七八七年に在タイのベトナム人とともにバンコクを脱走し、転戦を重ねた末、一八〇二年にハノイで阮朝をたてることに成功した。トンブリー朝に移住したベトナム人の居留した場所が、ワット・ポーの近く、現在のター・ティエンである。これはベトナムの地名ハーティエンがなまったもの。

★15―たとえばラーマ一世王は、一七八六年に副王に命じてパッターニーを攻撃させ、領土とした。その際に捕虜として多くのパッターニー人を得て、彼らを現在のバーンラムプーにあるワット・トーンプ(現ワット・チャナソンクラーム)周辺に住まわせた。現在でもターニー通りの名が残っている。ここは当時としては最大の牛肉、水牛肉の市場として有名で、生臭い匂いがかなり遠くまで漂い、近くに寄ると店先に肉をぶら下げて売っており、普通のタイ人の目を驚かせたという。時代はくだるが、一九世紀にイギリスに対して、クランタン、トレンガヌ、ケダ、パリスの四州を割譲したとき、その住人たちがバンコクに移住してきたのが、バンコク・ヤイ運河沿いのタラート・ケークである。ここも牛肉の市場として有名であった。パッターニー人も割譲した四州の住人もイスラームであり、初期の牛肉消費が彼らの手を経て行なわれていた事情がうかがわれる。さらにセレベス島のマカッサル人の集落などもあり、現在もマッカサンという地名にその跡をとどめている。

★16―山の産物の流通に関してはチエンマイの重要性を忘れるわけにはいかない。一八世紀末、カーウィラ王がビルマからチエンマイの独立を復活させてから間もない記録でも、すでに周辺の物産を集める市場として機能し始めていた姿を見ることができる。すなわち、カート・ラート(ラート市場)またはカート・リー(リー市場)が、ワット・プラスィンから町の中心にある菩提樹を通ってターペー門にいたるまで伸びており、チエンマイ人は農産物を、中国人は豚肉を、ビルマ人は布や真鍮製品を売りに来て、一日中大変にぎやかであったという。当然タイヤイ(シャン)族の人々も、キノコや蜂の巣、動物の肉や皮、象牙など、山の産物を売りに来ていたであろう。

★17―ここには出て来ないが、嗜好品としてはマークが重要で、広く行なわれていた。ご馳走の後先には美しいマーク盆と噛み汁壺が供されるのが常で、当時の社交、くつろぎには不可欠のアイテムだった。マークの噛み汁は赤く、いったん布などにつくとなかなか取れないものであるが、道端では吐き捨てるのが普通のことであった。一九世紀前半、ラーマ三世王は、宮殿内のいたるところにマークの噛み汁が吐き捨てられているのを苦々しく思い、何度も触書を出しては、噛み汁をちゃんと壺に入れるように勧告している。終いには宮殿内の柱や壁にヤック(鬼)の絵を描かせ、噛み汁を好き勝手に吐き捨てる人には、この鬼が罰を加えるであろうと脅したりしている。

★18―タイ語には土木工事の結果としての道路を表す固有語がなく、カンボジア語のトゥノルを借用したタノンという語で表している。カンボジアはアンコール時代の中央集権体制を支えるためにアンコールから巨大な街道を各地方に建設しており、道路の技術が進んでいたものである。ラーマ四世王による道路建設以前は、運河が大通りの役割を果たしていた。

★19―タイがフランスとイギリスに対して領土を失ったのは、一八八八年に北ベトナムをフランスに取られたのが最初である。その後、一八九二年にはイギリスに対してシャン族諸国とカレン族の国を割譲した。一八九三年にはフランスの露骨な砲艦外交に屈し、メコン川東側のラオス全域と三〇〇万フランの賠償金を取られた。さらに東部のトラートとチャンタブリーの町が占領され、そこからの撤退の代償として一九〇二年にはラオスの南部とルワンプラバーン、一九〇七年にはバッタンボンやアンコール・ワットなどカンボジアの西部を割譲せざるをえなかった。また、イギリスに対しては一九〇九年にクランタン、トランガヌ、ケダ、パリスの割譲を行なった。

★20―具体的なエピソードも豊富に取られており興味深い。ラーマ五世王好みのカイチアオ(卵焼き)は中が柔らかく、プラーラーの入ったもので、これはムワン・サクンチュートー女史の流儀である、など。ムワン女史は当時の宮中に有名な料理達者で、チャオプラヤー・ヨンマラート好みのナムプリックや干し魚の炒め物などにも登場する。また、当時の名産物なども上げられている。ンゴ(ランブータン)ならバーンイーカン、ラーンサート(ランサ)ならワット・トーンクローンサーン、トゥリアン(ドリアン)ならバーンクンノンなど。マンゴスチンのことを西洋人が果物の女王と呼んでいる、とあるのも興味深い。

★21―さまざまな料理が並んでいるが、ラープとプラーを除いてはすべて中部タイ、南部タイの料理であり、北部の料理は一つも採られていないことに注目される。いずれにせよ、宮廷には各地方からの女性が集まってきており、各地の伝統が混ざり合うところとして機能していたことを示すだろう。後宮に住み働いていた女性の数については明確ではないが、后の数だけでも数十人という数であり、それぞれに使用人を抱えていたのであり、千人単位の人間が働いていた小世界だったわけである。

★22―チュラーロンコーン大学経済学部ソムポップ・マナランサン教授の推計によれば米の輸出高は一九五七年に一五〇万トン、一九〇〇年に二五〇万トンである。タイ米は東南アジアに張り巡らされた中国人のネットワークに乗って、世界的商品作物になっていった。

★23―華僑報徳善堂については多くの研究がなされている。一八九六年に潮州移民の馬潤によって創建された大峯祖師堂が母体となって、一九〇二年に当時の徴税請負人プラ・アヌワットラーチャニヨムら一二人の華僑有力者が華人相互扶助団体の計画をしたことに端を発する。一九三七年には正式に財団法人華僑報徳善堂として登録された。歴代の理事長は例外なく華僑の中心人物である。現在は華僑崇聖大学、華僑医院、看護婦学校を擁して、多彩な活動を展開している。

★24―当時の中国人社会について、現在のタイで見られるようなすぐれて融合的な状態を想像することは誤解を招くであろう。タイにおいて、二〇世紀の半ばまで、中国人はもっとずっと強い異民族性を保っていた。タイ語を話せない人はたくさんいたが、中国語を話せない人はいなかった。ヤオワラートはその意味ではタイ社会に対して閉じた存在、一種の租界的な雰囲気を持った場所だった。一九四五年、大東亜戦争が終結し、中国が世界の五大国入りを果たしたと同時に、彼らは中国国旗を掲げ、戦時中は制限されていた華僑活動を大いに再開しはじめた。それに反発したタイ人との間に衝突が起こったのが、ヤオワラート事件である。ヤオワラート一帯は警察軍に包囲され、事態の沈静化には四ヶ月間を要した。タイの華僑がタイ人との融和の必要を自覚するきっかけとなった大事件だった。

★25―中国人社会の規模について、一九世紀中盤から二〇世紀にかけて、バンコク中心部の人口の約半分は中国人であったと推定されている。一九〇一年にバンコクには政府から屠殺許可を得ている中国人の業者が四一件あった。しかし、内陸部における中国人の居住はかなり疎であったことが知られている。二〇世紀初頭、コーラートにおける中国人住民は全住民の一パーセント以下であった。別の推計によれば、一八五五年、ボウリング条約締結時期の総人口は五四五万人、内中国人は三三万人。一九〇〇年の総人口は七三〇万人、中国人は六〇万人。一九三〇年に総人口一三〇〇万人、中国人一六〇万人。

★26―豚食と鉄道の連関については鉄道局の第一次資料を用いた次の研究がある。

姉崎一郎「鉄道整備と新たなる物流の形成―タイにおける豚の事例―」『アジア・アフリカ言語文化研究』五五号。

★27―一九二〇年ブリティッシュ・アメリカンタバコ会社の「チャイヨー」に入れられていたカード「タイの職業尽くし」シリー

ズ。全部そろえると五〇枚。食べ物に関するものとしては、その他にもナムプラー売り、アヒル粥売り、ホーモック売り、キンマ売り、揚げ豆売りなどが採られている。ナムプラー売りはかなり大きな甕を天秤棒の両側にさげて売り歩くもので、粥売りも道具一式を天秤棒に振り分けで売り歩く。ホーモックも同じ天秤棒だが、ナムプラーや粥の一式よりはだいぶ軽そうに見える。学生という職業もあり、カンカン帽をかぶり白の詰襟できめて、手には本を携えつつも、裸足である。靴を履いているのは、五〇人の内、インド人の布売り、宝石売り、盲目の占い師、の三人のみ。料理人という職業も描かれているが、どこかに雇われて料理しに行くところなのか、肩に小さな野菜かごをかけているほかは、上半身裸で腰巻のみというごくラフな姿である。キンマ売りはちょっとおしゃれな感じの女性がテーブルを前に座って売るもので、現在の台湾でそうであるように、やはり女性の職業だったらしい。

現在タイの街で普通に見られるような、半常設の屋台という業態は、おそらく一九五〇年代初めからの発生であろう。一九五〇年代後半に留学した日本人歴史家によれば、その時にはすでに現在見るのとかわらない屋台の営業が行なわれていたという。香港では一九二〇年代には屋台「大牌當」という業態の大ヒットを見ている。

★28—一九四三年にピブーンは内務省に命じて国民のマークを噛む習慣を禁じる勧告を行なった。すなわち、マークの習慣をやめること、もしすぐにやめられない場合は同年末まで猶予を与えるのでその間にやめること。マークの習慣はワッタナタム（文化）の欠如である。マークを噛んでいる姿は水牛のように口ばかりもぐもぐさせて、国の名誉をも損なわせる。先進国にマークの習慣を持つ国はない。プルーの畑をやめて、別の作物を作ること。プルーやマークを売ることも禁じる。マークの習慣のある人は役所の建物に入ることを禁じる、など。

★29—一九三〇年代初めに行なわれた社会経済学者によるタイ農村の調査では農村では牛肉、鶏肉、豚肉はほとんど摂られることがないのに対し、魚肉は頻繁に摂られていることが明らかにされている。

★30—クルアン・ケーン（カレーペースト）を使わない汁物は本来の範疇ではトムに属するだろう。トム・チュートをケーン・チュートと呼び始めたのは、この時代、一九六〇年前後からではないだろうか。

★31—観光産業の伸展には、メディアから援護射撃も無視できない。一九五六年のハリウッド映画『王様と私』は、タイでは上映禁止の処分を受けたものの、世界的な大ヒットとなり、タイのイメージアップに貢献した。日本では一九六四年の海外渡航自由化を受けて、東宝、台湾省電影製片廠、タイの国泰機構有限公司が合作した加山雄三、越路吹雪主演『バンコックの夜』が作られた。タイの観光庁は一九六〇年に設立されると、一九六五年には早くもニューヨークに事務所を開設している。チエンマイの事務所開設はそれに遅れること三年であった。

★32—この路線の行きつくところは、ラーマ七世王がパヤタイ宮殿を転用して一九二五年に開いた超豪華宮殿ホテル「パヤータイ・パレスホテル」である。バー、レストラン、ライブラリー、テニスコート二面、バトミントンコート一面、客室六〇室の他、縦二七メートル、幅一二メートルの舞踏室も備えており、滝やバラ園に飾られた庭園の遊歩道は二マイルに及んだという。訪れる人々は、ホテル専属のオーケストラ、ピアノ、ヨーロッパからのアーティストによる演奏を聞きながら、アフタヌーンティーを楽しんだり、ブラックタイ・ディナーを取ったりしたのである。このホテルは迎賓館も兼ねており、五年間存続したのち、夢のように消えて行った。サートーン通り、現在のロシア大使館の場所にあった「ロイヤルホテル」も西洋人マダムの経営による豪華ホテルだった。ロイヤルホテルとはラーマ六世王の命名。
★33—鉄道局経営のホテルは一九二三年のフワヒンホテルもある。こちらはタイで最初の海浜リゾートホテルであり、当時一流の豪華な設備とサービスを誇った。それにしても主な顧客は外国人以外にもタイ人の上流人士がかなりのウェイトを占めていた。それまでのバンコクにあった高級ホテルとは性格を異にするものだといえるだろう。

★34—日本でも一九六六年に四年制大学生が一〇〇万人を超え、大学大衆化の時代を迎えている。週刊誌『プレーボーイ』が創刊され、ビートルズ来日に際しての若者の熱狂が話題になった。
★35—九〇年代に入って、地方からでてきた人々が居候したり、又借りしたりしてスラム化していた朝鮮戦争従軍者向け軍官舎を取り壊して、広々とした「スワン・サンティパープ(平和公園)」が戦勝記念塔付近ラーンナーム通りに作られた。スラムに付随して生まれていた東北タイ料理の店も次第に生まれ変わっている。これは一つの典型的な事例であろう。
★36—王族のタナットスィー・サワッディワット氏とシェル石油が組んで、「シェル推薦の店」を定めている。一九六一年からのほぼ四〇年間に、二〇〇〇件の食堂、屋台、物産が指定を受けて、お椀のマークの看板をもらっているという。ここ数年の食い歩き本の隆盛を見るに、タイ社会のグルメへの関心は今までになく高まっているようである。

第三章——華麗なる食卓の旅

タイ料理という言葉が頻繁に口にされるようになったのはいつごろからのことであろうか。当たり前の話だが、普通の人が普通にいつも食べている料理には名前はついていないものである。たとえば、私たちは普段食べている料理を「日本料理」であると思って食べているわけではない。私たちが普段食べている料理に「日本料理」という名前をつけてくれたのは、これを普段は食べていない人、たぶん外国人に違いない。だから、タイ料理をタイ料理と呼んだのもきっと外国人だろうが、タイ料理に外国人の目が向くことはずっと後になってからの話だろう。だいぶ後になるまでタイでは、西洋人は西洋料理を食べて暮らし、中国人は中華料理を食べて暮らしていたのである。五〇年代後半のバンコクに留学したある歴史家によれば、当時普通の在タイ外国人にとって、タイ料理を食べる機会などはなかったという。ほとんどの場合、タイ料理は家庭料理であり、それは外国人の目には触れることのない世界だったのである。あくまで私見であるが、タイ料理という言葉が、実質をもって当たり前に使われるようになるのは、外国人がタイ料理を口にする場所と機会ができてから後、具体的には六〇年代もかなり過ぎてからではなかっただろうか。

タイ料理というのが基本的に外部からの名前だとすれば、そのイメージするところも外国人の目に入る範囲、レストランで出してくれる範囲の料理だったはずである。そして、そのレストランというのはもちろんバンコクに集中していたであろうから、元をただせばタイ中部の料理をベースにして、バンコクに住む中国人のご馳走メニュウも大幅に加えたような、そんな漠然としたバンコクの料理が「タイ料理」と呼ばれていたし、今でも呼ばれている。

しかし、実際のタイ人の気持ちの中では、チエンマイの料理とバンコクの料理はぜんぜん違う内容の料理である。ウボンラーチャターニーの料理にいたってはまったく別物だという気持ちが長いことしていたし、今もってそれは変わらない。トランやパッターニーの料理はマレーの料理の影響を受け、それなりに独自の発展を遂げてしまっている。だから漠然とタイ料理とはいってみても、その中の差異は外国人が想像していた以上に大きいものであり、実のところあまり意味のある呼び名だとはいえないわけである。

本章では、これも大雑把なやり方には違いないが、タイで一般に行なわれている地方分けにしたがって、中部、東北部、北部、南部の四つの地方料理の具体例を眺めてみたい。それには何といっても旅が一番だ。ここでは食卓の旅をして、いろいろの食堂であれこれと注文して見よう。もちろんこの本の中でだけ行なわれる心の旅、ヴァーチャルな旅であるから、金に糸目はつけないことにしよう。ま、普通のものを普通の場所で食べればそんなに掛かるものではないはずだ。とはいえ、食卓の旅は一人旅やカップル旅ではちょっと難しい。いくら空想の中でといっても、一人で何皿もがつがつ食べるのは心の胃袋にもたれるというものである。とりあえず食いしん坊の男女の仲良し五人くらいだと仮定しようか。タイでご馳走！というときにも、五人、頭数が揃えばまず安心だ。ある程度のヴァリエーションをもちながらも一本筋の通った、美しい食卓世界を構成できるというものである。

訪ねる場所はまずは中部の都バンコク、東北タイの文化が花咲くところウボンラーチャターニー、北タイは古都ランパーンも渋いが一般性から言ってやはりチエンマイだろうか。南タイはソンクラーでも趣があるけれど、ちょっと中国文化が強すぎるかもしれない。手堅くナコーンスィータンマラートということにしておこう。

それから料理というものは写真を並べたり、ああだこうだと言葉で説明をしてもなかなか実感がつかめないものである。あくまで具体的な作業の結果として出現してくるものであるから、その工程を心の中でたどって頷くことができるように、簡単なものながらレシピも添えておくことにした。参考にしていただければ幸いである。

一　中部タイの料理（バンコク）

歴史の章でも少しずつ述べてきたように、バンコクで食べられている料理がそのまま中部タイの料理であると考えるのも、中部タイの料理がタイ国の典型的な料理であると考えるのも間違いである。そして、現在のタイ国で行なわれている料理がタイ族の料理全体を代表していると考えるのもさらに大きな誤りだといえる。タイ族はもともとは内陸の盆地と川の民であり、アユタヤーやバンコクが位置する大平野や、海の恵み、海を媒体にした異文化との交渉などとは本来無縁の人々なのである。

しかし、アユタヤー以来すでに七〇〇年近い年月が過ぎ、たくさんの民族との交渉の歴史もまた長い。アユタヤーとバンコクとは、カンボジア人、モーン人、マレー人、中国人、西洋人、日本人といった外国人との接触カウンターであり、食文化の玄関になってきた。そこに形成された料理は、あくまで中部タイの料理を下敷きにしながらも、さまざまな外来の要素が絡み合ってできた独特のものであるが、その一方、タイ国全体の政治、経済、文化の中心地の料理として、他の地域の料理にも強い影響を与えるという求心性も発揮しているものである。ゆえに、バンコクの料理を楽しむポイントは、その絢爛たる複合性を楽しむとともに、そこに確実に存在する伝統の影、田と川の民の暮らしを、二つながら味わうところにあるのだと言える。

さて、そのように欲張りな楽しみであるから、頭数五人ではちと不足で、思い残すことなく食べきることは難しいと言わざるを得ない。バンコクに限っては七人くらいを目安に集めたいものだ。そんなつもりで読んでいただきたい。

とりあえず、カオタン・ナータンでも頼んで一息つきたい。これは米で作った一種のせんべいで、甘辛いタレをつけてポリポリと食べる。本格的な料理が来るまでのお供にちょうどいい。

飲み物は、いける口ならビールを頼むことにする。伝統を墨守するのなら冷たい水が決定版なのだろう

完成したトムヤム・クンを示す料理人
トムヤムはタイ人の生活に密着した料理で、それこそ津々浦々で食べることができる。エビを始め、ほとんどの食材を具に据えることができるのも人気のもとだろう。観光産業の中では世界三大スープの一つとして数えられている。

が、バンコクでビールが受け入れられてからもう一〇〇年以上になるし、一九三三年に国産が開始されてからもかなり長いのだ。場違いということはなさそうである。[1]

さて、料理はまずトムヤムを頼もう。タイ料理として有名になったが、酸っぱくて辛い、同じような味のスープはベトナム、カンボジア、ミャンマーにもある。もちろんタイの各地で食べることができるが、中部タイのトムヤムは、その中でもっとも味の輪郭がくっきりした、しゃきっとした魅力を持ったものである。鶏でも魚でも、メインの具は何でもかまわない。バンコクはせっかく海に近いのだから、海のエビを入れて、トムヤム・クン[2]にしてもらおうか。養殖モノだから安いし、発色もいい。トムヤムは現在ナムプリック・パオを入れて赤くするのが主流のようであるが、それはやめてポ・テークのような澄まし汁に仕立ててもらいたい。店によってはココナツミルクをいれて、まろやかな味にしているが、まろやかなトムヤムは西洋人向けだろう。まろやかさなどには目もくれず、キュッと酸っぱく、舌がしびれるように辛く、中からタクライの香りが際立ってくるような、そんな古風を保ったトムヤムが理想である。

次にケーンを頼みたい。ケーンにはココナツミルクを使うものと、そうでないものとがある。もちろん使わない方がタイ族のケーンとしては古形を残すものだと考えられるが、ココナツミルクを入れるタイプのものも、アユタヤーやバンコクでは他の地域に比べるとかなり早くから受け入れていたようにも思われ、それなりのおいしさが確立されているのも事実である。ここは両方から一つずつ頼んでみよう。

まずココナツミルクを入れるほうのケーンだが、ざっと考えただけでも、赤いケーン・ペット、緑色で甘いケーン・キアオワーン、ケーン・クワ、パネーン、チューチー、ケーン・オムなど、かなりある。見た目もパネーンやチューチーは水分を飛ばしているので、あんかけの汁が多いもののようだし、ケーン・クワもケーン・オムもちょっと煮詰まった濃い感じで、日本人のイメージするカレーとはかなり離れた印象だろう。迷うが、ここは一番代表的なもののような気がするケーン・ペットを頼んでおこう。具は鶏肉でもいいけれど、どうせなら中国人が多いというバンコクの利点を生かしたいし、ココナツミルクにも合うので、ケーン・ペット・ペット・ヤーン(焼きアヒル)●3にする。

ココナツミルクを使わないケーンは印象としては地味さをぬぐえない。昔風の、質実な静けさが味わいだろう。代表選手はさまざまなものがほろ苦く煮込まれているケーン・パー、穏やかなケーン・リエン、酸っぱいケーン・ソムといったところで、ケーン・ボーン、ケーン・ブワンなどもそれに含まれるだろう。その中ではケーン・ソムが一番ポピュラーではあるが、前に頼んだケーン・ペットと味と色合いの点で重なる部分がある。ケーン・リエンは落ち着きすぎで、ご馳走の場では映えないから、どうせなら地方の町で、けだるい昼食の席に食べたいような気がする。とすればケーン・パーか。ひどく辛く、香りも癖の強いケーンだが好きな人にはこたえられない魅力があり、専門店があるくらいだ。具は野性的にムーパー(野豚)かプラー・ドゥック(なまず)だろう。ムーパーは月並み、とすればプラー・ドゥックということになる。ケーン・パー・プラー・ドゥック●4できまり。

炒め物も頼みたい。例によって辛いものと辛くないものがあるので、バランスをとって一つずつ頼むことにしよう。

辛いものといえば、パット・キーマオ、パット・ペット、パット・ナムプリック・パオ、パット・プリック・ユアック、パット・プリック・キンなどが思い浮かぶ。パット・バイカプラオもトウガラシの入れようによってはかなり辛い一品になる。大して辛いものではないがカレーパウダーを入れていためるパット・ポンカリー

準備が整ったムー・タクライの材料
細かくたたいた豚肉をタクライ（レモングラス）とともに強火で炒める。タクライはその香りを残してパリパリにまるまり、食感としても申し分なし。豚の甘さとタクライのさわやかさが引き立てあう一品である。

もある。いろいろとあり、それぞれに心引かれる中で、やはり定番はパット・ペットだろう。ナムプリック・パオで炒めるのも、おいしい貝が入っている日なら悪くないが、ここは基本に忠実にパット・ペットといくことにして、具はこれもお約束のムーパーである。もちろん本当の野豚は入手困難につき、普通の豚肉を工夫して野豚風に作る。パット・ペット・ムー・パーである。●[5]

辛くない炒め物の方は、豚肉をレモングラスと炒めるムー・タクライ、ココナツの天辺と炒めるパット・ヨートマプラーオ、とろみをつけて甘く炒めるパット・プリアオワーン、カイランと炒めるパット・カナー、カシューナッツと炒めるパット・メットマムワン、ベビーコーンと炒めればパット・カオポート・オーンといったところ。新しい野菜ではブロッコリーも取り入れられている。具はそれぞれの炒め方にあったものを選べばいい。ムータクライは香りが高くて、あっさりとしており、うってつけではあるが、辛い炒め物で豚を使ってしまっているので、ここはあえて引く。今まで注文したものが比較的味の濃いものだけに、少し穏やかなものをといえば、ベビーコーンを強火で炒め、エビとでも合わせるカオポート・オーン・パット・クンといったところで、野菜本来のおいしさで口をさっぱりさせることを狙うのはどうだろうか。●[6]

食卓は一種の閉じた世界であるから、このあたりで、ご飯という王様に仕える将軍というか、飛車角というか、主役級のおかずが登場しなければ面白くない。大きさから言っても存在感から言っても、何か魚の尾頭付きが適当であろう。海の魚なら、プラー・カオ(ハタ)とかプラー・チャラメット(マナガツオ)、プラー・サムリー(アイブリ)、プラー・カポン(ミナミアカメ)。淡水魚なら、プラー・ニン(ナイルティラピア)、プラー・チョン(タイワンドジョウ)などがボリュームもあり、姿も悪くない。大きな魚は日本のように焼き魚にすることはなく、揚げる、蒸す、煮るのどれかである。いずれにせよ中国料理の影響を受けた調理法で、揚げたあとのあんかけや、蒸すときの梅蒸し、醤油蒸しの手法も中華料理の一種だといっていいかもしれない。ともかく、揚げるのならプラー・カオ、蒸すのならプラー・チャラメット、煮るのなら魚の形をした鋳物の皿でそのまま具を入れて煮込むペサにすることにしてプラー・チョン、というところだろう。プラー・カポンではちょっとご馳走の感じがしない。今日の場合は、ケーンやトムヤムをとって、ちょっと汁気づいているので、プラー・カオのラート・プリック(あんかけ)を頼むことにしたい。●[7]

ヤム(和え物)も忘れてはいけない。これも選択の範囲が非常に広い。春雨を湯がいた和え物ヤム・ウンセン、ナスを使ったヤム・マクアヤーオ、ザボンを使ったヤム・ソムオー、タイワンナマズの強く揚げたものにパパイアを和えたヤム・プラードゥック・フー、ピータンを和えたヤム・カイ・イアオマー、サリット魚を揚げてむしったヤム・プラーサリット、さまざまな材料を混ぜたヤム・ルワムミットなどがある。外国人観光客くさいが牛肉のヤム・ヌアや海鮮のヤム・タレーも、いわゆるタイ料理ではなかなかの役者なのだろう。ここでは中央部の料理というテーマなのであたらないが、東北タイのラープや酢で絞めるプラーもヤムの一種である。ヤムは炒めたり煮たりする料理よりも、タイ人の生活に深く根ざしている料理であろうから、ここは

渋い味わいのヤム・トゥワ・プー
地味なヤムである。トゥワ・プーはさっぱりしているが、味の奥底にほろ苦さを畳み込んでおり、タイ料理の原風景的な味わいの一つである。

ちょっと古風にトゥワ・プー（シカクマメ）を使ったヤム・トゥワ・プーを選ぶことにする。[8]

ジャンルに分類できる料理ばかりでは息を抜く場所がないので、所属がはっきりしないようなマージナルなものも一つくらいは頼みたい。具体的にはさつま揚げのトートマンとか、ココナツミルクを使った魚肉蒸し料理ホーモック、豚肉入り玉子揚げのカイチアオ・ムーサップといったところだろうか。いずれも辛くないので、辛いのが苦手な友達にも安心である。どれでもいいが、カイチアオはちょっと子供っぽいし、ホーモックはみんなで食べるのにはちょっと不便だから、トートマンがいいか。何の肉で作るかという選択があるが、本来のタイの味を求めるのならプラー・クラーイ（ナギナタナマズ）以外にはない。エビ肉のトートマンなどもあるが、古い料理の割には外国人の舌に迎合した感じがしないでもないから、別の機会にしよう。[9]

以上で料理は八品。おそらく十分だろうが、もしもお腹に余裕がありそうなら、薄味の汁がなかったから、トム・チュートを一品頼むことにする。薄味の汁をケーン・チュートと呼び始めたのは古い話ではないだろう。何をメインの具に入れるにせよ、食卓の邪魔にならない味で、穏やかに他の料理を引き立ててくれる感じがする。平凡でよければウンセン（春雨）や豚のひき肉ボール、海草などを入れる。今回は、今までイカという食材を使っていなかったので、新しい料理だがイカに豚のひき肉を詰めたものを使って作ってもらう。トム・チュート・プラームック・ソートサイ。バンコクらしい、工夫が感じられる料理である。[10]

もちろんご飯を頼む。トー（壺のような形のカネ製の容器）で頼んで、タピー（おたま）でおのおの好きなだけすくうのがいいだろう。

二―北部タイの料理

北部タイの食文化は一口で言って地味なものである。海に向かって開けていないということが大きな理由かもしれない。バンコクで食べたような食卓の華やかさ、大輪の花の雰囲気は北部タイの料理には見られない。小さな料理が多いのである。スターがいない。と言って、東北タイ料理に見られるようなずっしりした重厚な野性味も、北部の料理にはない。北部の味は繊細である。南タイ料理にあるような異文化の香りもあまり感じられない。確かに北部が長期間にわたってビルマ(現ミャンマー)の支配を受けたことは事実であり、そうした影響の下に生まれたケーンもある。しかし隣接していたのはシャン族であり、タイ族とは類縁関係にある民族である。そこには南部タイに対するマレー文化のような異質さは見えてこない。外の世界からさしてくる明るさを感じることはない。食卓に並ぶ面々は、ケーンもネームもナムプリックも、静かに落ち着いてたたずんでいるだけである。

しかし、そのような小ささ、地味さの中に本当のタイ族の暮らしが見えるのが北部タイの料理なのである。山に囲まれた小さな盆地を探して、田んぼを作る暮らし。小さな川の両側に広がる集落。森から採ってきた草や動物の肉。豊かな淡水魚。それはタイ族が盆地から盆地へと移動を繰り返しながら営んできた暮らしであり、その原風景の中の食卓である。

まず飲み物を頼みたいのが人情だが、考え抜いた末にここは水だろう。北部タイの水は質がいい。ボトルウォーターにもチエンマイの地元ブランドがいくつかあって、それぞれに味がちょっと違う。昔からあるポラリスは全国ブランドだが、近頃は少し押されぎみで、デュードロップ、アムテック、シンハーなどが伸びてきている。地元ということではデュードロップかアムテックだろう。本当は、このようなイオン交換や膜分離の地下水は、一度煮沸して揮発性の臭気をとばしたほうがずっとおいしくなるのだが、店で頼むのならそうわがままは言えない。

ケーン(汁物)としては豚の脚を煮込んだケーン・クラダーン、ケー(中部でいうチャプルー、ハイゴショウ)を味のベースにしたケーン・ケーを始めとして、冬瓜を使ったケーン・ファック、バナナの花を使ったケーン・フワプリー、柔らかく甘いパック・ワーン(アマメシバ)を入れたケーン・パック・ワーン、タムルン(ヤサイカラスウリ)の葉をケーンにしてネーム(腸詰)も入れたケーン・タムルン、ケーン・ファアットなどかなりの数があるし、中央部でも南部でも食べられているケーン・ソムやケーン・パーでも北部タイ独特の味付けで煮ればまた別の趣になる。いずれも渋い日常食であり、抑制の利いたものだが、一つ選ばせてもらうなら香りを重視してケーン・ケーだろうか。具は、派手ではないがちょっとご馳走の感じを出したいから鶏肉にする。ケーン・ケー・カイである。●[11]

北部タイにはケーンと呼ばれているものの、汁の少ないタイプの料理もあるので、そちらからも一皿注文したい。北部タイ料理といえばすぐに名前があがるくらい有名なのが、ケーン・ハンレーとケーン・ホだろう。ケーン・ハンレーはビルマ(現ミャンマー)起源のケーンと言われており、脂っこいところやカレーペーストにかなりの異国情緒を感じさせる料理である。ただし、脂っこいのは豚の脂身によるのであり、シャン族

北タイの代表的なケーンであるケーン・ケー
地味な薄味のケーンである。辛味はなく、目立った味の強さもないが、落ち着いた盆地の生活のよさが伝わってくるような趣がある。料理はまさに生活風景の点景として存在するのである。

の料理の中でもそれは多用されているので、あながちミャンマーだからとは言い切れない。ミャンマーではバナナも入れて煮るという。ケーン・ホはずっと北部タイオリジナルなもので、ホとは取り混ぜた、ミックスしたというほどの意味の北部語である。ウンセン(春雨)は定法であるが、それ以外にはとくに何を入れなければならないという決まりはなく、いろいろと余りものを集めて一品にしてしまおうという家庭料理である。ここではケーン・ハンレーのあまりに強い味はちょっと浮いてしまうような気がするので、ケーン・ホをとりたい。ただし、店で食べるケーン・ホはあまりおいしくないというのがタイの食通たちの結論である。

ケーン・ホの具は前夜の残りのケーンであり、とくにケーン・ペットのようにココナツミルクを使うケーンの場合、一晩常温でおくと、ちょっと臭かったり酸っぱかったりするのであるが、長い間炒めて水分をとばすと変な臭いはなくなり、酸っぱさもいい具合に他の味を引き立てることになる。そこがケーン・ホの微妙な味わいであるのに、店で出す場合は、腐りかけを炒めて出すわけには行かないので、新しい素材を使い、炒める時間も短めですませてしまう。これでは台無しだというわけである。●12

ケーン・ホのように長い時間、水分をとばすために炒めるのはクワといって、強火で熱を通す炒め方パッ

市場で売られているミエンの串
スナックである。蒸したミエンの葉に砕き豆などのちょっとした具を丸く包み込んで、串に刺している。甘くてどこかほんのりと渋い。分かりにくい味だというべきか。深い微妙な味だというべきか。

トとは違う手法とされている。北部タイでは強火で炒めるという中華料理的な手法はあまり発達していない。しかし、炒めたものも一つくらいは欲しいと思ったら、北部の食材を選んでみるのがいいだろう。パム(中部タイではカイナーム、ミジンコウキクサ)と豚肉を炒めるのも落ち着いた感じだし、カノムチーンを炒めれば沖縄のソーミン・チャンプルーにも似るが、タオ・チアオ(味噌)をからませて炒めるのなら十分に北部的である。しかし、どうせならトゥワ・ナオ(納豆)を炒めて食べる方が、照葉樹林文化圏の息吹を感じられ、また日本との文化的な道筋も思われたりして楽しいのではないか。トゥワ・ナオは大豆を煮てから塩漬けにしたものだが、板のように乾燥させて雷オコシのようにしたものもあるし、潰してせんべいのようにしたものもあり、バナナの葉に包んで蒸したものもある。炒めて食べるのはバナナの葉に包んであるタイプである。●13

もう一品くらいおかずが欲しい。中部タイでいうヤム(和え物)にあたるのは、いずれも軽く搗いて混ぜ合わす感じになるが、タムとかソとかいう料理である。またバンコクなどではもっぱら東北タイの料理として名を馳せているラープは、実は北部タイにおいても独特の味わいをもった地元料理である。タムの場合は、東北タイの名物パパイヤサラダのソムタムと同じように、台所臼クロックで軽く搗きこむのであるが、ソムタムよりもヴァリエーションが多い。ジャックフルーツの若い実とか、まだ熟していないマンゴーなどのタムは古風な食べ物である。ソであれば、ソムオー(ザボン)とナムプーをあわせて搗き混ぜれば、それだけでさっぱりと酸っぱい中にも生臭さがほんのりした独特の風味を持つ一品になる。ナムプーは、中央部のカピ、南部のナム・ブードゥー、東北部のナム・プラーラーなどと並んで北部タイを代表する調味料である。田に住んでいる淡水のカニを塩やレモングラスやジンジャーと搗き込んで、染み出た汁を煮出してつくる。黒くて非常に濃いもので、しまっておけば一年以上食べることができる。ここではラープもいいが、それは東

北タイにとっておくことにして、ソムオーのソにしてみよう。ソムオー・ソ・ナムプーである。●[14]
当然ながらナムプリックを中心にした付け合せ野菜や魚の盛り合わせをとる必要がある。ナムプリックと似たようなものだがココナツミルクを入れて甘辛くしたロンもここで考えに入れてもいいだろう。タオチアオをベースにすれば北部タイの雰囲気も十分である。ナムプリックはプリック(トウガラシ)をベースにして、さまざまな具を搗き込んで作るペースト状のおかずで、魚や野菜をそれにつけて食べる。タイ人の暮らしに古くから位置を占めてきたものだけあって、ナムプリックだけを紹介した大部の本も出ているほどだ。種

ケップムーとセットになったナムプリック・ヌム
ナムプリック・ヌムの繊維質の食感と青臭い感じは独特のものである。さっぱりしており、そして非常に辛い。ケップムーの香ばしさ、甘さがそれを補う補完関係にあるのだろう。

類も無限にある。とはいえ、定番になっているものはやはり食べ飽きない魅力を持っているから、まずはその中から選ぶとして、青くて甘いトウガラシを使ったナムプリック・ヌム、トゥワナオ（納豆）や焼いたカピ、北タイのマクアテート・プワン（房トマト）を使うナムプリック・オーン、小エビのペーストを使ったナムプリック・カピ、干しエビと焼いたカピを煮詰めたナムプリック・パオ、キノボリウオ科淡水魚サリットを搗きこんだナムプリック・プラーサリットといったところだろう。もちろん代表的なものだけをあげても、ここにあげきれるものではないが、思い出してあげてみても、どうせ全部食べきれるわけではない。北部タイ料理の食卓に、というのならナムプリック・ヌムかナムプリック・オーンのどちらかであろう。ヌムは辛く、オーンはまろやかである。ネーム（付け合せ）もちょっと顔ぶれが違う。ニンジン、インゲン豆、キュウリなどはどんなナムプリックにも合うネームであり、マクア・プロ（キンギンナスビ）も両方いけるが、ナムプリック・ヌムには加えてケップムーが付くというのが大原則である。ケップムーは豚の皮を揚げて作るもので北部タイの名産であると同時に、中部タイのクイティアオなどにも好んで入れられる。カリカリしたスナック菓子のようだが、味は深い。そこにナムプリック・ヌムのトウガラシとちょっと青臭い感じがよく合うわけだ。これまであまり辛い味を選んでいなかったので、ナムプリック・ヌムを頼むことにしよう。●[15]

北部タイ料理は小さい料理であるから、もう一品くらいおかずを頼んでも、十分に食べきれるはずだ。サイウワでも頼もうか。サイウワは豚の腸詰で、ハーブやにんにく、塩、カピで味をつけた豚肉を豚の小腸に詰めて、油で揚げる。揚げる時間はさまざまで、しっかりと堅く揚げたものはかなり長い間保存がきく。ぶつ切りにしたサイウワはビールのつまみにも合う。つまみの雰囲気を強く持つものならネーム（豚肉の詰め物）を忘れるわけにはいかないだろう。北部の市場ならどこでも豊富に売られており、ケップ・ムーと並んでタイ人観光客の欠かせないお土産品になっている。トウガラシの辛さ、にんにくの香り、塩と米で漬けた酸っぱさ、粘り気が持ち味である。サイウワと違うのは、豚の腸に詰めるのではなくてビニールの袋を使うこと。生でも油で揚げても食べられる。詰め物といえば、もう一つムーヨーがある。細かく搗きつぶした豚肉を棒状のビニール袋に詰めたもので、ネームと違って味に癖がなく、淡白な感じで使い道が広い。でも、ここではサイウワを頼んで、後の二つはお土産に市場ででも買っていくことにしよう。●[16]

主食はカオニアオ（もち米）である。北部タイは雲南から東北タイ、シャン高原に広く広がっているもち米

独特の香りをもつカノムチーン・ナム・ンギアオ
カノムチーンにもさまざまあるが、ナム・ンギアオは北部独特のものである。ちょっと生臭いような匂いがするといって嫌う人も少なくないが、専門店が何軒もあり、それぞれに覇を競っているところを見ると人を引きつける力も大きいのに違いない。

文化圏に属している。しかしそれだけでは単調な気がするのであれば、カノムチーンを食べるのがいい。また、昼間の食事であればカオニアオを頼まないで、カノムチーンだけでも一向に構わない。北部タイではカノムチーンは別格の扱いである。麺類だからといって、それ以外のクイティアオやバミーとはまったく正式さが異なり、昼間のちょっとした会食、パーティなどでもカノムチーンを主とした構成をしていることが少なくない。カノムチーン本体は寝かせてあるものを頼みたいが、上にかけるタレも考えないといけない。プラー・チョン(タイワンナマズ)の肉を使ったナムヤー、ケーンのペーストを溶かし込んだナムプリック、干しエビの粉とパイナップルスライスを使ったサーオナムなどいろいろとあるし、ケーン・キアオワーンをかけるのも好まれている。しかし、北部タイということであれば何といってもナム・ンギアオだろう。ンギアオとはチエンマイ人からシャン族(タイヤイ族)のものをさして言う言葉で、ちょっとバカにした語感があるのだという。シャン族風のかけ汁というわけである。チエンマイ人にとってもちょっとエキゾチックな一品なのだろうか。●[17]

三―東北タイの料理

東北タイは生活文化圏としてはラオスの文化圏に入り、バンコクを標準としたタイ国のそれとはかなり離れた言語や食習慣をもっている。その違いによって、ラーマ五世王時代から始まった近代国家タイの建設から教育などで取り残され気味にならざるをえず、その結果、貨幣経済的にいえば低所得の地域となり、バンコクに富が集中していく過程で、東北タイからは働き手が単純労働者として働きに出ざるをえなかった地域である。単純労働者は貧しく孤独なものである。独自の文化背景を持った労働者たちは自然に自分たちのコミュニティで塊まって住み、その中で生活するようになったために、外の人から見ると東北タイの生活習慣イコール「貧しい生活」の代名詞として受け取られるようになってしまった。そして東北タイという地域自体、あたかも貧しいということが全部であるような、レッテルの貼られ方をされてきたことは事実である。しかし、本当にそうだろうか。

東北タイ料理の特徴の一つは食材の幅の広さである。鶏、豚食の歴史も長く、牛肉や水牛肉もかなり前からたしなんできた。メーコーンをはじめとしてチー川、ムーン川など大きな川がいくつも流れ、魚やエビもとれる。さらに蛋白源として、昆虫食の伝統もある。チンリート（コオロギ）、モットデーン（赤蟻）、タッカテーン（イナゴ類）、チャッカチャン（セミ）、ダックデー（さなぎ）などは油で揚げたり、蒸したりして食べられている。さらに、カエル、おたまじゃくし、田ネズミ、トカゲ、キノボリトカゲ、ウサギ、蛇など、中央部の人が一般に食べる習慣を持っていないようなものまで食べる。これは、バンコクの一般の人から見ると、そのようなげてものを食べなければならないほど貧しい人々であるという、一種の蔑視にもつながってしまうものである。加えて、東北タイには中央部タイにはあまり行なわれない「漬ける、発酵させる」技法が発達しているし、血を含む生肉食の習慣もある。それに付随して風土病も存在する。このような差異は、純粋に食習慣上のことであるにもかかわらず、すべて東北タイの料理にある種の先入観を与えてきたし、東北タイという地域全体にも同じことが敷衍されてきたわけである。しかし、実際の東北タイ料理は、豊かなヴァラエティを誇るだけでなく、くっきりとした力強い味のつくりといい、辛さと甘さのバランスといい、日本人、とくに関東人の好みにぴったりくるものである。普通のタイ料理はあまり好きでなく、誘われても行かないけれど、東北タイ料理なら喜んでと言う在留邦人も少なくない。

飲み物から選ぶとして、本当は邪道といってもいいのだろうが、タイ産のウィスキーまたはブランディーを薄く水割りかソーダ割りにしてやることにしたい。ブランディーは白ワインを蒸留して作るにせよ、ぶどうの絞り粕から作るにせよ、ワイン製造と一対になった存在である。タイでは東北タイのルーイ県がワインを生産しており、ブランディーもそこから来るのかどうか。タイで唯一のブランディー工場に問い合わせても、中国人マネージャーの対応はけんもほろろで、その出どころは明らかにしてくれない。一方、タイのウィスキーと言えばメーコーンが有名で、東北タイでもよく飲まれている。米を原料に、サトウキビの糖蜜とイースト菌とで発酵させ、蒸留した三五度の酒である。メーコーンといっても、工場があるのはバンコクの近郊パトムターニー県、使っているのはチャオプラヤー川の水、サトウキビは中央部スパンブリー県の産であってメーコーン川には直接の関係はないが、メーコーンというのは一九四一年にフランスと戦って、メコン川右岸の失地を取り替えしたことにちなんで付けられた愛国精神あふれる名前なのである。この失地回復には、日本もその後ろで大きな役割を果たしたもので、私たちにもあながち無縁なものだとはいえない。とくにこの事件を記念して建てられた戦勝記念塔を横目に見ながら飲むなんてのは格別だろう。

スープは、カレーペーストを別に作って溶かすというケーンよりも、さまざまなハーブや具をそのまま煮

内臓をじっくりと煮込んだトム・セープ
牛の内臓をよく洗い臭みを消してから煮込んだもので、薄味。内臓だけを入れたものと肉の部分も入れて煮崩れるまで柔らかくしたものとある。皆、自分の好みで内臓のどこそこの部分をたくさん入れてくれ、などと指定して頼んでいる。

込んで味を作る系列の方が東北タイでは圧倒的に主流だといっていい。トムとかオームと呼ばれるもので、具はいろいろである。牛肉を崩れるほど煮込んだヌア・プアイであったり、プラー・ドゥック(ナマズ)だったり、プラー・コット(和名なし、ギギ科)だったり、もちろん普通の鶏でもいい。変わったところではロック・ウワ(牛の胎盤)を使ったトム・ノーンウワ、オーム・ノーンウワという料理もある。ここではごく一般的なものだがクルアンナイ・ウワ(牛の内臓)をいろいろ取り混ぜて煮込んだトム・セープをとって中央に据えたい。セープというのは東北タイの言葉でおいしいという意味である。ちょっと酸っぱく甘辛い感じに仕上げることが多いようだ。内臓が好きでない人はヌア・プアイで代用するわけだが、東北タイらしい味わいという点では若干マイナスである。●18

次にこれも定番のカイヤーン(焼き鶏)を頼む。一羽か半羽を単位に頼むが、人数がいればもちろん一羽である。カイヤーンは屋台でもポピュラーな存在だし、鉄道に乗っていると売り子が回ってくるので旅行者にもなじみの深い食べ物である。外で食べるときには串に刺してあるか、割り箸くらいの太さの木を使って挟み込んであるので、それをむしって食べることになる。店ではタレに漬け込んだ鶏を丸ごと炭火にかざして焼いて、包丁で豪快にぶつ切りにして出してくる。肉の柔らかさと皮のカリカリ具合が大切だが、もっとも重要なのは鶏を漬け込むタレである。店では秘伝だし、料理人の腕前はここに出るといっていいだろう。付けダレは通常、砂糖ベースのものが出てくるが、トマトベースのものも一緒に出てくることがある。●19

さて、トム・セープとカイヤーンという大物を得て、飛車と角が揃ったようなものである。あとは脇役を手堅く固めていかなければならない。脇役の第一はラープだろうか。分類としてはヤム(和え物)、プラー(なます)、コイ(ライムじめ)などの系列に入る。肉を包丁で細かくたたきにして、タクライ(レモングラス)やらカオ・

クワ（炒り米の粉）やらカー（ジンジャー）やらをあえたもので、火を通したものはラープ・スック、生で食べればラープ・ディップというわけだが、火を通さないのは豚肉や淡水魚の場合かなり危険であるのも事実である。虫下しで何とかなる程度の虫ならともかく、吸虫などに寄生されると病院にいかなければならない。豚や牛の血を混ぜて出すこともあって、その方が本格的な感じもするが、虫の危険性はいや増すことであろう。ここは穏当にラープ・スックを頼むことにする。ラープは鶏、アヒル、豚、牛、水牛、魚など、肉であれば基本的に何でも可能であるが、ここではプラー・ドゥック（ナマズ）を頼もう。ナマズは生命力が強いので有名

野趣ある中にも繊細な味を秘めたカイヤーン
ソムタムと並んで、東北タイ料理中でもっとも有名なものである。骨を持ってかじりながら食べるのは趣であるが、近頃はブロイラーが多く、水っぽく肉本来の味が薄いとはもっぱらの評判である。カイ・バーン（放し飼い鶏）が珍重されている。

ラープにマナーオをしぼり臭みを消す
ラープにレバーを入れる場合は、マナーオの汁を入れて臭みを消すのが普通である。

で、その泥臭さといい、その割に淡白で他の具とあわせやすいところといい、東北タイでは非常に好かれている食材の一つである。●20

脇役をもう一つくらい。牛の内臓はスープで頼んだので、肉の方も食べたいものである。肉を食べるというと、ラープはナマズを頼んだから、ヌア・ヤーン（焼肉）にするか、ヌア・デートディアオ（干し肉）にして油で揚げるかといった選択になる。干し肉の方はおかずというよりも酒のつまみにした方がおいしそうなので、ここではヌア・ヤーンを選択する。ヌア・ヤーンは味を漬け込んでから焼いて、辛い付けダレにつけて食べるものと、焼いた後にタレを絡ませて出すのと二種類がある。いずれもあばら肉を使い、脂身が付いていることが絶対条件になる。前の方はスア・ローンハイ(虎泣き肉)という。昔、虎が牛を殺しては食べていたが、この部分だけは何だか脂がギトギトしていて気持ちが悪いので食べなかった。しかし、ある時、あまりの空腹に耐えかねて、気持ちが悪いのを我慢して食べてみるとそのおいしいこと、それまでの食わず嫌いを後悔して泣いたのだという。注文するときはスア(虎)だけでもわかってもらえる。後の方は焼いた牛肉から脂が滴り落ちるところからナムトック(水落)と呼ばれている。スパイシーな一品である。おかずとして一つ頼むのであればこちらの方がタレが絡んでいるだけに有効だろう。スアはつまみのときに頼もう。●[21]

タイのおかずの定番であるナムプリックはぜひとも一品頼んでおきたい。野菜不足も補うことができる。プラー・チョン(タイワンドジョウ)でもプラー・ドゥック(ナマズ)でもいい。プラーラー(馴れずし)は東北タイ独特で生臭いものの好きな人にはこたえられないが、味の濃いものを他で頼んでいるので、ここは薄味で心が休まる感じのものにしたい。ナマズはラープにしたので、ここはプラー・チョンで決まりだろう。いずれにせよ、東北タイのナムプリックにはプラーラーも一緒に入れるか、ナム・プラーラー(プラーラーの汁)を入れるので、地元の匂いがなくなってしまうのではないかという心配は無用である。ネーム(付け合せ)の野菜は生野菜でも温野菜でもいい。●[22]

ソムタムを忘れてはならないだろう。タムソムといってもいい。東北タイ料理というより、今や全国的なブランド、タイの国民食になってしまった感がある。国民から敬愛されているシリントーン王女がソムタムの詩を書き、行事の際には自分で作り、お振舞いをすることも、ソムタムの地位を高めるのに役立っただろう。熟していないパパイヤを細くそいで、トウガラシやニンニクなどをクロック(台所臼)でぽくぽくと搗いたものである。パパイヤでなくとも、テーン(瓜)でもトゥワ・ファックヤーオ(ジュウロクササゲ)でも同じようにつくることができる。ソムタムはその具によっていくつかの種類が作られるが、豆を入れたソムタム・タイ、蟹の酢漬けを搗きこんだソムタム・プー、プラーラー(馴れずし)を入れたソムタム・ラーオなどが主だったところだろう。ここで頼むのはもちろんソムタム・ラーオといきたい。[23]

渋めの地元の生活がにじむようなおかずも、一品くらいあっていいだろう。肉などを派手に使うのではなく、お年寄りが好きそうな家庭料理となると、スップか。東北タイの地元料理で、中央部のヤムにあたる。本来ならソムタムよりも先にあげられるはずのものだろう。ナマズなどを入れることもあるが、主役はあくまで植物系である。カヌン(東北タイ語でマークミー、ジャックフルーツ)、ヘット・クラダーン(カラカサタケ)、バイ・ムワン(マンゴーの葉)など、さまざまである。一番ポピュラーなのはスップ・ノーマーイ(タケノコ)なのだろうが、「祖先以来のよきもののスップ・マークミーを忘れるなかれ、我らのプンと臭うソムタム・プラーラーを忘れるなかれ」と東北タイの詩にも謡われているスップ・マークミーを頼むのが一ひねりしていていいのではないか。[24]

最後に主食のカオニアオ(もち米)を頼む。もち米はフワットという円錐形の蒸し器に入れて蒸すが、食卓に出るときにはカティップという円筒形の竹籠に入って出てくる。もともとは弁当箱のようなもので田んぼの仕事や森に持って行くときのものである。大きいものになると直径が三〇センチにも及ぶものがあり、車座になって座った中央に置かれて、数人で中のカオニアオを手を突っ込んで一緒に食べることになる。これはこれで雰囲気は抜群であるが、食堂にはそんな大きなサイズのカティップはないので、一人ずつミニサイズのカオニアオをこそこそと食べるか、さらに全部出してしまって、一同が同じ皿のを少しずつむしりながら食べるかのどちらかになる。

四──南部タイの料理

南部タイの文化を一口で言えば、いわゆるタイ族の伝統からもっとも遠いところの文化だということになるだろう。タイ族は盆地に流れる川とそこに作る田んぼの民である。中国南部、雲南省、ラオス、ベトナム北部、シャン高原、アッサムにいたるまで、またタイの北部に点在する古い町はすべて川と田んぼの風景をその源にもっている。そこで作られ、食べられているものも川や田んぼから得られたものが基礎になっている。しかし、南部タイの生活風景はそういったタイ族の伝統的な生活風景とは大きく異なっているといわなければならない。食の風景もそれにつれてかなりの変化を見せるのである。

南部タイはマレー半島の一部であり、東南アジアの島嶼部に属している地域である。つまり地形的にはマレーシアと同じか、高い山がないだけさらに島に近い性質を持っている地域であるといえる。半島部のもっとも狭いクラ地峡でその幅は七〇キロ余り、南部最大の都市であるハートヤイの辺でも一〇〇キロほどの距離で太平洋とインド洋が対峙しているのであり、南部タイがいかに海に囲まれた地方であるかがわかる。

マレー半島は古代から、海を通じてインド世界と中国に広がる世界との接点をなしていた。そのため文明の栄えるのも早かったし、国ができるのも早く、中国人やインド人の商人の在留も多かった。さまざまな文化が出会い、影響を与え合うところという基本的な性格はタイ人がこの地にまで進出してくる以前から成立していたことだろう。料理のような生活に密着した文化はとくにそうした傾向が強かったはずである。

南部タイ料理の大きな特徴はタイ料理をベースにして、そこにインド文化、マレー文化、中国文化の強い影響を受けているということと、食材の点で海産物につよく依存しているということである。海産物の生臭さを消すためにカミン(ウコン)を多用するが、それは南部タイ料理の食卓をなんとなく黄色っぽくみせる理由になっている。インドやマレーの影響はとくにスパイスの使用に見られ、その中から味を浮き上がらせるため、味付けが非常に濃いのも特徴である。タイ料理の中でもっとも辛いのが南部タイ料理なのであり、さらにもっとも塩辛いのも、酸っぱいのもおそらく南部タイ料理なのだといっていいのである。辛いのは生トウガラシ、干しトウガラシ、コショウから、塩辛いのはカピ(エビのペースト)と塩から、酸っぱいのはソム・ケーク、タリンプリン(カタバミ科ビリンビン)、ラカム(ヤシ科トゲサラサ)、マナーオ(ライム)、マカーム(タマリンド)などから得ている味である。また、このように味の濃い料理であるため、とくにナムプリックでは付け合せに野菜をよく食べるのも特徴だろう。これをパック・ノという。パック・ノには他の地方でも食べる野菜が出ることも少なくないが、南部タイ独特のものもある。南部タイのシンボル的な野菜であるサトー(ネジレフサマメ)も、莢の中の豆だけを取り出してパック・ノで食べるし、トーバオ(マメ科ギンゴウカン)も若葉や豆を食べ、ルーク・ニエン(マメ科ジリンマメ)などもパック・ノとして食べる。

まず飲み物であるが、南部タイにはこれといった飲み物はないので、タイ料理一般に対する定番として冷たい水といったところだろう。タイ料理において、冷たい水は何よりも正式な飲み物だとされている。これから食べる南部タイ料理はとにかく辛い。トウガラシの辛さ成分は水で溶解しないので、辛くなってからいくら水を飲んだとしても効果は薄いが、きゅっと冷たければ多少の助けにはなるだろう。

タイ料理全般に言えることだが、料理は大物から注文するのが定石である。まずケーン（汁物）から頼むことにしよう。南部タイはケーンの豊富な場所である。市場にあるカオケーン（掛け飯）の店先に並んでいるおかずのほとんどがケーンである。しかもその具は多くが魚、とくに海の魚であって、一緒に煮込まれている野菜の顔ぶれの独特さ、全体に広がるウコンの黄色い色合いとあいまって、南部に来たという実感が迫ってくる場面なのである。もちろん魚だけでなく、ホーイ・クレーン（ハイガイ）などの貝もケーンに煮込むし、豚

タイ料理一番の辛さを誇るケーン・タイプラー
魚のケーンであるが、魚の肉というよりは発酵させた内臓の香りを楽しむものである。が、香りは香りとして、その激しい辛さは特筆すべき。とくに本場、南タイの市場で食べるのなら、腹の底から焼けるような辛さを覚悟しなければならない。

肉だって食べないことはないけれど、やはりほとんどが魚である。ここでは、南部タイのもっとも特徴的なケーンとして、魚を漬けたものを入れた一品を頼むのがいい。タイ・プラーは魚の肝を塩と一緒に、一ヶ月ほど壺に漬け込んでつくる塩辛のようなもので、魚の腹の脂肪を漬け込んだプン・プラーとともに代表的な南部の調味料である。これはそのまま食べることもあるが、煮出した後に布漉しをして汁だけを使うときもある。メインの具はさまざまだが、ここではプラー・サムリー(アイブリ)ででも作ってもらおう。プラー・チャラメット(マナガツオ)など、白身の淡白な魚であればなんでもよく合う。これは中央部タイのケーン・ペットに当たるものだというが、赤いどころか、黄色であるから、ケーン・ルアンとも呼ばれている。また、ケーン・ペットのように必ずココナツミルクを入れるというものではなく、入れないでもまったくかまわない。カピの味とタイ・プラーの味とで、辛い中にもちょっとしょっぱいところが味わいである。付け加えれば、ケーン・タイ・プラーは、寺祭り、出家式、葬式など、仏教儀式には欠かせないメニュウである。●25

ケーン・タイ・プラーは非常に濃いケーンであるから、バランス上、もう一種類、さらっとしたケーンを頼むべきだろう。ケーン・ソムとかトム・ケムとか呼ばれるグループの汁物である。ケーン・ソムはつまり酸っぱいところが本質で、トム・ケムはしょっぱいところに本義がある。しょっぱいのはケーン・タイ・プラーで出てきたから、ここではケーン・ソムだろう。バンコクあたりのケーン・ソムは橙色から赤が普通で、それはナムプリック・パオの色によるのであるが、南部のケーン・ソムは南部人が大好きなカミン(ウコン)のおかげで黄色であるから、ちょっと見にはケーン・ソムだとはわからないほどである。具は基本的に何でもいいが、ほとんどが海水魚だ。一緒に入れる野菜でかなり趣が変わってくる。ルーク・ヌン(ジャックフルーツの若い実)、マン(イモ)、ノーマイ(タケノコ)、ソムムット(ウルシ科ウママンゴ)、オーディップ(マメ科ナンバンサイカチ)など、他の地方では出てこないような野菜も含めて、何でも作ることができるし、魚のほうも、プラー・インスィー(サワラ)、プラー・トゥー(サバ科、和名なし)、プラー・チョン(タイワンドジョウ)、プラー・カポン・カーオ(フエダイ)など、手当たり次第なんでもケーンにできるというわけである。もちろん鶏でも大丈夫。とりあえずノーマイとプラー・カポン・カーオででも、ケーン・ソムに作ってもらうことにする。●26

これで重要な役者、内裏様がそろったので、あとは三人官女、五人囃子など、しかるべく脇役を固めればうまくいきそうである。今まで頼んだ二品は、かなり辛い。とにかく辛くないものを頼まないと、逃げ場がなくなってしまうだろう。

魚が続いているので牛肉あたりと思うが、南部タイには牛肉料理のこれといったものはない。これは牛肉や水牛というものが南部タイでは歴史的に親しいものではなかったことにもよるのだろう。タイの場合、牛は稲作と結びついた動物である。しかし、南部の農業は米も作ってはいるものの、主流は果樹園であり、ゴム園であって、牛の出る幕がないために、牛という動物そのものが身近ではなかったことや、鉄道が南タイを貫いてマレーシアにまで達したものの、運んできたのはもっぱら豚肉だったことも理由の一つになっているだろう。ここでは南部風のヌア・デートディアオとでもいうべき保存食の側面を持った料理があるので、それを試してみることにしようか。ヌア・クワ・クリンといい、牛肉を乾くまでよく揚げて、カレーペーストを絡ませたもので、パック・ノ(付け合せの野菜)と食べる。南部タイではパック・ノは机の上に置いてあって食べ放題というのが普通なので、あらためて言うまでもないのであるが。●27

パック・ノがあるのは一つには辛さでほてった口をおさめるためであるという。確かにトウガラシの辛さは水では収拾がつかないので、ひんやりして青臭い生野菜で鎮めるというのはうなずける。ノとはタミール語起源で押さえる、とどめるという意味だともいう。

南部タイで忘れてはならないのがサトー（ネジレフサマメ）である。南部のシンボル的意味を持ったマメで、代表的な食材として、南部人の心に食い込んでいる。独特の香りは慣れていない人にとってはちょっと臭いと感じられるかもしれない。見た目はサヤエンドウのお化けのようで、欲張ってお土産に買い込んだりするとたいへん重くて往生する。サトーはケーンに入れてもいいし、パネーンのようにカレーペーストを絡ませて炒めてもいいし、パック・ノとして生で食べるのもいいが、せっかくだからできるだけサトーの味がその

南タイのふるさとの味、パット・サトー
サトーは食べると翌日の尿が臭くなるというおまけ付きの食材である。ちょっとしょっぱくて、独特の香りはやめられない魅力である。エビと炒めても豚肉と炒めてもいい。

ままに出るような薄味の炒め物にしたい。南部らしくカピを入れて、豚肉とエビとで炒めれば、穏やかでいて、サトーの独特の香りは失われないはずだ。パット・サトー・サイ・カピである。●[28]

タイ料理の基本として、南部らしい素材を生かしたナムプリックも一品頼まないといけないだろう。マムワン(マンゴー)、ラカム(ヤシ科トゲサラカ)などの果物系ナムプリックでもいいし、どうせパック・ノと付け合せて食べるのであれば、ナムプリックという名前ではないが、ナム・ブードゥー(南部タイのナムプラー)をベースにしてエビやハーブを搗き込んだものでも、おかずの働きとしては同じである。つけて食べるということなら、カピを材料にしてもココナツミルクを使ったものでロン・カピ、炒りこんでカピ・クワ、ライムで酸っぱくしてカピ・プラーといろいろとできる。単純に南タイらしい食材ということでラカムのナムプリックでも頼んでおこう。●[29]

食卓の主役であるご飯は、白い普通のご飯でも十分なのだし、その方が正統といえば確かにそのとおりではあるが、あえて変則的にカオ・ヤムを頼んでみるのも悪くはない。カオ・ヤムは普通のご飯と、さまざまなふりかけ的なものを合わせ、かき混ぜて食べる、南部タイの混ぜご飯である。その具の多彩さといい量といい、混ぜ飯の中では韓国のビビンパプに匹敵する一品なのだが、ビビンパプのような重さは微塵もない。具に対するご飯の量が少ないので、腹にもたれないのだともいえる。一般におかずの必要がないのでカオ・ヤムの店はそれだけしか出さないし、料理を出す食堂ではカオ・ヤムを出さないのだが、どうしてもという人は、よその店から自分のいる食堂に運んできてもらうのも不可能ではないはずだ。混ぜご飯にはもう一つ、カオ・クルックというのもある。こちらにはカピを入れるのが普通だが、とりたてて大きな差はないようである。●[30]

五―タイの代表的料理のレシピ

●1―カオタン・ナータン

［材料］

カオタン（おこげ）…三〇〇グラム、豚肉のミンチ・エビのミンチ…各半カップ、ココナツミルク…一カップ四分の三、ピーナツを炒って潰したもの…四分の一カップ、大粒の干しトウガラシの種をとって水で戻したもの…一個、ニンニクとホームデーンを細かく切ったもの…各大さじ一杯、パックチーの根を細かく切って…小さじ一杯、パックチー…一株、粉コショウ…小さじ四分の一、砂糖…大さじ二杯、ナムプラー…大さじ二杯、サラダ油（揚げるため）…四カップ

［作り方］

一―鍋に油を入れて熱くなったらカオタンを入れて少しずつ揚げる。両面をこんがりと茶色になるまで揚げて、ざるで油を切っておく。

二―パックチーの根、ニンニク、コショウ、干しトウガラシをクロックに入れて搗き合わせる。

三―ココナツミルクを煮立てて、油が出てきたら、二で作ったものを入れて香りが出るまで炒める。さらに

豚肉、エビを加えて煮詰める。
四―砂糖とナムプラーとで味をつけ、よく混ぜて、再び煮たったらピーナッツとホームデーンを入れかきまぜて、火から下ろす。パックチーを振りかけて完成。

●2―トムヤム・クン

[材料]

エビ(クン・カーム・クラームまたはクン・ナーン)…六〇〇グラム、ヘット・ファーン…一〇〇グラム、トンホーム…一本、パックチー…一、二本、プリック・キーヌー…一〇個、カー(潰したもの)…五ウェン(輪切り五片分のこと。以下同)、レモングラスを切って潰したもの…二本、コブミカンの葉…五枚、ナムプリック・パオ…さじ一杯、ライムの汁…大さじ二杯、ナムプラー…大さじ二杯、鶏のスープ…椀三杯

[作り方]

一―エビを洗い、殻と頭をとり、わたを出す。
二―ヘット・ファーンを洗い、根元の部分を切り落とし、半分に切る。
三―鶏のスープを鍋に入れて、煮立ったらカー、レモングラス、エビ、ヘット・ファーンを入れる。
四―ナムプリック・パオ、ライムの汁、ナムプラーで味を調え、プリック・キーヌー、コブミカンの葉を入れて、煮立ったら下ろす。
五―丼に入れ、トンホームとパックチーを振りかけて完成。

●3―ケーン・ペット・ペット・ヤーン（アヒル肉のケーン）

［材料］

焼きアヒル…一羽、プチトマト…二〇〇グラム、マウック・ハームの毛を取ったもの…一三個、ココナツの削り…五〇〇グラム、プリック・チーファーの斜めに切ったもの…一個、バジルの葉…五枚、コブミカンの葉…五枚、砂糖…大さじ半分、ナムプラー…大さじ一杯

［カレーペーストの材料］

干しトウガラシの種をとって水に漬けたもの…五個、ホーム・デーンの細切り…五個、ニンニクの細切り…二粒、カーの細かく切ったもの…三ウェン、レモングラスを細かく切ったもの…大さじ一杯半、コブミカンの皮を細かく切ったもの…小さじ半杯、パックチーの根を細かく切ったもの…大さじ一杯、パックチーの実を炒ったもの…大さじ半分、イーラーを炒ったもの…小さじ半分、コショウ…五粒、塩…大さじ半分、カピ…大さじ半分

▼これらをクロックの中で搗き潰す。

［作り方］

一―ココナツを絞り、フワカティ半カップ、ハーンカティ三、四カップを得る。
二―アヒル肉の骨をとり、食べやすい大きさに切る。首、翼、関節などもぶつ切りにする。
三―ハーンカティで首、翼、関節を柔らかくなるまで煮詰める。
四―フワカティをフライパンに入れて、油が分かれるまで煮る。カレーペーストを加えて、香りがたつまで

炒める。
五―アヒル肉を入れてさらに炒めたら、三の鍋の中に入れて、中火で煮立て、コブミカンを入れる。
六―ナムプラー、砂糖で味付けし、プチトマト、マウック、バジルの葉、プリック・チーファーを入れて味を調え、出来上がり。

●4―ケーン・パー・プラー・ドゥック

[材料]
プラー・ドゥック(ナマズ)…五〇〇グラム、クラチャーイ(オオバンガジュツ)の根を小さく切ったもの…半カップ、白コショウ…二房、トゥワ・ファックヤーオ(ジュウロクササゲ)を短くぶつ切りに…三本分、ナス(半分に切って)…三個、マクア・プワン(スズメナスビ)…半カップ、プリック・チーファー…三個、バイ・カプラオ(カプラオの葉)…半カップ、サラダ油…大さじ三杯、ナムプラー…大さじ二杯、コブミカンの葉…五枚

[カレーペーストの材料]
大粒の干しトウガラシ…一〇個、レモングラス…二本、カー(ナンキョウ)を細かく切って…スライス三切れ分、コブミカンの皮…小さじ一杯、塩…小さじ一杯、コショウの実…一五粒、パックチーの実…小さじ一杯、イーラー(ウイキョウ)…小さじ半分、ホームデーン…三個、ニンニク…一五粒、パックチーの実を細かく切ったもの…二株分、カピ…小さじ一杯
▼以上をクロックでよく搗き潰し混ぜ合わせペーストにする。

［作り方］

一―ナマズのはらわたを取り、よく洗って、ぶつ切りにしておく。

二―フライパンに油を入れて中火で熱し、あたたまったらカレーペーストを入れて香りが出るまで炒める。乾いてきたら水を加えてもよい。

三―一で作ったナマズを二の中に入れて、よく合わせる。少し水を加えて、煮立てる。ナマズに火が通ったら、マクア・プワンを入れる。

四―マクア、クラチャーイ、トゥワ・ファックヤーオ、白コショウ、プリック・チーファー（赤）、同（緑）を入れる。水が足らなくなったら、もう少し足してもよいが、少し濃い方がいい。

五―ナムプラーで味を調えて、カプラオの葉とコブミカンの葉を入れて出来上がり。

●5―パット・ペット・ムーパー

［材料］

豚腰肉上部（サーロイン）…五〇〇グラム、煮た豚の皮…三〇〇グラム、マクア・ルアン（黄色キンギンナスビ、四半分に切って）…三個、白コショウの実…三分の一カップ、プリック・チーファー赤と緑…各二個、ホーラパーの葉…三分の一カップ、コブミカンの葉をちぎったもの…二枚、ヤシ砂糖…小さじ一杯、ナムプラー…大さじ一杯半、鶏がらスープ…半カップ、油…大さじ三杯

［カレーペーストの材料］

干しトウガラシの種をとって水で戻したもの…三個、干しプリック・キーヌー…五個、生プリック・キーヌー…五個、ホームデーン（細かく切って）…二個、ニンニク（細かく切って）…一個、カー（ナンキョウ、細かく切って）…スライス三切れ、レモングラスを細かく切って…大さじ一杯、コブミカンの皮を細かく切って…小さじ半分、パックチーの根（細かく切って）…小さじ二杯、ルーク・パックチー（パックチーの実）を炒ったもの…小さじ一杯、イーラー（ウイキョウ）の炒ったもの…小さじ一杯、コショウの実…五粒、塩…小さじ二杯、カピ…小さじ一杯

▼以上を全部クロックでよく搗き合わせる。

［作り方］

一―豚肉を洗い、薄く小さく切る。豚の皮は長さ三センチ、幅一センチくらいに切る。

二―フライパンに油を入れて熱し、カレーペーストを入れて香りが出るまで炒める。豚肉と豚の皮を入れて、よく炒め合わせる。

三―ヤシ砂糖、ナムプラーで味を調え、鶏のスープを加えてさらに少し煮詰める。

四―マクア・ルアン、コブミカンの葉、白コショウの実を入れ、プリック・チーファーをスライスして軽く炒めて加える、ホーラパーの葉を入れて、皿に移して食卓へ。

●6―カオポート・オーン・パット・クン

［材料］
カオポート・オーン（ベビーコーン）…一六個、エビ…一二尾、ニンニク（細かく切って）…小さじ二杯、砂糖…小さじ一杯、ナムプラー…小さじ四杯、牡蠣油…小さじ二杯、水…大さじ二杯、サラダ油…大さじ二杯

［作り方］
一―コーンの皮やすじを取ってよく洗う。三センチくらいの長さに切っておく。
二―エビを洗って、背中のわた、頭と殻をとり、尾と身だけにする。
三―フライパンに油を入れて、まず中火でニンニクを炒め、黄色く、いい香りが出るようにする。次にエビを入れ火が通ったら、コーンを入れて火を強火にして一気に炒める。
四―火が通ったら、ナムプラー、砂糖、牡蠣油で味を調えて、皿に移す。

●7―プラー・カオ・ラート・プリック

［材料］
プラー・カオ（ハタ）…五〇〇グラム位のを一匹、プリック・キーヌー…一五個、ホームデーン…一個、ニンニク…一〇粒、パックチーの根…小さじ一杯、ヤシ砂糖…大さじ一杯、マカームの絞り汁…大さじ三杯、ナムプラー…大さじ二杯、サラダ油…大さじ二杯

［作り方］

一―魚のうろこを取って、わたをとり、よく洗う。両面に斜めに切れ目を入れて、しばらく水を切っておく。

二―深いカタ（中華鍋）に油を二カップほど入れて、魚を揚げる。片面が十分に揚がり、茶色に色がついてカリカリになったら片面も揚げる。揚がったら、油を切って、皿に載せる。

三―ホームデーンの皮をむき、よく洗う。ニンニク、ホームデーン、パックチーの根、プリック・キーヌーを細かく切って、フライパンでよく炒める。

四―マカームの絞り汁、ナムプラー、ヤシ砂糖で味を調えて、しょっぱさ、酸っぱさ、甘さがそれぞれよく感じられるようにする。

五―二の魚にかけて出来上がり。

●8―ヤム・トゥワ・プー

［材料］

トゥワ・プー（シカクマメ）…五〇〇グラム、蒸し豚を小さく切ったもの…二〇〇グラム、エビを蒸したもの…一〇尾、落花生を炒って、かるく搗いたもの…四分の一カップ、ヤシの果肉を削ったもの…一〇〇グラム、干しトウガラシを炒ったもの…三個、ホームデーンを細かく切って炒めたもの…四分の一カップ、焼いたホームデーン…四個、焼いたニンニク…三個、砂糖…大さじ四杯、ナムプラー…大さじ四杯、ライムの汁…大さじ四杯

［作り方］

一―ヤシの果肉を絞ってココナツミルク半カップを得る。
二―沸騰した湯の中でトゥワ・プーを三分ほど煮て、小さく切る。
三―クロックで干しトウガラシ、ホームデーン、ニンニクをよく搗き合わせる。
四―ココナツミルクを鍋に入れて煮立て、砂糖、ライム汁、ナムプラー、三で作ったものを入れてよく混ぜ合わせる。
五―トゥワ・プー、豚肉、エビに四で作ったものを合わせて、よく和える。炒り落花生の粉、炒めたホームデーンを加えて、皿に移して供する。

●9―トートマン・プラー・クラーイ

［材料］

プラー・クラーイ(ナギナタナマズ)のすり身…五〇〇グラム、鶏卵…一個、トゥワ・ファックヤーオ(ジュウロクササゲ)を小さく切ったもの…半カップ、コブミカンの葉(切って)…大さじ三杯、塩…小さじ一杯、砂糖…小さじ一杯、揚げ物用のサラダ油…三カップ

［カレーペーストの材料］

干しトウガラシの種をとって水で戻したもの…一個、ホームデーンを小さく切って…一個、ニンニク…二個、カー(ナンキョウ)を細かく切ったもの…少々、タクライ(レモングラス)細かく切って…小さじ一杯、コブミカンの皮…少々、パックチーの根…小さじ半分、コショウ…一個、パックチーの実を炒ったもの…少々、イー

ラー(ウイキョウ)の炒ったもの…小さじ半分、塩・カピ…それぞれ少々

▼以上の材料をクロックで搗き合わせてペーストにする。

[**作り方**]

一―上記の材料とカレーペーストとをすべて混ぜ合わせて、よく揉み合わせ、広口の器の中にたたきつけるようにして揉み込んで粘度を強くする。

二―しっかりと粘ついたら、実をハンバーグ程度の大きさにちぎって、丸く整形して、中火の油で揚げる。両側がしっかりと揚がり、赤っぽい狐色になったら出来上がり。皿に移して、付け合わせの野菜若干と食べる。

●10―トム・チュート・プラームック・ソートサイ

[**材料**]

プラームック・クルワイ(ケンサキイカ)中くらいの大きさのもの…五〇〇グラム、豚のミンチ…三〇〇グラム、魚のルークチン(つみれ玉)…二〇〇グラム、トンホーム(ワケギ)とパックチーを細かく切って…大さじ二杯、クンチャーイ(中国セロリ、短く切って)…半カップ、粉コショウ、塩…各小さじ半分、ナムプラー…大さじ一杯、ナムスップ…二カップ

[**作り方**]

一―イカのわた、脚をとり、皮をむいて、よく洗う。ざるに入れて水を切っておく。
二―豚肉と塩、コショウをよく混ぜ合わせ、イカの中に詰める。あまりきつく詰めないように。イカの脚をまたもとのように差し込んでおく。
三―ナムスップを鍋に入れて煮立て、二で作ったイカと魚のルークチンを入れ、ナムプラーで味付けする。再び煮立ったら火からおろす。
四―クンチャーイをどんぶりの底に入れて、三で作ったものを移す。トンホームとパックチーを振りかけて出来上がり。

●11―ケーン・ケー・カイ

［材料］

薄く小さく切った鶏肉…二カップ、細かくちぎったパック・ペット…二カップ半、細かくちぎったチャオム…一カップ、粗くちぎったチャプルー(パック・ケー)の葉…一カップ、カプラオ・カーオの葉…半カップ、タムルンの葉…一カップ、ざっくりとちぎった西洋パックチー…四分の一カップ、パック・キーフート…半カップ、トウガラシの葉…四分の一カップ、マクア・プロ…六個、ブワップ…二個、一口大に切ったタケノコ…半カップ、トゥワ・ファックヤーオ…五本、マクア・プワン…半カップ、サラダ油…大さじ三杯、水…三カップ

［カレーペーストの材料］

干しトウガラシ…七個、ニンニク…一個、プラーラー…大さじ二分の一、塩…小さじ一杯、レモングラス…一本、

ホームデーン…三個、カピ…大さじ一杯

▼以上のものをクロックでよく搗き混ぜること。

［**作り方**］

一―ブワップの殻を取って一口大に切る。マクア・プロをよく洗い、四つに切る。トゥワ・ファックヤーオを洗って、短く切る。

二―フライパンを熱し鶏を入れる。火が通っていい香りがしたら一度おろす。

三―フライパンの中に油を入れて熱する。カレーペーストを入れて香りが出るまで炒める。

四―鶏肉、タケノコを入れて一緒に炒める。

五―鍋に水を入れ、あたたまったら鶏肉とタケノコを入れて煮立てる。パック・ペット、トゥワ・ファックヤーオ、マクア・プワンを入れる。

六―マクア・プロ、タムルン、チャプルーの葉、パックチー・フート、バイ・チャプルーを入れてよくかき混ぜ、トウガラシの葉、バイカプラオ、パクチー・ファラン、チャオムを入れてよく混ぜる。野菜に火が通ったら火からおろす。

●12―ケーン・ホ

［**材料**］

豚の三枚肉…一〇〇グラム、鶏肉…一〇〇グラム、マクア・プワン（スズメナスビ）…半カップ、マクア・プロ（キンギンナスビ)…三個、マクア・ヤーオ…一個、トゥワ・ファックヤーオ(ジュウロクササゲ)…六本、タムルン(ヤサイカラスウリ)の若い葉…二カップ、タケノコの漬物(米のとぎ汁と塩で漬けたもの)…三〇〇グラム、パックチー・ファラン(西洋パックチー、オオバコエンドロ)…四分の一カップ、パックチー(コリアンダー)をざっくりと切って…一本、トンホーム(アカワケギの茎)をざっくりと切って…一本、プリック・キーヌーの揚げたもの…一〇個、キュウリ…五本、春雨を水で戻して短く切ったもの…半カップ、サラネー(ハッカ)の葉…四分の一カップ、ホーラパー(ホーリーバジル)…一枝、油…四分の一カップ

[カレーペーストの材料]

干しトウガラシを水で戻したもの…五個、ホームデーンを細かく切ったもの…大さじ三杯、塩…小さじ二杯、小さく切ったニンニク…大さじ二杯、小さく切ったレモングラス…大さじ二杯、カピ…小さじ一杯

▼以上をクロックに入れてよく搗き合わせる。

[作り方]

一—豚肉、鶏肉を洗い、薄く切っておく。マクア・プロ、マクア・プワン、トゥワ・ファックヤーオ、マクア・ヤーオを洗って、トゥワ・ファックヤーオを一・五センチほどの長さに切っておく。マクア・ヤーオも同じくらいの長さに切って、さらに縦に半分に切る。マクア・プロは四半分に切っておく。

二—フライパンに油を入れて、あたたまったら、カレーペーストを入れて香りが出るまで炒める。豚肉と鶏肉を入れて炒めながらよく合わせる。タケノコの漬物を入れて、弱火でしばらく炒めていき、春雨を

入れて、さらに炒める。
三―マクア・プロ、トゥワ・ファックヤーオ、マクア・ヤーオ、マクア・プワンを入れて、ゆっくりと混ぜ合わせる。さらにタムルンを入れて炒める。パックチー、トンホーム、パックチー・ファランを加えて全体に火が通るように炒める。
四―皿に移し、サラネーの葉を振りかけ、揚げたプリック・キーヌー、ホーラパーの葉、輪切りにしたキュウリとともに食卓にだす。

●13―パット・トゥワ・ナオ・メ

［材料］
トゥワ・ナオ・メ…カップ一杯、細く切ったホームデーン…五個、短く切ったトンホーム…一本、ざっくりと切ったパックチー…大さじ二杯、プリック・キーヌーを斜めに切ったもの…二個、サラダ油…四分の一カップ

［作り方］
一―フライパンに油を入れて、あたたまったらホームデーンを炒める。
二―トゥワ・ナオ・メ(納豆)を入れ全体によく炒め、トンホームとプリック・キーヌーも入れて、炒めながらよく合わせる。
三―皿に移し、パックチーを振りかけて出来上がり。

●14―ソムオー・ソ・ナムプー

［材料］

熟していないソムオー（ザボン）の果肉…カップ一杯、ナムプー（カニを塩で発酵させたもの）…小さじ一杯、生トウガラシ…一個、ホームデーン（アカワケギ）…一個、ニンニク…一個、細かく切ったレモングラス…一本

［作り方］

一―トウガラシ、アカワケギ、ニンニクを洗い、火にかけて焼く。

二―アカワケギ、ニンニクの皮をむき、トウガラシとともにクロックで搗き合わせる。ナムプーを加えてさらに搗き合わせる。

三―ソムオーを入れて、汁が少し出る程度に軽く搗き、レモングラスを入れる。ソムオーの果肉と他の具を手でよく混ぜ合わせる。

四―皿に移し、チャプルー（ハイゴショウ）やチャオム（臭菜）など、生野菜をそえて食卓に出す。

▼「ソ」とは北部タイの方言で混ぜるというほどの意味。

●15―ナムプリック・ヌム

［材料］

プリック・ヌム…七個、プチトマト…五個、ニンニク…二個、ホームデーン…五個、プラーラーをたたいたもの…大さじ一杯、塩…小さじ一杯、ざっくりと切ったトンホーム…大さじ一杯、ざっくりと切ったパックチー

…大さじ一杯、バナナの葉…適量

[作り方]

一―プリック・ヌム、プチトマト、ホームデーン、ニンニクを洗って、火にかけて焼く。それぞれ皮をむいておく。

二―バナナの葉をよく拭いて、プラーラーのたたきを包み、火にかけて香りが出るまで焼く。

三―プリック・ヌム、ホームデーン、塩をクロックでしっかりと搗き潰し混ぜる。さらにプラーラー、トマトも入れて搗きこむ。

四―お椀に移してトンホームとパックチーを加えてよく混ぜ、ケップムーを添えて食卓へ。

●16―サイウワ

[材料]

赤身の豚肉…一キロ、豚の三枚肉…五〇〇グラム、豚の小腸…五〇〇グラム、コブミカンの葉(細かく切ったもの)…大さじ二杯、スィーイウ・ダム(黒醤油)…大さじ一杯、ナムプラー…大さじ二杯、スィーイウ・カーオ(白醤油)…大さじ一杯、水…半カップ、サラダ油(揚げ物用)…一本

[カレーペーストの材料]

干しトウガラシを水で戻したもの…五個、ニンニク…五個、塩…大さじ一杯、カピ…小さじ一杯、ざっくりと

切ったホームデーン…七個、細かく切ったレモングラス…五本、細かく切ったコブミカンの皮…大さじ一杯

▼以上をクロックでよく搗き合わせてペーストにする。

〔**作り方**〕

一—豚肉をよく洗って、大まかに切る。豚肉と、黒醤油、白醤油、ナムプラー、カレーペーストを手でよく混ぜ合わせる。コブミカンの葉を入れて、水を加え、よくかき混ぜる。

二—糸で豚の小腸の端をしばり、じょうごでもう片方の小腸の端から一で味付けした豚肉を流し込む。手を使って少しずつ押し込んで詰めるが、この時にあまりきつく詰めすぎると、油で揚げるときに破裂してしまうので注意。しっかりと詰めたら片方の端も糸でしばる。

三—尖ったものでところどころに穴を開けておく。

四—深鍋に油を入れて熱し、中火で豚の腸詰を揚げる。先の尖ったもので時々穴を開けながら揚げること。火が通って、黄色くなったら油からあげる。もしも堅くしたソーセージが好みであればオーブンで三五〇度くらいでさらに三〇分熱すると、油がとんで黄色く香ばしくなる。

五—ショウガの漬物やウリの漬物を付け合わせにして食べる。かなりの長期保存が利く。

●17—カノムチーン・ナム・ンギアオ

〔**材料**〕

カノムチーン…三〇摘み、豚のあばら肉(小さく切って)…五〇〇グラム、豚の血のにこごり(四センチ角)…五

〇〇グラム、豚肉(小さくたたきにして)…五〇〇グラム、牛肉(小さくたたきにして)…五〇〇グラム、プチトマト…五〇〇グラム、塩…大さじ二杯、タオチアオ・ダム(黒豆醤)をクロックでよく潰して…大さじ二杯、油…四分の一カップ

[かけ汁]

干しトウガラシの種をとり水で戻したもの…七個、パックチーの根をみじんに切ったもの…小さじ一杯、カー(ナンキョウ)を薄く切ったもの…五枚、生ウコン(一センチの長さのもの)…三個、細かく切ったレモングラス…大さじ二杯、ホームデーン…七個、塩…小さじ一杯、ニンニク…三個、カピ…小さじ一杯

▼以上をクロックでしっかりと潰し混ぜ合わせる。

[付け合わせ]

パック・カート・ドーン(適当に切って)、トゥワ・ンゴーク(モヤシ)、トン・ホーム(ワケギ)、マナーオ(ライム、小さく切って)、揚げたニンニク、揚げてカリカリにした干しプリック・キーヌー

[作り方]

一―豚のあばら肉を冷たい水(カップ一五杯)に漬けておく。

二―フライパンに油をしき、中火であたためた後、カレーペーストを入れて、香ばしい匂いがしてくるまで炒める。豚肉と牛肉を入れて全体的によく炒める。水をカップ半杯加えて炒めた後、トマトを入れさ

らに炒める。
三―二で作ったものを一の鍋の中に入れ、豚の血のにこごり、タオチアオ・ダムを入れて、弱火で煮詰めていく。いい香りがして、豚のあばら肉が柔らかくなったら出来上がり。塩で味を按配する。

●18―トム・セープ

［材料］

豚のモツ(とりまぜて)…一キロ、レモングラス…五本、コブミカンの葉…一〇枚、ジンジャー…一〇ウェン、パックチー・ファラン…二本、トンホーム…二本、生プリック・キーヌー…一〇個、マナーオの汁…大さじ二杯、ナムプラー…大さじ三杯、塩…小さじ一杯

［作り方］

一―鍋に五カップの水を入れて煮立てる。
二―豚のモツをよく洗い、小さく切り、鍋の中に入れて煮る。
三―レモングラスを潰して短く切り、ジンジャー、コブミカンの葉とともにモツが柔らかくなるまで煮る。
四―塩、ナムプラー、ライム汁で味をつけ、お椀に移して、潰したプリック・キーヌー、薄く切ったトンホーム、パックチー・ファランをかけて出来上がり。

●19―カイヤーン

〔材料〕

鶏肉(八〇〇グラム相当)…一羽、レモングラスを細かく切ったもの…二本、ニンニク…一〇粒、塩…小さじ半分、粉コショウ…小さじ一杯、ナムプラー…大さじ一杯

〔作り方〕

一―鶏の内臓を出し、足と頭をとり、よく洗う。
二―レモングラス、ニンニク、塩、粉コショウを合わせてクロックで搗きこみ細かくして混ぜる。
三―鶏肉と二で作ったものとをよく合わせる。ナムプラーを加えて、二時間ほどねかせる。
四―炭火の弱火で鶏肉を焼き上げる。全体的によく火が通ったら出来上がり。

〔漬けタレ・その一〕

プリック・チーファー(赤)・プリック・キーヌー(赤)を合わせて搗きこんだもの…大さじ二杯、砂糖…大さじ三杯、塩…小さじ半分、ニンニクをつけた汁…四分の一カップ

▼以上を混ぜ合わせ、火にかけて煮詰め、粘り気がでて甘くなったら出来上がり。

〔漬けタレ・その二〕

トマト…五個、ホームデーン…五個、粉トウガラシ…小さじ一杯、ナム・マカーム・ピアック(タマリンドの果

肉を固めて絞ったもの)…大さじ一杯、ナム・プラーラー(プラーラーの絞った漉し汁を一度煮立てたもの)…大さじ四杯

▼トマトとホームデーンを焼いて、よく搗き合わせる。粉トウガラシ、ナム・マカーム・ピアック、ナム・プラーラーの中に入れてよく混ぜてできあがり。

●20—ラープ・プラー・ドゥック

［材料］

ナマズ(三〇〇グラム相当)…一尾、米の炒り粉…大さじ二杯、粉トウガラシ…小さじ一杯、つき潰したジンジャー…小さじ一杯、細かく切ったホームデーン…大さじ一杯、コブミカンの葉を細かく切ったもの…小さじ二杯、細かく切ったトンホーム…二本、バジルの葉…半カップ、ライムの汁…大さじ二、三杯、ナムプラー…大さじ二杯、付け合わせの野菜(カラムプリー、トゥワ・ファックヤーオ、バイ・ホーラパーなど)

［作り方］

一—ナマズのムアックをとって火にかけて焼き、身をほぐして大まかに切る。

二—ナマズの身と炒り米の粉、粉トウガラシ、ジンジャー、ホームデーン、コブミカンの葉を手で混ぜ合わせる。

三—ナムプラー、ライムの汁で味を調え、バジルとトンホームを振りかけて出来上がり。付け合わせの野菜とともに食卓へ。

●21――ヌア・ナムトック

［材料］

脂身のついた牛肉…二〇〇グラム、炒り米の粉…大さじ一杯、粉トウガラシ…小さじ半分、ホームデーン（細かく切ったもの）…大さじ一杯、ミントの葉…半カップ、ライムの汁…大さじ一杯、ナムプラー…小さじ二杯、白醤油…大さじ半分、付け合わせの野菜としてパックブン（空心菜）、トゥワ・ファックヤーオ（ジュウロクササゲ）、カラムプリー（キャベツ）など。

［作り方］

一――牛肉をよく洗い、一センチくらいの厚さにスライスする。白醤油をよくまぶして一時間ほどねかせておく。

二――強火の炭で牛肉を焼く。両面を焼いて、油が溶けてぽたぽたと落ちるようになったら火からおろす。

三――肉を一口大に斜めにスライスし、ナムプラー、ライム汁と混ぜ、粉トウガラシ、炒り米の粉、ホームデーンを加える。ミントの葉を振り掛けて、付け合わせの野菜と食べる。

●22――ナムプリック・プラーラー

［材料］

プラー・チョン（タイワンドジョウ）小さめのもの…一尾、プラーラーの漉し汁…一カップ、生プリック・キーヌー…一〇個、ホームデーン…五個、ニンニク…一個、ライム汁…大さじ三杯、パックチー…一本、その他付け合わせの野菜。キュウリ、トゥワ・ファックヤーオ(ジュウロクササゲ)、クラティン(キンゴウカン)の芽など。

[作り方]

一—プラーラーの漉し汁を鍋に入れて煮立てる。

二—魚のぬめりを取って、わたを抜き、よく洗う。一の鍋に入れて、よく煮る。魚が煮えたら火からおろす。

三—ホームデーン、ニンニク、プリック・キーヌーを焼いて、クロックでよく搗きあわせる。

四—魚の肉をほぐして、クロックの中に入れ、プラーラーの漉し汁を大さじ三杯ほど加える。ライム汁で味をつけて、付け合わせの野菜とともに食卓へ。

●23—ソムタム・ラーオ・サイ・マコーク

[材料]

縦にそいだ若いパパイヤ…カップ一杯、プチトマト…三個、マコークの実…一個、生プリック・キーヌー…一〇個、ニンニク…一〇粒、ナムプラー…大さじ半分、煮立てたナム・プラーラー…大さじ一杯、付け合わせの野菜(トゥワ・ファックヤーオ、カラムプリー、青梗菜の先)

[作り方]

一—ニンニク、生プリック・キーヌーをクロックの中で細かく潰す。

二―パパイヤ、半切りにしたプチトマト、薄く小さく切ったマコークを入れて搗き潰す。
三―ナムプラー、マナーオ汁、ナム・プラーラーを軽く搗いて味をなじませる。

●24―スップ・マークミー

［材料］

熟していないカヌン（ジャックフルーツ）…五〇〇グラム、プラー・ドゥックウイ（小ぶりなナマズ）…三〇〇グラム、炒りゴマ…小さじ二杯、生プリック・キーヌー…二〇個、ホームデーン…五個、ミントの葉…半カップ、西洋パックチーを細かく切ったもの…二枚分、パックチー…一本、ナムプラー…小さじ二杯、プラーラーの漉し汁…二カップ

［作り方］

一―カヌンの実を一センチ厚くらいの輪切りにしてよく洗う。
二―鍋に水を煮立て、カヌンを煮る。十分に煮えたら水を切って、小さく切る。実の中の繊維は捨てる。
三―ホームデーンとプリック・キーヌーを香りが出るまで焼く。
四―ナマズのわたを出し、ぬめりを取ってよく洗う。鍋にプラーラーの漉し汁を入れて煮立て、ナマズを入れて煮る。煮えたら火からおろし、身をほぐして肉だけをとる。
五―ナマズの身をクロックでホームデーン、カヌンとともに搗きこんで、プラーラーの漉し汁も適宜加えていく。西洋パックチーを入れ、ナムプラーでちょっとしょっぱい感じに味をつける。

六―ミントの葉、炒りゴマ(潰して)、好みによってホームデーンのスライスを上にかけて出来上がり。

●25―ケーン・タイプラー

[材料]

プラー・サムリー…一匹、タイプラー…大さじ四杯、コブミカンの葉…三枚

[カレーペーストの材料]

細かく切ったターメリック…小さじ一杯、細かく切ったジンジャー…七ウェン、ホームデーン…二個、ニンニク…一個、非常に細かく切ったレモングラス…大さじ三杯、生プリック・キーヌー…三〇個、コショウ…小さじ一杯、カピ…大さじ半分

▼以上のものをクロックで細かく搗き潰し混ぜ合わせる。

[作り方]

一―魚を洗い、わたを出す。水を切ってから焼き、身をほぐして肉だけをとる。
二―カップ二杯の水を火にかけ、煮立ったらタイプラーを入れる。しばらくそのまま煮立てて火からおろす。
三―布漉しをして、さらに火にかける。
四―カレーペーストを入れて、いい匂いがしてきたら一で作っておいた魚を入れる。
五―しばらく煮た後にコブミカンの葉をくわえて、出来上がり。付け合わせの野菜とともに食卓に出す。

●26―ケーン・ソム・ノーマイ・ドーン

〔材料〕

タケノコの漬物…三〇〇グラム、プラー・カポン…三〇〇グラム、ライムの汁…四分の一カップ

〔カレーペーストの材料〕

プリック…四〇個、薄切りにしたウコン…大さじ一杯、ニンニク…一個、塩…小さじ一杯、カピ…大さじ一杯

▼以上をクロックで完全に搗き合わせる。

〔作り方〕

一―タケノコを洗い、ざるに入れて水を切り、一口大に切る。

二―魚のうろことわたをとり、輪切りにする。

三―鍋に水カップ二杯をいれて火にかけ、煮立ったらカレーペーストを入れる。香りがたってきたらタケノコを入れる。

四―タケノコが煮えたらライム汁、魚を入れる。魚が十分煮えたら火からおろし、付け合わせの野菜とともに食卓へ。

●27―ヌア・クワ・クリン

〔材料〕

牛肉…五〇〇グラム、若いコブミカンの葉を細かく切ったもの…五枚分

［**カレーペーストの材料**］

レモングラス（細かく切ったもの）…三本、ニンニク…二個、ホームデーン…五個、ジンジャー（細かく切って）…七ウェン、ウコン（細かく切って）…一インチ、コブミカンの皮…半個分、塩…小さじ二杯、干しプリック・キーヌー…五個、コショウ…三個

▼以上のものをクロックでしっかりと搗き合せておく。

［**作り方**］

一—牛肉をきれいに洗って、薄く小さく切っておく。

二—フライパンを熱して、弱火にかけ、牛肉を炒める。カラカラになるまで炒めたら、カレーペーストを入れて炒める。しっかりと牛肉とペーストが合ったら火を止め、若いコブミカンの葉をふりかけ、付け合わせの野菜とともに食卓に出す。

●28—パット・サトー・サイ・カピ

［**材料**］

サトーの豆…カップ半分、脂身のついた豚肉…五〇グラム、クン・チーヘー…一〇尾、プリック・チーファー（縦切りにして）…五個、ニンニク…五粒、ホームデーン…二個、カピ…小さじ一杯、ナムプラー…小さじ一杯、砂

糖…小さじ一杯、マナオの汁…大さじ一杯、サラダ油…大さじ一杯

［作り方］

一―ニンニク、ホームデーン、カピをクロックでよく搗き合わせる。

二―豚肉を洗って一口大の大きさに切る。

三―エビを洗い、わたと頭と殻をとる。

四―油を入れたフライパンに、一で作ったペーストを入れて香りが出るまで炒める。

五―豚肉、エビを入れて、最後にサトーを入れて炒める。

六―ナムプラー、砂糖、マナオ汁を入れて味を調え、十分に炒めた後、プリック・チーファーを入れて出来上がり。

●29―ナムプリック・ラカム

［材料］

ラカム（トゲサラカ）の実の果肉…大さじ一杯、カピ…大さじ一杯、干しエビ…大さじ一杯、ニンニク…三粒、生プリック・キーヌー…二〇個、砂糖…小さじ一杯

［作り方］

一―バナナの葉でカピを包んで焼き、香りを立てる。

二―カピ、ニンニク、干しエビ、プリック・キーヌー、砂糖をクロックで搗き合わせる。
三―ラカムを加えてさらに搗き合わせる。
四―付け合わせの野菜とともに供する。

●30―カオ・ヤム

［材料］
ご飯…カップ一杯、干しエビの粉…カップ一杯、ココナツの実を削り、こんがりとなるまで炒ったもの…カップ一杯、プリック・キーヌーを炒って粉にしたもの…小さじ二杯

［野菜］
モヤシ（尻尾を切ったもの）…カップ一杯、こまかく切ったレモングラス…三本、コブミカンの若葉（小さく切って）…半カップ、熟していないマンゴー（細く切って）…四分の三カップ、トゥワ・ファックヤーオ（ジュウロクササゲ）細切れ…カップ一杯、ライム…一個

［ナム・ブードゥーの味付け］
ナム・ブードゥー…半カップ、水…一カップ半、プラー・ケム（塩漬けのサワラ）…一切れ、ヤシ砂糖…カップ一杯、ホームデーン（アカワケギ）潰したもの…四個、ぶつ切りにしたレモングラス…一本、コブミカンの葉（細かくちぎって）…三枚、ジンジャー…ひとかけら

［作り方］

一―プラー・ケムを崩れるまで煮て、肉だけをとり、水とナム・ブードゥーを加えて煮る。

二―ホームデーンとレモングラス、ジンジャー、コブミカンの葉、砂糖を加えて、甘じょっぱくなるまで煮詰める。

三―ご飯、炒ったココナツの実、干しエビの粉、その他野菜全部を混ぜて、二で作ったナム・ブードゥーをかける。ライムの汁で味を調えて、軽く混ぜ、出来上がり。

第四章——食材・料理小事典

食材・料理小事典分類

主食とおかずの主役

1―米
2―もち米
3―淡水魚
4―海水魚
5―鶏肉
6―豚肉
7―牛肉
8―卵
9―貝
10―昆虫とカエル、ネズミ
11―エビ、カニ、イカ

葉を食べる野菜

12―香菜1(バイ・カプラオ、バイ・マクルート)
13―香菜2(パックチー、バイ・ホーラパー、バイ・メーンラック)
14―香菜3(タクライ、バイ・サラネー)
15―葉菜1(カナー、クララムプリー、パックカート・カーオ)
16―葉菜2(トェーイ、チャオム)
17―葉菜3(パック・ブン、パック・クラチェート)

根や茎を食べる野菜

18―カー、キン、カミン
19―ホームとクラティアム
20―ラークブワとノーマイ
21―マンとプアック
22―フワ・パッカート、ケーロット、オーイ

実を食べる野菜

23―マクア
24―マラとテーン
25―ファック
26―ヤシ
27―トゥワ1(柔らかい豆)
28―トゥワ2(堅い豆)
29―トゥワ3(サトーとトゥワ・ンゴーク)
30―果物1(クルワイ)
31―果物2(トゥリアン、マムワン、マラコー)
32―果物3(カヌン、マカーム、マンクット)
33―果物4(ソムとマナーオ)
34―果物5(ラムヤイ、ンゴ、ノーイナー、テンモー)

1 米

米はタイ族の主食であり、タイ族としてのアイデンティティと不可分の食材である。「米を食べ、魚を食べ」とは食事をすること、「米ともの」というのは単に「もの」をさすなど、タイ語の中には米を用いた言い回しであふれている。米は「ナーム」(水)と並んで人間の生活の出所であり、きわめて神聖なものである。

アユタヤー時代から米は東アジア向けのタイの重要な輸出品だった。品種の研究も絶え間なく行なわれており、二〇〇〇年の農業省調べでは、名前がつけられているだけでも六〇〇〇種近い米が数えられている。現在のタイ米はすべてインディカ型の長い米である。輸出品として名を馳せたものにピンケーオ種があり、一九二二年にはカナダで開かれた世界の米品評会で堂々の優勝を果たしている。現在最も人気のある品種はカオ・ホームマリ(英語ではジャスミン・ライス)で、タイ国内ではもちろん、外国にも全輸出量の二五パーセント、毎年一〇〇万トン以上が輸出されているという花形米である。もともとは東北タイ南部の原産で、いわゆるカオ・ホーム(香り米)の一種である。香り米は炊き上がったときの香りが高いためにこう呼ばれているもので、ナーンモン、ホーム・メーチャン、ルアンホーム、ホームオムなどさまざまな品種が作られている。カオ・ホームマリはその名の示すとおり炊き上がりがジャスミンに似た香りがする上等米で、一九五九年に開発されて以来、とくにバンコクの人には大いに人気を博したものである。現在ではバンコクのスーパーマーケットをほぼ席巻しているといえるだろう。

米は主食として炊いて食べるだけでなく、台所の臼でつぶして粉にして、汁物に入れたり、他の料理に使うことも多い。カオタン・ナータンなどお菓子の原料にもなる。日本のおせんべいやおかきにも似た感じだが、食感はずっと軽く薄味で、食べるときにはナムプリックなど甘辛い副食物を合わせて食べるものである。

一個一〇〇キロの米袋の運搬作業

2 もち米

東北部、北部の人たちの主食である。もち米を常食とする地域は東南アジアの大陸部に広く広がっており、ラオス、雲南にも及ぶ。もち米の調理法は蒸すことであり、フワットという竹製の三角錐型の籠に入れて蒸しあげる。朝、東北タイの市場を歩くと、いたるところでフワットから出る湯気と蒸しあがったもち米の香りに出会うことができる。

もち米は家では皿に載せて食卓に出すのが普通だが、外食の場合はクラティップという竹で編んだ円筒形の籠に入れて供されることが多い。クラティップはもともとは弁当箱で、田んぼや山に昼飯を持っていくときによく使われる。やはり竹で編んだ蓋と下げ紐がついており、大きいものは直径二〇センチくらいになるが、なかなか趣のあるものである。ここから適当な量をつかみ出して手で丸くニギニギとやり、おかずにつけて口に入れる。もち米は手づかみの食事が基本である。フォークもスプーンも箸も、もち米を丸めることはおろか、ちぎることさえできない。だから、副食物はご飯皿に入れて、ご飯と混ぜて食べるような汁物や炒め物よりは、丸くしたもち米をそのままつけて食べられるようなペースト状のものや、別にむしってもち米と一緒に口の中に放り込めるようなものが好まれる。ナムプリックやラープ、味の濃い汁物、焼いた鶏、牛のあばら肉などだが、肉類はぜいたく品だといっていい。トウガラシとナムプラーが欠かせないのは米の甘さを引き立ててくれるからである。

もち米食の範囲は竹の文化圏と重なっているのかもしれない。竹を使って炊く方法もある。もち米に砂糖やココナツミルクを入れて竹に詰め、火の周りに立てかけて焼くのである。赤米や紫米を詰めることもあり、主食というよりはおやつの範囲である。東北タイや北タイではもちろん、バンコクの街中でもよく路上で売られているのを見るし、鉄道でも売り子が回ってくることがある。もち米は粘りがあるので、粉につぶして餅にしたりもできる。

竹籠クラティップに入ったもち米

3 淡水魚

「キンカーオ・キンプラー（米を食べ、魚を食べ）」というのは、ごく普通に食事をするという意味で、今でもごく普通に使われる言い回しである。タイ人の暮らしにはもちろん米が欠かせないけれど、米だけで食べる人はいなくて、おかずと食べてこその米である。おかずの代表的存在なのが魚であって、お天道様と米の飯と魚はどこに行ってもついて回るというのがタイという国だと言っていい。スコータイの時代から「田には米あり、水には魚あり」とうたわれたのはその豊かさをさしている。ところで、この魚というのは、ほとんどの場合淡水魚だと考えて間違いないだろう。田んぼで稲を作るためには水が必要で、その水には魚が付き物という理屈である。どこの地方にもあってブンとかノーンとか呼ばれる、貯水池をかねた湖沼は魚の格好の産卵場であり、タイ人に豊かな恵みを約束する魚の蔵だった。もちろんコーン川、チャオプラヤー川をはじめとする大小の河川、フワイと呼ばれる小さな流れ、大きな河川から縦横に流れ出る運河はいずれもタイ人の天然の食糧庫なのだった。数日に一度、近くの流れや沼に行って、釣り糸を垂れてもいいし、網を打ってもいい。そこで取れた魚をそのまま焼いたり、日に干したり、漬け込んだりして、それでもう立派なおかずになる。余れば市場に持っていって売ってもいいし、水辺で魚を並べて売ってもいい。ウボンのシリントーンダムに行ったら、水辺には取れたばかりの魚を地面に並べて、のんびりとおしゃべりしながら買い手を待っている地元のおじさん、おばさんの姿を見た。

淡水魚の代表格はプラー・チョン（雷魚）、プラー・ドゥック（なまず）、プラー・モー（キノボリウオ）、プラー・タピエン（鯉の一種）、プラー・ブー（ハゼの一種）、プラー・クラーイ（ナギナタナマズ）など。養殖の淡水魚の代表は現在の天皇が皇太子時代に伝えたプラー・ニン（ティラピア）であるが、その他の種類でも養殖が盛んである。

市場に並ぶプラー・カポン

4 海水魚

海水魚は淡水魚に比べれば、タイ人の生活に溶け込んでいる度合いは薄いと言っていい。流通機構や冷蔵技術の未発達だったころには、海水魚を食べることができたのは海辺の人に限られていた。本来、平原や盆地の水辺に住むタイ人にとって海というものは古い付き合いだとは言えない。それでも沿岸地方には、いわゆる外国人向けのシーフードとは別の海産魚を使った独自の料理があり、現在ではタイ人の食卓に欠かせない存在となっている調味料ナムプラーも多くは海水魚を使ってつくるのである。一九六〇年代のトロール漁業の導入や一九七〇年代の大型巻網漁業の発達によって、現在、海水魚の漁獲高は淡水魚のそれに比べると一五倍もの量に上るが、その中にはナムプラーの材料にするもの、肥料や家畜の飼料にしたりするもの、つみれなどの加工品にするもの、などそのままの形では食用にしない魚も相当な割合に上り、すべてがおかずとして食べられるというわけではない。

海水魚の代表格がプラー・トゥー(サバの一種)である。まさに国民魚とでもいえるような存在で、ナムプリックを付け合せてもよし、蒸したのをそのままむしって食べるのもよし、汁物の具にしても文句は出ない。通常はケンとよばれる蒸籠の中に数匹が一緒に入れられて市場に並んでいる。脂ののったプラー・トゥーは日本のサンマやイワシのようなもの、庶民魚の王者である。海水魚の調理法が汁物の具にしたりするタイ的な調理法以外に、蒸してあんかけにしたり揚げ物にしたりなど中華料理の技法が多く用いられるのは、食材としての歴史の浅さが理由だろう。一方、単純に焼き魚にするという技法はほとんど用いられない。その他の海水魚としては、プラー・カポン・ダム(タイの仲間)、プラー・カオ(ハタの仲間)、プラー・チャーラメット(マナガツオ)など。養殖も行なわれている。現在のタイでは流通網の発達により、全国どこでも海水魚の料理を楽しむことができる。

国民魚プラー・トゥー

5 鶏肉

タイで鳥類の肉と言ったら第一にニワトリ、第二にはアヒルといったところだろう。

ニワトリはタイ語で「カイ」と言い、鶏（ケイ）と音が通じているところを見ると、タイ人がインドシナ半島に下ってくる以前からの長い付き合いのようである。そもそも現在の鶏そのものが、インドからインドシナ半島に渡って分布するヤブニワトリというものから品種改良されてできたのであるという。現在でもタイの低山にはカイ・パー（野生のニワトリ）が生息しており、かなりの距離を飛んで遊んでいる。筆者など、はじめて見たときにはあまり美しいので、「すわ、あれが話に聞く不死鳥か」と興奮したけれど、タイ人の友人は驚くふうもなくて、ああニワトリね、と片付けたのでがっかりだった。普通のニワトリはまさにその名のとおり庭で放し飼いにされているのが基本の飼育形態で、自分で勝手に地面をつついてえさを探すので飼育の費用は限りなくゼロに近い。ちょっとしたご馳走の機会には絞めて食べるが、焼いてよし、汁に入れてよしで、おいしいうえに栄養価も高い。市場で買う場合も、豚や牛に比べて価格が安いので、庶民の生活には密着した存在である。経済が好転し肉の消費量が上がってくると、大規模な飼育ニワトリのブロイラー肉も出まわるようになってきた。輸出も盛んで日本で食べるあまり高くない焼き鳥はかなりのものがタイ製だと考えていいだろう。ただしブロイラーの工場は廃水が大問題で、バンコクの運河やサラブリー県のパーサック川など、ニワトリ工場ができてから汚染が激しくなった例は少なくない。アヒルも中国からインドシナ半島にかけての代表的な家禽である。有用性という点ではニワトリよりもさらに上だといっていい。田んぼの中の虫や水草を食べたり、稲刈り後の落穂を食べたりと、稲作の助けになり、餌代もかからない。肉は独特の甘さがあってニワトリよりも一枚上等だというのが一般のイメージである。

蒸し鶏

6 豚肉

豚はタイに限らず、中国からインドシナ半島大陸部にかけて、非常にポピュラーな家畜である。人間の生活から出る残飯や草、雑穀などで飼育でき、それで不足の場合は人糞なども喜んで食べてしまうので、最低限の飼料しかやる必要がなく、餌代が安くてすむ。とくに雑穀に不自由しない農家にあっては、高床式になった床下は豚の定位置だといってもいい。

とはいえ、豚はよほどの機会がなければ自分の家でつぶして食べることはしないし、自分で歩かせて消費地にまで運ぶことができないので、一般家庭の食卓に気軽にのるようになったのは、二〇世紀初頭に東北タイまで鉄道が敷設されて、豚の大量輸送が可能になってからの話である。それまでも東北タイや中部タイでは、近くの消費地までは荷車や船を利用して豚を運んでいたが、量は限られていた。豚の消費が増したのは、鉄道という条件が整ったことに加えて、この時代には中国人の移民数が急増したという理由もあるだろう。中国人と豚とは強い絆で結ばれているからである。もちろん豚の調理法に関しても彼らはすぐれたものを持っており、タイ人はそこから学ぶことによって、自分たちでも豚食の習慣を伸ばしていったものだろう。一杯飯の中にも揚げ豚を載せたものや焼き豚を載せたものが登場し、庶民の生活にも浸透していった。マレー系の料理である串焼きのサテを豚肉でつくったムー・サテなど、タイで考案された豚料理のヒットもある。豚肉の固まりにタレをつけて焼くというのも路上の料理であるが、買うときには大きなかたまりを小さくスライスしてくれる。かたまりのまま肉を食べるという習慣は、中国人にもタイ人にもない。豚の祖先であるイノシシも山に住んでおり、ちょっと硬くて野趣のある味なので、パット・ペット(辛炒め)にするとぴったりである。もっとも本物のイノシシはめったに手に入るものではない。せいぜい野豚かベルトコンベアーの上で走らせて脂を少なくしたシェイプアップ豚といったところだろうが。

豚の丸焼きムー・ハン

7 牛肉

牛肉の旨さはもちろん言うまでもないことだが、タイではどうも大々的に消費されていると言うわけにはいかない。日本の牛肉のように非常に旨いかわりに非常に高価であるというわけでもなく、値段の点では鶏や豚に比べてそれほど遜色もなく、タイ人には宗教的な禁忌もないはずなのに、今ひとつ消費が伸びないというのは、食材としての関心がそれほど高くないために違いない。牛はもともと労役のための家畜であるというイメージが大きいし、大型動物であるだけに、大規模な生産ラインに載ったものを買ってくるのでないと、家庭で食べきれる量でもない。それに食べてしまえばそれまでだが、飼って働いてもらえば一〇年以上も有益であり、要するに食材としての効率が悪いのである。したがって、純粋なタイ料理の中での調理法も発達せず、より旨い肉を作ろうという努力もされてこなかったのである。実際、細切れの肉ならともかく、ステーキにして食べようというのなら、タイ牛はちょっと…というのが正直なところだ。それでも東北タイでは近代以前から水牛を含んだ牛肉の消費が少ないながら綿々として続いてきた。タレをつけて焼いた「スア・ローンハイ」、内臓をすっぱく煮込んだ「トム・クルアンナイ」などはその代表的な料理だろう。たたき肉を薬味のハーブに絡ませた「ラープ・ヌア」は湯がいた肉でもいいが、生肉を使ってもいい。

水牛も無視にできない存在である。世界の飼育水牛の九五パーセントは東南アジアで飼われているという。水牛はもともとインドシナ半島原産種であり、家畜としての付き合いもきわめて長い。粗食に耐え、性格は温順だが、「水牛のようにばかだ」というタイの言い回しがあるのは、それなりの事実があるのだろうか。基本的には役用であるが、いざ村の大きな祝い事となれば食卓に上ることもやぶさかではない。調理法は牛と同じ。一頭をつぶしてお祝いをすると、その日の食卓は水牛づくしとなる。

東北タイ料理の雄スア・ローンハイ

8 卵

卵を使った料理は伝統的なタイ料理の食卓にはほとんど登場してこないと言っていいだろう。中華料理の技法が受け入れられて、油で炒めたり、蒸し器で蒸したりするようになって、卵の利用法が広がった。炒めればタイの卵焼き「カイ・チアオ」、蒸せばタイの茶碗蒸し「カイ・トゥン」ということになる。牡蠣と卵を炒めたものが「ホイ・トート」となって、これは中華料理の「オースワン」をタイ風にアレンジしたものだといえるだろう。料理としては、中華料理に原型を求められるようなものが多いが、タイ人が卵を食べていなかったというわけではない。ただし料理として食卓に上るというわけではなく、殻をつけたまま焼いたり、孵化を前にした卵を蒸したりして、一種のおやつとして食べるのである。焼き卵は東北タイで好まれるスナックで、バンコクでも天秤棒で炭火を担いで売りに来る。涼しげな場所に陣取って、炭火をおこし、ゆっくりと茶色い卵を焼いている。薄口醤油かナムプラーをつけて食べるが、ゆで卵と違って卵の表面がちょっと茶色く硬くなった感じなのが野趣があっていいわけである。孵化を前にしたものは中国人や東北タイ人が好んで食べる。見かけは少し抵抗があるが、ほくほくしておいしいものだという話である。ウズラの卵はゆでて食べるのが普通で、そのまま食べてもいいし、魚の浮き袋のスープに入れることも多い。塩漬け卵はおかゆのお供として欠かせない。ピータンもある。

これらは鳥類の卵、ニワトリ、アヒル、ウズラなどの卵の話である。魚の卵はあまり好んで食べられているわけではないが、カブトガニの卵は卵を抱いた本体ごと焼いて食べるときもあるし、卵だけを和え物にして食べることもある。卵は緑色で、ぷんと潮の香りがする。卵を抱いたイカの焼き物も海辺では時々見かける。南部タイではウミガメの卵も食べる。和え物にして食べるのだが、熱を加えてもあまり硬くならず、なまぐさく、ざらざらとした食感が舌に残る。

ウズラの卵

9 貝

貝は淡水のものも海水のものも豊富で、食材としても古株の部類に入る。古くは淡水の貝をケーンに煮込んで食べるのがメインの調理法で、ついで湯がいてヤム(和え物)にすることが続く。現代ではハーブとあわせて炒め物にも使うし、いわゆるシーフードの一つとして、そのまま焼くことも行なわれている。中華料理店ではお金のありそうな外人客だと見ると、すかさずパオフー(鮑)の一皿を注文させようと勧めてくるが、これは高いので財布を見てからだ。

鮑はともかくとして、もっと庶民にも身近な貝類はと言うと、ホイ・マレーンプー(カラスガイ)、ホイ・クレーン(アカガイの類)、ホイ・ラーイ(アサリガイ)といったところだろうか。いずれも海の貝である。ホイ・マレーンプーは細長くて深緑の殻にはいった貝で、フランス料理ではムール貝とよばれている。身だけを出してケーンに煮てもいいし、バジルの葉と酸っぱく和えてもさっぱりしている。一番簡単なのは直火で焼くことだが、生では腹を壊すし、あまり焼きすぎると身が縮みあがってしまって食べるところがなくなってしまうので注意を要する。酸っぱくて辛い付け汁につけて食べるが、これは辛いのと酸っぱいのバランスが大切である。ホイ・クレーンは拳骨のような形をしていて、ルワック(湯がく)したのを殻のまま出してくる。中の身を取り出してみると赤黒くてちょっと不気味な上に生臭いので、好き嫌いの分かれるところだろう。ご飯のおかずにするというより、ビールかウィスキーで一杯やるときのお供である。夜遅くまでやっているお粥屋、東北タイ料理の屋台、魚介類を出している食堂などには必ず登場するメニューである。ホイ・ラーイは縞貝というほどの意味の二枚貝で、バイ・クラパオと一緒に辛く炒めたり、カレー・ペーストと炒めたり、ナムプリック・パオと炒めたり、相手は変わってもとにかく炒め物にすることが多いようだ。こちらは酒のつまみだけではなく、立派なご飯のおかずでもある。

ホイ・クレーンは湯がいて食べる

10 昆虫とカエル、ネズミ

昆虫は昔からの蛋白源で、とくに東北タイの厳しい環境の下で人の命をやしなってきた大切な食材である。東北タイには一一月から四月末まで、雨のまったく降らない五ヶ月ほどの乾季が訪れる。赤い砂岩がむき出しになった丘陵部はもちろん、平らになったところにかろうじて開墾された水田もからからに干上がり、人も動物も食料を調達するだけで精一杯という苦しい季節である。昆虫食は食料の窮乏した地域での食事だといっていい。他の代替する蛋白源が見当たらないときだけ、人間は栄養上の効率が悪いことは別として昆虫を食べるのである。とはいっても、ご飯のおかずとして食べるにはあまりに小さいからか、たいていは単独でお菓子のようにして食べる。チンリート(コオロギ)、タッカテーン(イナゴ)などは東北タイに限らず、中部や北部の農村地帯では、おやつに油で揚げたのを食べる。羽を取って、カリカリに揚がっているので、香ばしくおせんべいのような感じになる。バンコクでも屋台で揚げたイナゴを売り歩いている。観光客でも時々目にするかもしれない。さなぎになっているものは煮て食べる。さなぎの中では蚕のさなぎが一般的だろうか。メンダー・ナー(タガメ)は雨季の田んぼにいるのを捕まえて、酢漬けにする。そのまま食べてもいいし、ソムタムに搗きこんでも独特の香ばしさがある。

カエルやネズミは昆虫に比べるとずっと効率のいい、ごく普通の蛋白源である。ネズミといっても家ネズミではなく田んぼに住んでいる野ネズミで、内臓を取って、開きにして焼いて食べる。鶏肉にも似た締まった感じの肉で、味は淡白でなかなかのもの。カエルはガマ蛙のような大きなものから小さなトノサマガエル程度のものまで食べる。大きなものは油で揚げたり、ケーンに煮たり、ハーブに絡めて炒めたりと、鶏肉のようにおかずとして調理するが、小さいものは油で揚げてスナックにするのが普通である。

独特の香りを持つメンダー

11

エビ、カニ、イカ

タイ人にとってのエビといえばまず淡水のエビで、川や運河や貯水池にはエビがきわめて豊富だった。食材としてもごく基層的なものの一つである。寒くなるとエビ獲りの人が水に入っているのは季節感のある風景なのだった。種類としてはクン・カームクラーイ(オニテナガエビ)が美味にして大きく、クン・クラーダム(ウシエビ、ブラックタイガー)やクン・ナーンは小さくなる。トムヤムなどの汁にしてもいいし、ハーブと和え物にしてもいい。輸送のシステムが確立してからは海のエビもタイ人の食材に数えられるようになったが、本格的に消費量が増したのは一九七〇年代以降、外国人がシーフードやトムヤム・クンを好んで食べるようになってからである。

一九八〇年代にはいるとエビをありがたがる点では世界一かという日本人への販路が開かれ、養殖と冷凍の技術が目一杯に生かされるようになった。主役はブラックタイガー種で、飼育の効率がいいこと、発色がよくておいしそうに見えることなどの理由から沿岸部には養殖池がぞくぞくと営業した。これらは一時、過密養殖がたたってほぼ全滅の憂き目にあったのだが、その後は健康管理、土壌管理のノウハウも蓄積され、安定した供給ができるようになった。

カニもタイ人のもともとの食卓に乗っていたのは淡水のカニで、雨季の田んぼや運河、川の浅瀬などで日常的に得られる食材だったといっていい。小さな子供の遊び歌の中にも田んぼカニを捕まえる歌があり、生活との深いかかわりが見て取れる。海で取れるものよりも小型であるから、むしって肉を食べるというよりは、そのまま汁に入れたり、酢漬けにして食べたり、酢漬けをソムタムに搗き込んで食べたりすることが主となる。海のカニは海鮮料理の中心メニューとして鳴らしているが、本格的に消費がされるようになったのは一九七〇年代以降である。スープにしたり、カレー粉と炒めたり、チャーハンにしたり、そのまま焼いたりと調理法も中華料理をベースにさまざまな工夫が凝らされている。

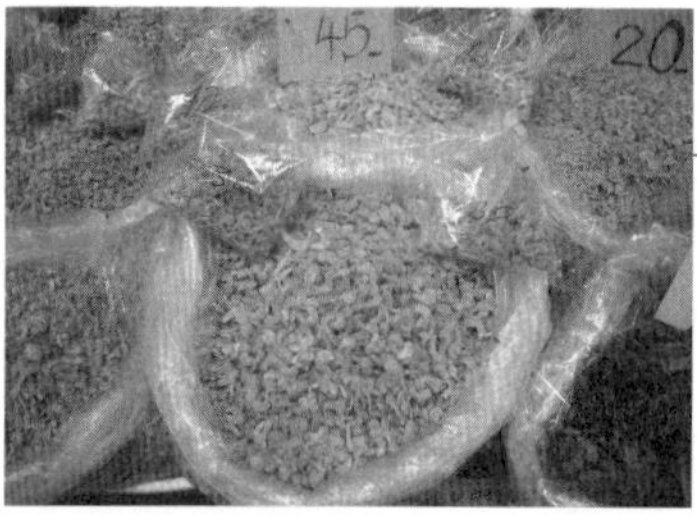

干しエビ

12

香菜1

バイ・カプラオ、バイ・マクルート

タイ料理にはいわゆるハーブが食材として数多く用いられている。そこから豊かな香りの世界が生まれてくるし、匂いの好みが合わない人には、タイ料理は臭いから嫌い、と言わせる理由にもなっている。

バイ・カプラオは英語ではホリーバジルとかタイバジルとか呼ばれており、炒め物にはとくに力を発揮する香菜である。独特のすっきりした香ばしさと味があり、トウガラシやニンニクやナムプラーとの相性もいい。肉類との相性もよく、とくに鶏肉といためたカイ・パット・バイ・カプラオはタイ人にも外国人にも好まれる最もポピュラーな大衆料理となっている。辛い炒め物、パット・キーマオにも重要な役割を演じている。汁物でもケーン・パー、ケーン・ペットには使われている。赤バジルと白バジルがあり、赤のほうが香りが強いが、茎が硬く葉も小さいので白のほうがよく用いられている。昔は生の葉を手で揉んで気付け薬にもしたという。

マクルートは日本名コブミカンで、典型的な家庭菜園的ハーブである。葉や皮や絞り汁を香辛料として用いるが、同じ柑橘系だからといってミカンの葉や汁では代用品にはならないのは不思議なほどである。汁物では大ナマズを使ったケーン・テーポーには不可欠であり、ケーン・ソムやナムプリック・カピにもマナーオやマカームの汁ではなくマクルートの汁を使って酸っぱさを出すのが本式である。皮は香りをつけるために汁物を中心にごく細かく切って入れる。ケーン・パーやさつまあげ(トートマン)には大切だが入れすぎにはよく注意しなければならない。葉は肉厚で独特のいい香りがする。ケーン・ペットにも入れるし、とくにトムヤム、和え物(ヤム)にはけっして欠かすことのできないものである。マクルートの効用は料理だけではない。金属磨き、トイレの臭い消しなどの実用、シャンプーや歯磨き薬にも使え、咳止め、痰きり、喉の痛みなどの薬用にもなるという優れものである。

バイ・カプラオ

13 香菜2

パックチー、バイ・ホーラパー、バイ・メーンラック

パックチーは英語でコリアンダー、香菜とよばれている。タイでは家庭で栽培され、非常によく使うハーブである。「パックチーを振りかける」といえば「お茶を濁す」という意味になる。とりあえず何にでも振りかけて、いい香りでゴマかしてしまうということだろうか。実際なんにでもよく振りかけられている。外国人にとってはタイ料理の最初の関門ともいえる「タイの匂い」の素だといっていいかもしれない。葉がとくに強い香りを持っており、魚などちょっと生臭いものにはとくによく用いる。種はカレーペーストに入れるが、香りは葉ほどは強くない。根は刻んでケーン・チュートに入れるほか、ホーモックを作る際にも必要である。トムヤムにも香りを出すために叩いたものをそのまま入れる。これはマクルートの葉やショウガと同様、トムヤムの中に入っていても食べないものである。タイ方医学では体を冷やす働きがあるとされ、消化系が弱い場合に処方するものである。

バイ・ホーラパーとバイ・メーンラックはバイ・カプラオと並ぶタイのバジルの代表である。

ホーラパーは英語でいうスウィートバジルに近いもので、すっきりした強い香りがある。ホーイ・マレーンプー（ミドリイガイ）と炒めるなど魚介類の料理に使うほか、東北タイ料理の食卓には薬味として皿に盛られており、そのまま口に入れて食べる。パットペット（辛炒め）の主要なハーブで、とくに野豚など野趣のある食材の場合には欠かせるものではない。

バイ・メーンラックは香りが比較的穏やかなハーブで、ケーン・リエン、ケーン・オム、ラープに用いられる。もっともよく見かけるのはカノムチーン・ナムヤーを食べるときの欠かせない薬味として出てくるバイ・メーンラックであろう。メーンラックの種は水に漬けるとふやけてカエルの卵のような外見になるが、これはお菓子としてよく食べられている。

パックチー

14
香菜3
タクライ、バイ・サラネー

タクライは英語でレモングラスと呼ばれ、さわやかなレモンの香りにも似た、しかしちょっと癖のある匂いのする草である。タイではケーン(汁物)やトムヤムで使われ、家庭の菜園で普通に作られている。使うときにはちょっと庭の菜園で取ってくるという感じである。また、香りが強いため、素材の生臭さを消すことができ、魚介類の料理や肉類の炒め物などにもよく使われている。トムヤムでは、欠かすことも他のもので代わりにすることもできない最も重要なハーブであり、堅い根元の部分をそのまま入れて、香りをつける。これは食べることはできないので念のため。パット・ムー・タクライ(豚肉のタクライ炒め)では炒めたタクライの香ばしい香りと豚肉の甘さとのコンビネーションを楽しむことができる。こちらは芯の柔らかい部分を使い、もちろん食べることができる。一方、タイでは薬用としてのタクライの位置付けも無視できない。タイ方医学ではタクライを風邪薬、熱さまし、利尿薬として用いるほか、倦怠感、生理不順、消化不良、糖尿病などに対しても処方していた。まさに万能薬というべきだろう。

タクライ

バイ・サラネーは中央アジア原産のしそ科の植物、ミントである。どこでも簡単に栽培することができ、タイでも非常によく用いられているハーブである。ミントの名が示すようにメントール系の甘くさわやかな、強い香りを持っている。一番典型的に使われるのは東北タイ料理においてだろう。ラープにはバイ・サラネーを欠かすことができない。また、焼いた牛肉を辛いスパイスにからめて和えたヌアヤーン・ナムトックにも必ずバイ・サラネーを添えるものである。汁物に入れて一緒に煮込むということはなく、生のまま添えて食べるのが特徴である。トウガラシの辛さともマナーオの酸っぱさともよく調和するほか、ビタミンCとベータカロチンを豊富に含む健康食品でもある。ミントを使ったお茶も作られ始めている。

15

葉菜1

カナー、クララムプリー、パックカート・カーオ

いずれも葉を食べるアブラナ科の野菜である。カナーは葉が巻かない種類で、中国の南部で作り出されたカイランが東南アジアに伝わったものである。英語でチャイニーズ・ケールなどとも呼び、カイランは広東語。潮州語でカムナム。葉は根元のほうはかなり堅いので皮をむいてからざくざくに切って、葉とともに炒めて食べる。葉は大きく厚みがあり、食べ応えがある。味も濃い。タイでもっとも好まれている葉菜といってもいいのではないだろうか。クイティアオのあんかけにはどうしてもこの野菜でないと食べた気がしないが、この場合はかなり大きいままとろとろに煮てしまって、炒めたクイティアオやカリカリに揚げたバミーの上にかける。もう一つはムーケム(豚の塩漬け肉)またはムークロープ(カリカリ揚げ肉)と合わせて炒める料理で、カナーの持つちょっと苦いような味と豚の甘さ、しょっぱさが絶妙の味わいをかもしだすものである。これはご飯にかけて、一膳飯屋の定番メニューとなっている。

クララムプリーはキャベツで、比較的に安くてどこでも手に入ることから、さまざまに使われる。ケーン・チュート(薄味の汁)には常連の具であるし、炒めてもおいしい。外国人にもありがたいのは、東北タイ料理にはとくに生のまま付け合わせに用いられることである。ラープにしろ、ナムトックにしろ、ソムタムにしろ、辛くて口がどうにかなりそうな時に、生のキャベツの葉をかじれば、その甘さと食感のこの上ないありがたさが身に沁みてわかるだろう。キャベツはビタミンCをとくに豊富に含んでいるので健康にもいいというおまけもつく。

パックカート・カーオは白菜。中国北部の野菜だというが、タイでも安く、庶民の生活に密着した存在である。ゆでてナムプリックに点けて魚と一緒に食べるのもいいし、ケーンに煮ても、炒めても食べられる。

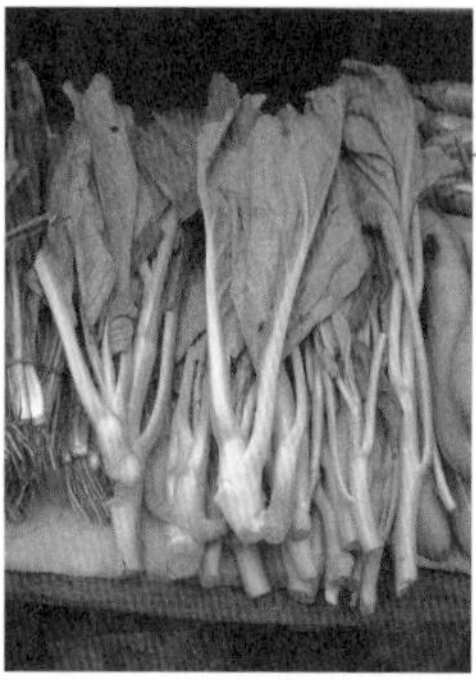

カナー

16

葉菜2

トェーイ、チャオム

トェーイは和名ニオイアダンで、昔からタイ人に親しまれてきた植物である。地名でもバンコクにクローン・トェーイというのがある。トェーイ運河というわけだ。水辺に生える背のあまり高くない木で、葉を食べるというよりは、香りをつけるために使うのが普通である。その香りというのは炊き立てのご飯の香りだとタイ人は形容するが、たしかにふっくりして柔らかい、どこか懐かしさを感じるような香りである。外国人にも好まれているのが、下ごしらえした鶏肉をトェーイの葉で包んで蒸したカイ・ホー・バイトェーイであろう。出されたときにふっと漂うトェーイの匂いが身上だが、鶏に味を強くつけすぎるとトェーイの香りが台なしになる。鶏を食べるのではなく、まず香りを楽しむ料理のはずだが、外国人の多いレストランでは鼻の悪いアメリカ人あたりを基準にしているので、トェーイの香りが飛んでしまったようなのを出している。もち米に入れて蒸せばほんわかした柔らかな甘さがただよい、つい食べ過ぎてしまう。

チャオムは臭菜といわれ、東南アジア原産のマメ科の灌木である。細長い茎に小さな細かい葉がついている。その名にたがわず独特の臭いとシコシコした感じがあり、外国人の場合、最初はちょっと違和感を持つ人が大部分である。というと好き嫌いが分かれるように聞こえるが、タイ人にはチャオムの卵揚げを嫌いだとしている人は実際はほとんどいない。これはチャオムの茎から小さな葉をこそげ取って、卵を溶いた中につけてはかき揚げ天ぷらのようにして食べる、一種の卵焼きである。付け合わせはナムプリック・カピで、ちょっと生臭く辛いところにチャオムの癖のある味と臭いがくっつくのだから濃いものの好きな人にはこたえられない。レストランで出てくるような料理ではなく、典型的な家庭料理、おふくろの味といったところだろう。タイを離れたタイ人が夢に見る食べ物の三傑には入るのではなかろうか。

バイトェーイで色と香りづけしたカノム・チャン

17

葉菜3

パック・ブン、パック・クラチェート

どちらも水中の植物である。なかでもパック・ブンはタイ人が好きな水辺の生活とは切っても切れない深い仲だといえるだろう。中国語で空芯菜というように、茎の内部は空洞になっており、そのまま水辺に浮きながら広がっていく。自生もするが、水辺に竹で格子状の囲いを作って栽培しているのもよく見かける。紫色の小さな花はタイの水辺の風物詩である。パック・ブンは牛肉仕立ての濃い味のクイティアオには欠かせない具であるし、同じ麺類ではイェンターフォーにも絶対欠かすことができないし、汁物ではたとえば大ナマズを使ったケーン・テーポーにパック・ブンを入れないわけにはいかないという重要な脇役である。しかし、もっとも有名なのはパックブンが主役を務める、食卓の渋い脇役、パックブン・ファイデーンだろう。にんにくを利かせて、醤油で味付けし、強火で炒めただけのシンプルな料理だが、おかゆにもよく合うし安いから、どこの食卓にも座を占めているものである。湿地に生えるパック・ブンもあり、パック・ブン・ナーと呼ばれている。こちらは茎が赤みがかっており、生でソムタムやナムプリックと一緒に食べる。

パック・クラチェートは和名ミズオジギソウ、葉がしだのような形をしているがマメ科の植物で黄色の花を咲かせてくれる。使い道の広さという点ではパック・ブンに勝るとも劣らない。魚の汁をかけたカノム・チーンと一緒に生で食べるし、湯通ししてナムプリック・カピと食べてもおいしい。汁物にするのならケーン・ソム・パック・クラチェートが古風な、タイらしい枯れた感じの一品だといえる。一方、強火で炒めるのは中国風である。いずれにせよ、炒めすぎや煮すぎるのは禁物で堅くなってしまうし、柔らかくて新鮮なパック・クラチェートを選んで、そのおいしいところだけを食べることも大事なのである。ミネラルやカルシウム、ビタミンを多く含む健康食品でもある。

パック・ブン

18 カー、キン、カミン

カーは和名はナンキョウでショウガ科の植物である。他の地域に比べて東南アジア、とくにタイが特に使っているハーブのひとつとして、タイ料理らしい味の出どころだともいえる。キン(ショウガ)に比べて根は大型で、味は辛味が少なく、酸っぱい感じがあり、鼻にあがって来る匂いである。とくにトムヤムには決して欠かすことができないもので、薄く切って、叩いて香りを出して煮立てる。トムヤムには食べられない具がたくさん入っているが、カーはその代表的なものだろう。知らない人がタクライやカーを食べて変なカオをしていることがある。カーを使ってココナツミルクを入れて作るケーンはトム・カーと呼ばれる人気メニューである。ちょっと酸っぱく、ちょっと辛く、ココナツミルクのせいでまろやかな甘さもして、味の重なり合いを楽しむものだ。メインの具は鶏肉といったところだろうが、ブタでもおいしい。また、カレーペーストには必ずといっていいほど入れられており、魚肉のお粥などにも臭みを消すために入れられている。

キンはショウガ、英語のジンジャーのことで、カーよりも辛く、香りはすっきりしたさわやかなものだ。細かく切って鶏肉と炒めたり、千切りにしたものを生臭い感じのものの上に振りかけたりして食べる。魚肉のお粥や豚肉のチョークなどを屋台で食べると、テーブルの上にとり放題のキンのかごが置いてある。生姜湯を作って体の弱った人の保養や寒いときに体を温めるのに用いる。これは砂糖を入れて甘くして飲むのである。お坊さんへの供養としてもよく用いられる。

カミンは和名ウコン。ショウガの仲間で外見は似ているが、使われ方はかなり違う。カミンは食べ物に黄色をつけるために用いるほか、昔は風呂上りの肌に粉にしたウコンを塗ってお化粧のひとつにしていた。食べ物としてはとくに南タイ料理には頻繁に用いられ、イスラームからの影響も強い。

カー

19
ホームとクラティアム

ホーム・ヤイはユリ科タマネギのことで、いくつか種類があるが、使う範囲は狭く、ほとんどが付け合わせで使う。付け合わせの場合はその辛味を利用するために生で、キュウリと酢と合わせて用いる。サテなどの串焼きのときにはときどき登場する。和え物に使うこともあるが、これも純粋にタイ式というわけではなく、マレーシアあたりから伝わったか、新機軸の料理だろう。タイの台所に入り込んでいるのは圧倒的にホームデーンの方である。和名はアカワケギで、プチトマトくらいの大きさの赤いタマネギが房のように数個ついている。小さいがツンとくる香りは普通のタマネギよりも強く、タマネギのような甘さがない。クラティアム(ニンニク)と並んで汁物にはよく使うが、クラティアムを使わないでホームデーンのみを使う料理も少なくない。トム・クローン、ケーン・リエン、ケーン・ソムなどである。ナムプリックの類ではロンだけがホームデーンだけで味を調える。トン・ホームはネギで、タイ料理には欠かすことができない。ネギといっても日本で言うワケギに近く、細くて小さいのが二、三本まとまっている。炒め飯の付け合わせから、汁物に入れたり、炒め物に入れたりと幅広く使われている。

クラティアムはニンニクで、タイ料理では最重要の食材の一つである。日本のよりも小粒で、香りは強い。小さく切って入れる場合もあるし、台所の臼で叩き潰すこともあり、大きなまま炒めたり、生で食べたりもする。ナムプリックにはニンニクが絶対に欠かせないものだし、トムヤムにもほとんどのケーン(汁物)にもニンニクが入っている。とはいっても食べた後口がくさくなるというようなことではない。とくに炒めた場合、ニンニクはごく香ばしい香りを発する。腸詰系の食べものの中には生のニンニクをつぶして搗き込んであるものがあり、それは辛さと独特のおいしさを出す代わりに口もくさくするが、仕方のないことである。

クラティアム・デーン

20 ラークブワとノーマイ

ブワとは蓮という意味。ラークブワはレンコンである。タイ人は中国人と違ってそれほどたくさんのレンコンを消費するというわけではない。ときどき豚肉と合わせて炒めたり、汁物に入れたりすることがある程度である。日本のレンコンに比べるとタイのは圧倒的に貧弱でつい鼻で笑ってしまうが、日本に来たタイ人が八百屋で大喜びするのもここである。タイではレンコンを薄く切って、シロップで甘く煮込んでおやつにする。子供のときにそういう薄くて甘いレンコンを味わって、何とかしてもう一枚余計にもらえないかしらなどと思って過ごした人は、日本に来て立派なレンコンを見ると、思わず興奮して目が輝いてしまうというわけである。だから、日本のレンコンは知る人ぞ知る、タイ人へのすばらしいお土産でもある。蓮は根っこだけでなく、種も食べる。これも料理に使うというよりはゆでてお菓子にする。種類によっては茎も食べることができる。蓮はウボンラーチャターニーのが一番ということになっている。

ノーマイはタケノコのこと。タイのタケノコは日本のよりも細く、固い種類である。柔らかく煮るには一工夫必要だが、手間のかかる割にはタイ人の食卓にはよくのぼるし、ファンも少なくない。豚肉と相性がいいためか、炒め物にも使うし、トム・チュートをはじめさまざまなトムやケーンに入れることができる。豚肉とタケノコの料理はカオ・ケーン(カレーかけ飯)のおかずとしては定番のものの一つだろう。東北タイでは漬物のタケノコを使ったスップ・ノーマイという一種の和え物もある。タケノコも日本に来たタイ人が目を輝かせるものの一つ。ただでさえ大好物なのに、日本のタケノコのおいしさといったらタイのものの比ではないわけだ。ノーマイ・ファラン(西洋タケノコ)といえばアスパラガスのこと。タイでは生で食べることはほとんどしないが、独特の甘さが好まれ、緑色のを豚肉や鶏肉と炒めてよく食べる野菜である。

ノーマイ

21 マンとプアック

マンはイモ類の総称である。マン・ファラン(ジャガイモ)は、ケーン・カリーやケーン・マッサマンなど、豚肉や鶏肉と煮込んだケーンもあるが、まだマレー文化の雰囲気がする南タイの料理である。ほとんどはチップスやフレンチフライにしておやつで消費するがこのところの健康ブームでフレンチフライはちょっと分が悪いようだ。マン・テート(サツマイモ)は紫色の皮とクリーム色の果肉のメーチョー種が多い。煮たり、蒸したり、焼いたりして食べるが、主たるおかずの中に使うというのではなく、あくまでおやつの範囲である。お菓子としても、ココナツミルクと甘く煮込んだケーン・ブワットはごくポピュラーなもので、サツマイモの果肉の黄色いところから僧侶の衣の色になぞらえてブワット(出家する)という名前がついているのはタイらしい。名前はケーンだが実態はお菓子である。ただのマンとだけいえば、基本的に在来種のヤムイモのことで、種類は豊富である。マン・サオ(オオヤマイモ)はさまざまな形がある。総じて肉に粘りがあり、お菓子などによく使われている。マン・サンパラン(キャッサバ)は皮に青酸を含むので、毒抜きをしないと食べられない。シロップをかけて焼いたつぶしマン・サンパランは市場や露店でよく売られている。ほくほくしているがシロップがべたべたするので注意を要す。マン・サンパランからは上等のでんぷんが取れ、日本でもヒットしたナタデココはそのでんぷんで作られている。

プアックはタロイモで、在来種の古い食べものである。昔は米と一緒に炊き込んでも食べていたのだという。現在はほとんどが正式なおかずではなく、おやつを作るのに使われている。砂糖でくるんだプアック・チャープ、シロップをかけたプアック・チュアム、かき混ぜて粘りを出させて棒状に詰めたプアック・クワンなどはよく見かける。鉄道に乗っていると売り子がよく売りに来るカオトム・マットは、プアックをつぶして具を包み、葉っぱでくるんだお菓子である。

マン・ファラン

22 フワ・パッカート、ケーロット、オーイ

フワ・パッカートは大根のこと。タイの大根は比較的短く、形はカブのそれに近い。日本の大根のように長く立派なのは見かけない。味は濃く、少し辛味もあるのは日本のとほとんど同じである。もともとは中国人の持ってきたものらしく、純タイ的な食卓にのぼることはほとんどないが、ちょっと中国的な家では豚肉と合わせて煮込みにしたりする。クイティアオの寸胴をのぞくと、スープのだしとして大根が浮かんでいることに気がつくだろう。また豚脚の煮込み料理にも付け合わせとして出てきたり、煮込む際のだしの一つとして大根が加えられている。

ケーロットはニンジンである。ニンジンも外国から来た野菜だという印象が強く、タイ料理の食卓に積極的に登場するというものではない。目がよくなるというので軍隊などでは強制的に食べさせられた時代もあった。これはニンジンが豊富に含んでいるカロチンのせいである。比較的に高原の寒いところの産物なので、タイでも北部で栽培されているが、日本のように太った甘いニンジンは期待できない。健康にいいことから、バンコクの余裕のある家庭ではニンジンのジュースを買って飲んだり、洋風のサラダに入れたりするものの、現在のところ普通のタイ人への食い込み方としてはまだまだといったところだろう。

オーイはサトウキビで、大根やニンジンと違ってタイに古くからあった植物であるだけに違和感はない。タイ人の呼び名にもオーイという名がいくらもある。砂糖を取るほか、サトウキビの絞り汁を瓶詰めにして売っていたり、皮をむいて短く切ったサトウキビの幹をかじったりする。これは屋台の果物屋でビニール袋に入れて売られているのである。サトウキビの甘さはとくにお菓子を作るときにはよく用いられる。

オーイ

23 マクア

マクアとはナス類の総称で、きわめて多くの種類がある。色だけでもいわゆるナス色はもちろん、黄色、白、赤、緑と各種そろっているし、大きさも瓜のようなのから豆のようなのまで、さまざまである。実はタイにおける食用マクアの多様さは世界的にも有名なのであり、植物の研究者も注目しているほどである。私たちにとっても市場を散歩する際の重要なポイントの一つになるはずだ。

タイでもっともよく使われているマクアはマクア・ヤーオ(ナス)である。これもさまざまな色と形のある中で、紫色のは日本の長ナスに似ている。緑色のでまだ堅くなっていないのは、ナムプリックにつけて生でも食べられるが、それはまだ比較的に小さい場合で、大きくなれば皮をむいて焼いたり、あんかけにしたりして、その一皿における主役を張ることができる。

マクア・プロ(キンギンナスビ)は丸く、ピンポン玉より一回り小さいくらいの大きさで、薄緑色をしている。こりこりした食感はケーン・ペットなどの汁物には欠かせない具である。ケーンで煮ると少し柔らかくなり、そこから出るほんのりした甘さがケーンの辛さをなだめてくれる。ナムプリックと合わせて生で食べるのもなおおいしいものである。

マクア・プワン(スズメナスビ)は豆のような緑色の小さなマクアがいくつも集まって木の中ほどに実をつけるという、形態的にも他のマクアと異なっているマクアものである。タイ以外ではあまり食用とはしないようだ。味は渋くちょっと苦味もある。つぶしてナムプリック・カピに入れれば、その渋みがプリックの強い味を抑えて、まろやかに仕上げてくれる。汁物としてはケーン・ペット、ケーン・キアオワーン、ケーン・パー、ケーン・クワ、ケーン・オムなど、広い範囲で用いられる。マクア・プロやマクア・プワンはタイ人の生活に非常に古くから結びついていたものである。小さな子供の言葉遊び歌「チャムチー」の中にも、二つは楽しくリズム感を持って歌われている。

マクア・プワン

24 マラとテーン

マラはニガウリで、日本でも九州・沖縄あたりでは精のつくものとして炒めて食べているが、タイではもう少し多様な食べ方をしている。緑色をして表面はごつごつしたイボとウネが入っている。このイボが細かいものほど苦く、全体に大柄で色の薄いものは苦味が薄いという。中身の種やすじを取って、外の肉の部分のみを使う。タイには長くて色の薄い種類マラ・チーンと丸くて色の濃いマラ・キーノックがある。中国人の家庭では、薄味の汁にすることが多い。中身を取ってそこの空洞に豚のひき肉を詰めて輪切りにし、瓜と合わせてケーン・チュート(澄まし汁)に煮たり、中国風の調味料をたっぷり入れて豚肉や鶏肉とトゥン(陶器の容器に入れて蒸し器で蒸す中国風料理)にする。タイのケーンの中にも、とくにケーン・オムやケーン・パーなどにはマラを入れると味がまろやかになる。そのほか卵と炒めたり、さっぱりとヤム・マラ(マラの和え物)にしたりする。ビタミンCが多量に含まれているところから、近頃とくに注目されている野菜である。

テーン・クワーはキュウリで、非常によく使う野菜だが、日本のよりも色は薄く、太さは五センチくらいもあり、長さもずんぐりとしているので、瓜といった方がしっくりと感じられるだろう。味も薄い。味に強い個性がないせいだろうか、調理法はとても多様で、いろいろの形で食べることができる。生で食べる場合は、まずさまざまなネーム(付け合わせ)で一杯飯の彩りとして並ぶ。たとえばカオパット(炒め飯)、カオ・ムーデーン(焼き豚飯)、カオ・ムークロープ(揚げ豚飯)などの横。ムー・サテ(マレー風豚の串)にはアーチャート(付け汁)が不可欠である。漬物テーン・クワー・ドーンもある。ヤムにしてもいいし、ナムプリックに付けてもいいし、ソムタムにすることもできる。強い味がないので、どんなケーンに入れてもあたりの雰囲気を壊すことがないのも強みである。

マラ

25

ファック

ファックは冬瓜のことで、穏やかな食べものとしてタイの台所でもポピュラーな存在である。とくに中国系の家庭ではトム・チュート(薄味の汁物)に冬瓜は欠かせない。冬瓜の本来の味は決して個性の強いものではないが、スープに煮込まれると甘くなり、柔らかな香りを出すので、長い時間をかけて蒸しあげるような料理にはむいている。ペット・トゥン(アヒルの蒸し物)、カイ・トゥン(鶏の蒸し物)などには必ずといっていいほど冬瓜を入れるものである。本来タイ人の料理であるケーン・ペットやケーン・クワにも、冬瓜を入れて甘みを出し、ケーンの辛さを少しまろやかなものにしようというのは、中国人たちの台所から出てきた応用だろう。

ファックの仲間で電球のような形をしているのがナムタオ(ユウガオ)である。ひょうたんのようなものので、堅くなったものは水を汲むひしゃくにしたり、長いものは水筒やその他さまざまな用途に応じた容器として使う。食べるのは、まだ若くて柔らかい場合に限られる。ファックと同様、強い味や香りがなく、カロリーもごく低いため、病人食にも使われるものである。

ファック・トーンはカボチャである。もともとはアメリカ新大陸の産物で、一七世紀以降にタイに伝わった新顔である。トーンとは金のことで、その実肉の色になぞらえたものである。栄養にも恵まれて、大きいものは一〇〇キロにもなろうという巨体は有用作物のお手本だともいえる。タイではおかずにもお菓子にもカボチャをよく使っている。おかずならケーン・リエンにも入れるし、卵と炒めてファック・トーン・パット・カイ(カボチャの卵炒め)に仕立ててもいい。生では食べられないが、ゆでてそのままナムプリックの付け合わせ野菜として食べるのもおいしいものである。お菓子ならココナツミルクを使ったファック・トーン・ケーン・ブワットで、カボチャの色で黄色くなった出来上がりが、僧侶の衣をイメージさせて、ブワット(出家する)という名前になっている。

ファック・トーンのお菓子

26 ヤシ

ヤシはタイでもっとも有用な植物の一つである。食卓に直結した重要さだけでもゆうに一冊の本が書けるだろう。食用、飲用、建材用、葉っぱで屋根を葺く、燃料、たわしを作る、紐を作る。箒も、昔の古文書も、みんなヤシの木の使い道なのである。タイのヤシには数十もの種類があり、村にはたいてい複数の種類のヤシが植えられていて、その用途に応じて活用される。

日常生活でもっとも大切なヤシはマプラーオ(ココヤシ)である。まず、実の中の液体をそのまま飲むことができる。ほんのり甘く、清潔な飲料水である。よく芯の丸い部分だけを取り出して、少し焼いたのを売っているが、焼くことで甘くなるのである。熟した実の中の胚乳を削り取って、水と混ぜて絞るとナム・カティ(ココナツ・ミルク)になる。フワ・カティ(最初に絞ったもの)とハーン・カティ(後から絞ったもの)は、調理上違った扱いになるので注意しなければならない。いずれもタイ料理には決して欠かせない食材である。若くてあまり堅くない実なら、胚乳はお菓子の材料にしたり、蒸して食べたり、さまざまに料理して直接食べることができる。樹液はそのまま飲めるが、そのままにしておくだけで自然に発酵が進んで酒になる。さらにほっておくと酢に変化する。

高さ三〇メートルにも及ぶ巨木、トン・ターン(サトウヤシ)もまったく欠かせない存在である。樹液からは酒もできるが、煮詰めて良質の砂糖を作る。タイ語では砂糖のことを一般にナムターンと称するが、これは「サトウヤシの樹液」という意味である。薄い茶色の砂糖で、円盤状に固めて石油缶に入れて売られているものをナムターン・ピープというが、スーパーでは三、四個単位でも売っている。タイ料理、とくにお菓子には絶対に欠かせない砂糖である。いずれのヤシも成長点の柔らかい部分を食べることができる。甘みのある柔らかなご馳走で、和え物にしたり、ナムプリックをつけて食べたりする。

ココナツ

27 トゥワ1

柔らかい豆

豆類を総称してトゥワという。一般に豆には堅いものと柔らかいものとがあり、世界的には堅い方の豆が食べものとして優勢なのであるが、タイでは堅い豆はお菓子の材料にしたり、大豆をつぶしてタオフー(豆腐)にするくらいで、きちんとしたおかずの中にはそのままの形で使われることが少ない。おかずの中に一番使われる豆は、トゥワ・ランタオ(エンドウ)である。ランタオのランとはオランダという意味で、タオは中国語の豆という意味なのだという。とすればオランダから中国を回ってタイに入ってきたものだろうか。もちろん汁物に入れてもいいが、本領はやはり炒め物だ。炒めてもしゃきっとしているし、上手に炒めると色もとてもきれいに仕上がる。豚肉やエビととてもよく合う。辛くない炒め物の代表選手だといっていいだろう。

トゥワ・ケーク(インゲン)は緑色で長さは一二センチくらい。アメリカ原産で、タイにはアユタヤー時代に入ってきた。繊維質が強いせいかタイでは生では食べず、ケーンに入れて煮るか、炒めるかして食べる。値段が高いこともあって、トゥワ・ファックヤーオ(ジュウロクササゲ)の方が好んで用いられている。

トゥワ・ファックヤーオは直訳すれば莢長豆で、全長七〇～八〇センチになる長いササゲである。あまり長いので、折り曲げたのを束ねて売っている。柔らかいので生でも十分食べられる。一番よく見かけるのは道端のカノムチーン屋のテーブルや東北タイ料理の付け合わせだろう。穏やかな味が辛さに燃える舌を癒してくれる。炒め物や汁物ではパット・プリックキン(ショウガ炒め)には絶対に欠かせないし、ケーン・ソムにも入れる。トゥワ・プーは断面が四角形のユニークな莢豆で、シカクマメという和名がある。もっぱら生で食べるか、軽く茹でてナムプリックをつけて食べる。味が独特のおいしさで、食感がぽりぽりしている。よく知られているのは和え物ヤム・トゥワ・プーで、中部タイの料理の中でもとくに渋好みの一品である。

トゥワ・ファックヤーオ

28 トゥワ2

堅い豆

莢に入っていない堅い豆というと、インド人の豆売りを思い出す人も多いかもしれない。バンコクの夜の屋台や東北タイ料理の店で食べていると、インド人が小さな区分けした箱にさまざまな種類の豆を入れて売りに回ってくる。一〇バートか二〇バートを頼むとかなりの量で、ソラマメやグリーンピースなど四、五種類の豆に塩をまぶしてくれる。彼らはほとんどがインド中部ウッタルプラデーシュ州からビハール州あたりの出身で、親方から豆を仕入れてはビールのつまみを売って回っている出稼ぎ人なのである。

堅い方の豆ではトゥワ・キアオ(緑豆)が重要である。タイでは多くはつぶしてお菓子に使う。ルーク・チュップ、カノム・コン、カノム・トゥワペープ、カノム・ティアンケーオなどだ。水に漬けないでも調理でき、煮あがるのも早く、消化もいいので、スープにして病人に食べさせることもある。氷とシロップで甘いデザートにもする。春雨の原料にもなる。一方トゥワ・ルアンは大豆のことで、トゥワ・キアオのように調理しやすい豆だとはいえないが、加工して食べている。ラオス、雲南省に続く北部の山地では発酵させて納豆にする。パックチー・ラーオと混ぜて食べたりもするが、多くは保存食や調味料として乾かしたり、味噌状にしたりしておく。バンコクあたりではなかなかお目にかかれないが、いわゆる照葉樹林文化の一つで、タイ族の食文化が私たちのそれと決して無縁ではないことを感じさせてくれる。大豆といえばタオフー(豆腐)で、北部では干し固めたような水分の低いものが作られている。バンコクあたりではほとんどが丸いプラスティック袋に詰められた柔らかい豆腐で、日本の発明だというがつるつるしていて日本人にとっては物足りない。薄味の汁には豚肉のミンチと合わせてこのつるつるした豆腐がよく用いられる。豆腐の元になる豆乳は、中国風に朝の食べものとみなされ、パートンコー(揚げパン)とともに売られている。

トゥワ・キアオ

29 トゥワ3

サトーとトゥワ・ンゴーク

サトーは和名ネジレフサマメ。南部タイの食材である。とはいえ、南タイでよく食べられている、という程度のことではない。南タイの食文化、生活文化全体を代弁するような、象徴的な存在なのである。故郷を離れた南タイの人が思い描くふるさとの味だといってもいい。なかなかの高木で、二〇メートル以上は珍しくなく、中には三〇メートルを超えるものもある。寿命も長い。マレー半島中の山裾に自生しており、植えるときにも多くはマンゴスチンやンゴなど他の木と混生して植える。男の木と女の木が別なので、さまざまな木と雑生していた方が鳥やコウモリによる受粉が期待できるのである。もともと自生種であるから、栽培の手間はかからない。実は非常に巨大なお化けエンドウ豆といった趣で、独特な臭いと味がある。食べ方もいろいろのやり方がある。まず、生でパック・ノ(辛いものの付け合わせ)として食べる。茹でる、炒る、漬物にする、などは、サトーを単独にした食べ方である。おかずにするのなら、パット・ペット(辛いため)、トム・カティ(ココナツミルクを使って煮たケーン)などに入れて食べれば、いずれも独特の強い香りを持つ一品になる。南部の人にとっては日常食で、他の地方からの観光客にとってはちょっと重いけれど絶好のお土産だが、サトーを食べると口や尿が非常に刺激臭を放つというのも事実である。またサトーには血糖値を下げる働きがあり、糖尿病患者に喜ばれる食材でもある。

トゥワ・ンゴークは緑豆のモヤシで、豚肉などと合わせて炒め物にしたり、トム・チュート(薄味の汁物)に入れたりする。近頃ではタイ人の食卓にも少しずつ上るようになってきたが、もともと中国人の料理に使われたものであり、現在でもその傾向は強い。豆のままで食べるよりもビタミンなど栄養価が高くなり、消化もよくなる。大豆のモヤシであるトゥワ・ンゴーク・フワトーは頭が大きいという名前の通りだが、日本人にはなじんだ形である。

サトー

30
果物1
クルワイ

クルワイはバナナのこと。こと食用という点では果物の中で並ぶもののない優等生である。東南アジアの原産で、人々との付き合いも、農耕以前の採集経済の時代からはじまり、最初期の農業における作物の一つだったと考えられている。現在でもタイの家々にはバナナの木が普通に生えており、タイ人にとってバナナの木のある風景は子供のころから慣れ親しんだ、いわば原風景だといってもいいだろう。日常生活において親しいだけではなく、バナナの木に住む精霊や、もっともポピュラーなお供え物としてのバナナなど、精神生活においても深いかかわりを持っている果物である。クルワイ・ナムワー、クルワイ・カイ、クルワイ・ホームトーン、クルワイ・レップムーナーンなど数多くの種類が市場に並んでいるが、料理に使うのはクルワイ・ナムワーとクルワイ・ターニーのみだといっていい。いずれもずんぐりした種類だが、クルワイ・ナムワーのほうが全体的に大きめである。熟していない実は、そのまま炭火で焼けば立派なおやつだが、豚とあわせて汁物の具にしたり、ケーン・ペットの具にしたり、搗いてもち状にしたり、そのまま付け合せにしたりする。フワ・プリー(バナナの花)は紫色の堅い皮に覆われて中にある白く柔らかい部分で、これはヤム・カメーン(カンボジア風の和え物)やケーン・リアン、トムヤムなどに入れて食べる。ユワック・クルワイ(幹のように見える部分の内側にある柔らかい部分)も大切な食材である。エビと炒めたり、汁物の具にしたり、エビのケーンソムに入れたり、ココナツミルクを加えてホーモックにしたりと、さまざまな使い方をする。バナナの葉ものを包んだり、容器にしたり、ひもを作ったりと、バナナは実にすみずみまで有効活用されている。以前は僧侶の托鉢に応じる供物もバナナの葉で作った容器に入れて鉢に入れたものだという。市場では商品の下にバナナの葉を敷いて傷み止めにして売っていたりする。

スナックの焼きバナナ

31 果物2

トゥリアン、マムワン、マラコー

トゥリアンはドリアン。強烈なニオイと精の強さで知られる「果物の王様」である。おかずにするというようなことはないが、タイ人にとっては季節の移り変わりを感じるめやすである。栄養価抜群、精神的求心力抜群、存在感抜群の、まさに王様である。市場にはさまざまな種類が並んでいる。今はトゥリアン・モントーンが人気を誇っているようだが、それ以外のカンヤーオ、チャニーなども独特の味わいを持つ種類である。生で食べるほか、トゥリアン・クワン(棒状の練り物)にして保存したり、ココナツミルクに浸して甘いもち米と食べたり、揚げてチップスにしたり、アイスクリームにしたりと、いろいろ工夫されているようだ。

マムワンはマンゴーで、トゥリアンと同じく料理らしい料理に使うことはないものの、タイ人の心に深く食い込んでいる果物である。ナム・ドークマーイ、キアオ・サウェーイが有力種。マムワンの木も庭によく植えられており、季節になると大きな木にいっせいに何百という実が垂れ下がるのは壮観である。そのままフルーツとして食べるほか、甘いもち米と合わせてココナツミルクをかけて食べたりする。酢漬けにしたマムワン・ドーンは酢漬けフルーツ屋でも女性に人気がある。熟していない堅いものをトウガラシをまぶした砂糖をつけて食べるのもお菓子の一種として人気がある。

マラコーはパパイヤで、こちらは料理にもつかう。本来は中南米を原産としていた果物で、一六世紀末にフィリピンに伝わり、そこから東南アジアに広がったものである。タイでは長い間、料理の素材として用いられ、フルーツとして食べ始めたのは近代になってからである。一番よくしられているのは生の熟していないマンゴーを削って、調味料や具とともに搗き合わせるサラダ、ソムタムであろうか。東北タイでは欠かすことのできない日常的な一品である。付け合わせでナムプリックとも食べ、ケーン・ソムの具としても用いられる有用な果物である。

マムワン

32
果物3
カヌン、マカーム、マンクット

カヌンは和名パラミツ。英名のジャックフルーツといったほうが通りがいいかもしれない。一〇〜一五メートルほどの大きな木の幹や枝に直接、一抱えもあるような巨大な実がつく姿は特徴的だ。実は四〇キロにもなり、大きな枕のような形であり、切り裂いてみると中には小さな実が種を含んで整然と並んでいる。色はトゥリアンのような黄色であるが、匂いはもう少し穏やかな、すえたような匂いである。フルーツとして食べるのは種の周りの肉だけであり、しこしこした赤貝のような食感で、さわやかな味である。実はまだ熟していないものを汁物にしたり、搗いたり、炒めたりして食べる。種もまだ未熟で柔らかければ蒸して食べることができる。カヌンは子供を中にたくさん持っているところから、吉祥の食べ物とされ、家々に好んで植えられるものである。

マカームはタマリンド。マメ科の巨木で莢に入った実をぶらさげる。莢の長さは五〇センチにも及ぶものがある。色は黒。自然に落ちてくるのは乾燥して堅くなっているもので、子供はチャンバラごっこに使う。市場では束にして売られる。若いものは莢も一緒に煮出して汁を取り、酸っぱい調味料ナム・マカームとしてつかう。実は、莢を手で破って、お菓子のようにして食べる。ねっとりした、甘酸っぱい、黒い実である。保存食にも用いられている。

マンクットは英名マンゴスチンで、マレー半島原産。小ぶりのミカンくらいの大きさの赤黒い実をつける。厚い皮を手でつぶすようにして割ると、中から純白のマシュマロのような実が顔を見せる。いくつかの房に分かれているが、房の数はヘタの部分を見ればわかる。おかずとして食卓に登場することはなく、フルーツ一本。味は癖がなく、甘い。果物の女王と呼ばれているのはその実の優雅さと万人に愛される味わいのせいだろう。なお、皮を割るときの汁は布についたら洗っても落ちないので要注意である。

マンクット

33
果物4
ソムとマナーオ

ソムはミカンのことだが、日本のミカンのように跳びぬけた発展をしているものと比べると、かなり見劣りがする。皮は薄くてむきにくく、種が多くて、実の甘さは足りない。じゅわっと口に広がる汁の豊かさも望めない。というわけなので、日本人の場合、風邪を引いたり、よほど疲れたりしたときに薬のつもりで買ってきて食べるという感じだろう。しかしジュースは話が違い、どこでも安い値段で生ジュースを楽しむことができる。タイのソムを使うと甘くないので、屋台ではシロップを混ぜられた上に氷で薄まって変な味になってしまうが、道端で自家製ペットボトルに詰めて売っているのは濃くておいしいことが多い。これは中国原産のソム・チェンという種類なのだといい、どうりで中華街では非常においしいものを売っている。

ソム・オーというのはザボン。ハンドボールのボールくらいの大きな夏みかんである。タイではマレー半島の付け根、ナコーンパトムを中心としておいしいソム・オーが栽培されている。むくのは大変だが、香りもよく栄養もいいので重宝されている果物の一つである。

マナーオはライムである。単なるフルーツであるソムやソム・オートと比べると、食卓上の重要性には格段の差があり、マナーオはタイ料理の調味料として一日も欠かせないものである。姿としてはピンポン球か少し大きい程度で緑色。皮は厚くないが、一つ一つむいて食べるものではなく、水平に半分に切ったのを指でぎゅっと絞って汁を用いるのである。カーオ・パット(炒飯)の皿の片隅には必ず半分に切ったマナーオが付け合わせて置かれるのがスタイルであるが、ヤムでも汁でもかなりのものにはこの半切りマナーオが添えてある。トムヤムなどタイ料理の酸っぱい味はほとんどがマナーオの味によっている。ナム・マナーオ(ライムジュース)としてもなかなかの人気者だが、タイ人の場合は砂糖も入れて飲むのが普通である。

マナーオ

34
果物5
ラムヤイ、ンゴ、ノーイナー、テンモー

ラムヤイは和名が竜眼。くるりと丸く、ちょっと堅い皮で覆われている。皮離れはとてもよく、中から半透明の甘い実が出てくる。市場では枝につけたまま売っていて、一枝買って汽車に乗り、片手間にクリンクリンとむいては食べているとじきになくなって、降りるころには足元が種と皮だらけになっている。高原で栽培される果物で、有名なのはランパーンである。おかずに使うことはなく、フルーツとして食べるほかにはジュースにしたり薬に使ったりするくらい。

ンゴは英名がランブータン。ピンポン玉ほどの赤い実のまわりに柔らかな毛が生えている。爪を使って皮をはぐと、なかなか皮離れがよい中に白っぽい果肉が見えてくる。甘く、水分が多く、誰にでも好かれる癖のない味である。ンゴはデザートに食べることが大部分で、お菓子にしたりおかずにしたりということもなければ、ジュースにすることもない。

ノーイナーは釈迦頭と呼ばれる、野球のボール位の大きさの果物である。色は薄い緑色が多い。釈迦の頭というのは、表面がごつごつしていて仏像のラホツのようだからそういうのである。中には黒い小さな種とその周りの甘い肉がぎっしりと詰まっており、皮のまわりは砂糖のようなざらついた感じで、どちらも甘いいい香りを放っている。熟すとやわらかくなり、触っただけでも崩れてしまうほど。そうなったら手に持ってハグハグ食べるのは無理なのでスプーンですくいながら食べることになる。ノーイナーもフルーツとしてしか使われない。

テンモーはスイカのことで、サッパロットと並んで道端の果物売り屋台の常連である。ガラスの箱に氷と一緒に果物を入れて、注文に応じて小さなナイフで切り分けてはビニール袋に入れてくれる。テンモーは日本のものより甘みは少ないが、トウガラシをまぶした塩を振って食べるとなかなかさわやかさである。地方のお年寄りなど、食欲のないときにはテンモーをおかずにしてご飯を食べたりするが、普通は果物で食べるかジュースにするくらいだ。

ンゴ

35 プリック

トウガラシである。原産地は中南米で一六世紀にタイに入ってきた新参者ではあるが、今やその役割の大きさたるや、トウガラシ抜きにはタイ料理はまず幕が開かないと思っていいだろう。トウガラシの辛味成分はカプサイシンといい、水にはとくに強く、一〇〇万倍に薄めてもまだ辛さを感じることができるほどに強烈な働きを持つ。だから、トウガラシでのた打ち回るような時には水を飲んでも無駄で、辛味が口の中に満遍なく広がってしまうだけである。このカプサイシンの含有量によってトウガラシの辛さをいくつかのグレードに分けることが普通だが、タイのプリック・キーヌー(緑と赤があり、表面は少しごつごつした小型のトウガラシ)とプリック・チーファー(緑と赤と黄がある、中型の表面がすべすべしたトウガラシ)はそのもっとも辛いランクに位置付けされる辛さの世界チャンピオンである。同じようによく使われているプリック・ユワック(少し大きめで薄い緑色をして、とても痩せたピーマンのような形のトウガラシ)やプリック・ヌム(細長くヘタのところがしっかりした感じの薄緑色のトウガラシ)は、前の二つに比べるといくぶん穏やかな辛さを持つ。プリック・キーヌーの仲間でも、さらに小型でずんぐりしているプリック・カリエンはもっとも辛い。タイ人は全員が辛いものが得意だと思ったら、それは間違いである。中華系の人や身分あるいい暮らしをしている人は総じてあまり辛いものは苦手である。逆に肉体を酷使して仕事する労働者は辛いものに強い。田舎の方では男の子など、トウガラシを食べると体が強い立派な男になれるなどと教えられたりする。慣れると、しまいにはポリポリと齧ったりできるものだが、気が張って元気になる一方、消化器にはいいことがないはずである。プリックの魅力は辛いということだけではなく、料理の際に切ってから油で炒められると強い芳香を発する点である。食べる分にはいいが、プリックを炒める煙をあびたりすると、涙が出て、しばらくくしゃみが止まらなくなる。

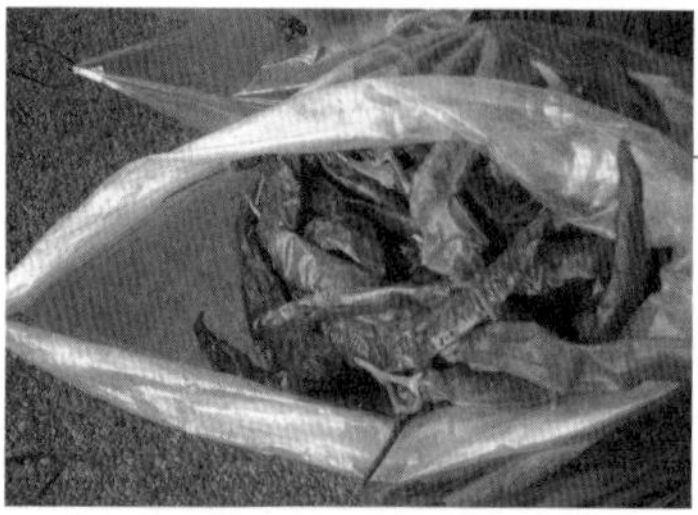

プリック・ヘーン

36 ヘット

キノコ類を総称してヘットという。タイではトム・チュート(薄味の汁物)の中に入れたり、トムヤムに入れたり、卵焼きに入れたりと、日本ほどではないにせよ食卓に登場する頻度は低くない。とくに中国系の家庭ではよくつかう。日本からヘット・ホーム(シイタケ)の乾物などをお土産にもって行くと思いがけず喜ばれたりする。

ヘット・ファーンは藁(ファーン)の束などによく増えるのでこの名前がある。和名はフクロタケという。五センチほどの、白っぽいずんぐりしたキノコで市場でもっともポピュラーなものの一つ。和え物にしてもいいし、カノムチーンの汁に混ぜてもいい。薄味のスープに入れても、牡蠣の油で炒めても悪くない。トムヤムに入っているのもこれだ。

ヘット・フーヌーは木茸で、ヘット・ファーンと並んでよく使われる。フーヌーとはネズミの耳という意味で、薄くてひらひらした感じが理由だろう。白と黒の二種類がある。白は透明な感じでさまざまな形がある。味は甘い。黒は腐った木などによく増えるもので、濃い褐色のゼリーのような感じ。やわらかく、甘い。いずれも炒めたり、煮たり、蒸したりと、すべての料理によく合うのは自分自身の味が強くなく、他のものと調和することと、どのように調理してもこりこりした独特の食感を失わないことが理由だろう。とくに白木茸は漢方・タイ方医学では重要な薬の一つ。結核をはじめ血の道、痔に至るまで、体の抵抗力をつけるために用いられる。

ヘット・ポは北部や東北部の山間部でしられていたもの。和名はツチグリという。乾季に山中の岩の下などに自生する。ツチグリという名の通り、褐色のころりとしたキノコで、若いうちは表側はコリコリして、中はちょっともっちりした食感である。もともとは野趣のある食材だったが、今は街にもいきわたっており、ケーン・クワにしたものは中部タイの有名料理の一つである。

ヘット・フーヌー

37 カオポートとマクア・テート

カオポートはトウモロコシ。もともと南米の原産で、ポルトガル人、スペイン人、オランダ人の商人によって広められた。タイ語のカオポートのポートはポルトガルという単語から来ているのだとも考えられている。若くてまだ小さいものは野菜として食べ、大きくなったものは一種の果物として、焼いたり、茹でたりして食べる。地方に行くと道端で痩せたカオポートを炭火で焼いているのをよく見かけるだろう。やはり道端で大きな鍋に入れて茹でているのにも時々出会うが、こちらの方が少し肥えたカオポートである。またあまり一般的ではないが、豆乳と同じ要領で、ノム・カオポート(トウモロコシ乳)を作ることもできる。コクがあってなかなかおいしいものだ。バンコク中央駅にブースがある。料理に直結しているのはカオポート・オーン(ベビーコーン)で、トムヤムにも入れるし、トム・チュート、ケーン・リエン、ケーン・パーなどにも常連である。ほんのりとした甘さがトウガラシのとがった辛さをまろやかにしてくれる。炒め物にもよく使う。豚肉でも、エビでも、辛いものでもそうでないものでも、相手を選ばない強みがある。カオポート・オーンは現在世界中でヒットしている野菜の一つであり、生、缶詰を問わず、タイの重要な輸出品でもある。

マクア・テートはトマトである。カオポートと同様、中南米の産で、一六世紀にヨーロッパに持ち込まれたものの、一九世紀半ばを過ぎるまではあまり使われなかった。本格的に食べられ始めたのは二〇世紀になって、品質改良が進み実が大きくなり、アメリカのトマトケチャップが世界の食卓を席巻してからの話である。南中国でも二〇世紀になってから料理に使うようになり、タイでも西洋、中華の両面から少しずつ使われ始めたが、まだまだ好まれてはいない。プチトマトをケーンに入れたり、スープにしたり、洋風のサラダにしてみたりする程度である。

カオポート

38 ナムプラーなど

ナムプラー(直訳すれば「魚の水」)は魚を塩漬けにしたときにできる汁を集め、熟成させて調味料にしたもので、タイ料理には一日も欠かすことのできないものである。近年は日本でも手に入るし、そもそも日本にも秋田のしょっつるなど同じような趣向の調味料がある。ベトナムではヌオック・マム(塩漬け魚の水)、カンボジアではタック・トレイ(魚の水)、ラオス語でナム・パー(魚の水)とインドシナ半島では大体同じような発想で名前がついている。タガログ語でパティスといい、オーストロネシア世界にもその裾野を広げている。東アジア、東南アジアのほぼ全域に広がる代表的な調味料である。ナムプラーはスーパーでも市場でもどこでも買うことができ、エビやイカを使って作ったものもあり、値段も非常に安いのからなかなか高いのまでちょっとした幅があるので、まさに選り取り見取りだといえる。バンコクの近郊にあるマハーチャイは有名なナムプラーの産地である。バスを降りると港らしい潮くささの中にどこからともなくナムプラーのしょっぱいような甘いような香りが漂ってくる。工場を見せてもらうと、小魚やエビの発酵した匂いや姿は、まさに東南アジアの食の原点を見るような思いがする。

ナム・ブゥードゥーは南タイのナム・プラーとでも言えるだろうか。魚に塩をしてハイという土製の壺に密封し二ヶ月ほど熟成させたもので、そこでできるのをナム・クーイという。さらに一年ほど寝かして漉したものをナム・ブードゥーというのである。台所のさまざまな場面に登場するが、ライム、ヤシ砂糖、干しエビ、バイ・マクルート(コブミカン)、ワケギ、トウガラシなどを合わせるだけでもちょっとした野菜の付け汁になる。

東北タイのプラーラーも魚を塩と炒りぬかで漬けて、二、三ヶ月発酵させて作る調味料である。各家庭で作り置いてあるもので、ソムタムをはじめ、ケーン・オムやナムプリックなど、使い道はとても広く、欠かせない調味料である。

ナムプラー工場にて

39 調味料セット

屋台でも大衆食堂でも、ホテルのレストランでさえ、テーブルの上には調味料のセットが置かれている。ごくありふれた壺に入っているものもあれば、ステンレスの回転式の調味料セット容器に入っている場合もある。みんな、料理が来ると、一口も食べないうちから、調味料セットに手が伸びる。クイティアオの場合、かなり大雑把にざっくざっくと一通り放り込んで、それをかき混ぜ、それでやっと最初の一口になるのである。

絶対に必要なのは、ナムプラー。タイ料理にはなくてはならない調味料だから、当然といえば当然だが、ちょっとしょっぱくしたいときに入れる。塩よりはずっと穏やかなしょっぱさで、魚の香りもするのがうれしい。次に大切なのは砂糖。白い砂糖で、こころなしか日本の白砂糖よりも甘みが薄いような気がするのは気のせいかもしれない。砂糖は調味料セットの中ではもっとも多く用いられている調味料だろう。一杯のクイティアオに大盛り三杯くらい叩き込む豪傑もいる。普通の人でも必ず一杯は入れているようだ。もちろん甘くしたいときに入れる。さらに隣にはトウガラシも並んでいる。日本で言う一味トウガラシで、辛くしたいときに入れるわけだが、誰もが必ず一杯は入れている。これを見るとタイ人はやはり辛いのがすきなのだと納得する外国人も出てきそうである。最後にお酢に生トウガラシのぶつ切りを漬け込んだもので、一般にはナムソムと呼ばれているもの。お酢が酸っぱいのはよくわかるが、生トウガラシをぶつ切りにしているので、中の辛味が滲み出してかなり辛いものになっている。ただしこれはクイティアオなどの汁物に入れるものではなく、目玉焼きなどあまり辛くない料理やご飯の上にかけてコントラストを強めるためのものである。懐具合によっては、熱いご飯にこれだけかけても、食べられないものではない。ある種の西洋人にかぶれたのか、化学調味料に忌避感を示す日本人もたまにいるが、タイではあまり神経質にならないほうがいいはずだ。

食卓のトウガラシ入りナムソム

40 プリックタイ

　プリックタイはコショウである。南インド原産ともマレー原産とも言われ、いずれにせよ、インドシナ半島の住民にとってはごく古い時代からなじみのある香辛料である。ペッパーという英名も梵語ピッパリーから来ており、ピッパリーとはインドナガコショウという種類である。白コショウと黒コショウの別があるが、種類が違うのではなく、食品としての加工の段階での差異である。熟していないコショウの実は暗い緑色である。黒コショウは香り、白コショウは辛さに特徴がある。黒コショウの方が好まれるのは、一つには手間が掛かっていないぶん値段が安い点、体にもいいと考えられている点、辛さよりも香りを期待する点が理由だろう。プリックタイは食文化史の項目でも触れたとおり、一六世紀にトウガラシがタイに来る以前は、イーラー(ウイキョウ)などとともに辛味を作るための立役者だったといっていい。その頃は辛さが重視されて、白コショウがもっと使われていたのかもしれない。イーラーは料理の中に入ると香ばしい香りも出すので、文学の中にはよく登場するものである。

　タイでは香辛料として乾燥させた黒コショウ、白コショウを粉にして使うほかに、まだ熟しきらない緑の実を、その実だけ、または実のついている房ごとをハーブとして料理に使う。ケーン・パー、ケーン・ペット、パットペット(辛い炒め)などには常連で顔を出してくる。辛いケーンの中にありながら、辛味は穏やかで、他のものと合わさって口中で香ばしさを発揮してくれる。

　プリックタイはタイ方医学では重要な薬としても使われている。体の中の熱を出し、消化器の働きを助けるものとされているほか、民間医療的になるが、ジンジャーやワーンプライ(ポンツクショウガ)やパック・ペットデーン(モヨウビユ)とともにつきこんで焼酎に混ぜて、婦人の悪露を下ろすのに使ったりする。風邪を引いた子供の頭にプリックタイの粉をすりこんで回復を祈ったりもする。

プリックタイ

41 クイティアオ

クイティアオを食べたことのないタイ人はいない。無論、そう言い切るのは早計であろうが、そう言い切りたいほどにタイ人の生活にもっとも深く入り込んでいる麺類である。クイティアオは米の粉で作った麺類である。もともとは中国の食べ物で、タイでも中国人によって作られ、中国人によって売られ、中国人によって食べられていた。漢字で書けば「粿條」とされているが、呼び名はともかく、似たような麺類はインドシナ半島の各地で食べられている。その原型について具体的な姿はほとんどわかっていないが、タイでは長らく中国人が天秤棒に麺や寸胴を下げて売りに来たもので、客は路上にしゃがんでそれを食べていた。一九四〇年代以降、ピブーン政権がクイティアオ売りをタイ国籍保持者に限定し、またその食物としての完全性を喧伝したことから、タイ社会にも本格的に広がっていき、タイ人の好みに合った形と味にヴァリエーションが広がったものであろう。一九五〇年代以後は天秤棒は姿を消し、現在見られる車のついた屋台や一般の店舗で売られるものへと販売形態も変化している。現在のタイでは豚ベース、牛ベース、鶏ベースの三種類が主流で、この十数年、バンコクではとくに豚ベースが優勢、牛ベースが押され気味だといっていい。麺の形としては太麺、細麺、極細麺の三種類が、形態としては汁そばと汁抜きそばの二種類が行なわれている。何ベースであれ、注文する人はその好みにしたがって麺の種類、汁の有無を選択するのである。さらにトッピングの具は豚肉、牛肉、鶏肉、つみれ玉などがあり、豚の皮を揚げたケップムーもオプションで載せて食べる。あひるクイティアオ、魚肉ベースのクイティアオもあり、発酵した豆腐やイカやトマトケチャップなどを加えたイェンターフォーもクイティアオの一種であり、くるくると丸めたような独特の麺と豚のもつを入れたスープのクワイチャップ、短い麺のイアムキーも親類関係にある。

クイティアオ・ペット

42 バミー

バミーは小麦粉で作った黄色がかった麺で、日本の中華そばと同系列のものである。日本人の目にはなじみが深いが、タイでは米で作った麺類が主流を占めているせいか、ちょっと肩身が狭そうに見える。屋台で豚をベースにしたクイティアオと一緒に売られているのがほとんどで、ガラス箱の中に並んでいる米の麺の下で、一玉二玉まとめておかれて出番を待っている。だから、スープも特別なものが用意されているわけではなくて、その店で売っているクイティアオのものを流用することになる。その代わり、具はちょっと独特で、ムーデーン(チャーシュー)とキアオ(ワンタン)が基本アイテムで、そこにグリーンの野菜が添えられる。赤、白、緑の中華的なカラーリングは、意図したわけではないだろうが、中国の哲学を思わせるものがある。具ではその他に、カニの肉を添えたものもあり、チャーシューやワンタンとも素直に同居できるので、かなり一般的になっている。ちょっとゴージャスなバミーである。クイティアオと同じく汁そばと汁抜きとの二種類があり、好みに応じて選ぶことができる。食べ方のヴァリエーションとして、バミー・クロープ(カリカリに揚げた麺)にとろみをつけた野菜や豚肉などのタレをかけたラートナー(あんかけ)もよく食べられている。また、乱暴な分け方をすれば、名前の上でバミーとは言っていないが、北タイに多いビルマ系のカレー味そば、カオソーイもバミーの一種であろう。ただし伝わってきた経路という点ではまったく違うと考えるのが普通だろう。

バミーは漢字で書けば「肉麺」で、タイで一般的に食べられるようになったのがいつごろかは定かではない。福建人の多いマレーシアでは炒めて食べられることが比較的に多い。潮州人が主流のタイでは中華料理店での料理はともかく、街中では炒めて食べることは稀である。さらに麺そのものもマレーシアのよりかなり細くできているのは系統が違うと考えるべきか。

バミーの麺

43 カノムチーン

カノムチーンはうるち米の粉で作った麺類で、クイティアオの一種である。センヤイ（クイティアオの太麺）と同じく生麺で、ねかせたものとねかせないでそのまま食べるものがある。ねかせたものは色が少し黄色っぽくくすんだ感じになり、歯ごたえがもっちりする。ねかせないものは白くて薄味で、歯ごたえはすっきりしている。タイでは南部や中部ではねかせないものが好まれるが、北部や東北部ではねかせたものが喜ばれている。ねかせたものの方が古形であろう。チーンという名前から中国渡りのようにも誤解されるが、実のところモーン・クメールの食べ物だというのが有力な説である。カノムはうるち米の粉で固めたものの総称、チーンは熟させることの意味だという。ラーマ四世王はそれまで中国正月の際には中国人僧にカノムチーンを供養していたのを、誤解を招くという理由で、カオラオに換えている。カオラオは麺抜きのクイティアオ、具沢山の中国スープである。また、カノムチーンは、ビルマ、ラオス、タイ、カンボジア、ベトナムと、インドシナ半島のほぼ全域に広がる古い食べ物である。あきらかに南中国からの伝来物であるクイティアオとは、その技法は似ていても、背後にある事情はかなり違うといわざるを得ない。食べ方は皿の上にカノムチーンを載せて、その上からさまざまな汁をかけて食べる。その汁によって、カノムチーン・ナムヤー（魚の汁）、カノムチーン・ナムプリック（豆の汁）、カノムチーン・ナムンギアオ（シャン族風汁）、カノムチーン・ナムチェーオ（ナムプラーとトウガラシの汁）、カノムチーン・ケーンカイ（鶏の汁）などの別がある。カノムチーンは一般に吉祥の食べ物とされており、葬儀には食べないというところも少なくない。寺祭りの際、近隣の人が総出で米の粉を作り、それを搗いて練り上げる時の仕事歌「ノーネー」など、土着の食べ物の持つ文化的な副産物や信仰に満ちた存在である。

カノムチーン・ナムヤー

44
載せもの系1
カオマン・カイ、カオ・カイトート、カオ・ナーカイ

庶民の昼食というものは、ヨーロッパあたりではどうなのか知らないが、アジアではのんびりと楽しむというものではない。ちょいちょいと済ませて、ちょっと休んで、昼からの仕事に続けるのが当たり前、というかスタイルなのである。で、ファストフードということになるのだが、一番簡単で早いのが、あらかじめ炊いておいたご飯に、あらかじめ作っておいた何らかの具を載せて出すという、載せもの系の一杯飯である。後片付けも皿一枚ですむわけだから、店のほうでも忙しい昼食時にはもってこいなのである。

載せもの系も分けてみれば、その具によって、鶏・アヒルの二本足派と豚などの四本足派に大別できるだろう。カオマン・カイはまさに載せ物系二本足派の代表選手であり、タイ全土で食べられないところはないというほどの大隆盛を誇る一品である。カオマンとは脂っこく炊いたご飯というほどの意味で、ココナツミルクを入れて炊いてもいいのだが、ここではせっかく鶏肉を煮るのであるからその煮汁でもってご飯を炊くと、ほんのりと鶏の香りがして、くどくなく出来上がる。そこに柔らかく煮たり蒸したりしたカイ(鶏)をのせて、豆から作ったタレをかけて出来上がりである。たいていはスープが別につく。鶏飯は中国人の得意料理で、東南アジア中に分布しているが、マレーシアなどで売られている海南鶏飯は骨があったり皮が脂っこかったりして、タイから行った人の口に合わないことが多い。タイの場合、カオマン・カイの鶏肉には骨はつけないのが普通である。煮た鶏肉ではなく、揚げたそれをご飯の上に載せればカオ・カイトートである。こちらは煮汁が出ないせいか、ご飯は普通の飯でカオマンではない。付け汁は甘い感じので、カオマン・カイのとは違う。普通のご飯に焼いたアヒル肉を載せて、こってりしたタレをかけるのがカオ・ナーカイで、こちらは香ばしい皮とアヒル肉のボリュームが命である。

アヒル飯、カオ・ナーペット

45

載せもの系2

カオ・ムーデーン、カオ・ムークロープ、カオ・カームー

載せ物系四本足派の代表といえば、カオ・ムーデーンだろう。ムーデーンとは焼き豚で、ケチャップで表側を赤くしているために、ムーデーン（赤豚）の名前がある。ムーデーンはバミーにも定番で入っている具でもあり、一皿に盛ってご飯のおかずにもしたり、ビールのつまみにもしたりと何かと重宝なものなのだが、やはり一番ポピュラーな出会いとしてはカオ・ムーデーンを頼んだときにご飯の上に載って出てくる姿だろう。カオ・ムーデーンはご飯の上に、ムーデーンを六、七枚切って載せて、甘いタレをかけて出すというだけの単純な料理である。スープはつかないが、その代わりにゆで卵が半分、二つに切って付けあわせられるのがお約束である。載せ物はムーデーン以外に中国ソーセージのクンチエンが数切れ、介添え役として姿を見せていることもある。ご飯の上に焼き豚ではなく、揚げ豚を載せたものがカオ・ムークロープである。クロープとはカリカリになった状態のことで、豚肉の塊を大きいまま油で揚げて、表面をカリカリに、内部を柔らかく脂身もそのままに残しておく。で、注文に応じて六、七切れを切り取ってご飯に載せ、タレをかけて出すというもので、ゆで卵は時の運でついたりつかなかったり。豚の香ばしさが楽しめる一品である。ムーデーンもムークロープも、屋台のショーケースの中に手鉤でぶら下げられて客を待っている。一方、ご飯の上にとろとろに柔らかく煮込んだ豚のもも肉を載せて出すのがカオ・カームーである。煮込む際の味付けに絶妙の秘伝が込められており、旨い店の集客力には絶大なものがある。豚の脂身とぐずぐずになった赤身のコンビネーションが売りである。タレはとくにないが、豚の煮汁をかけてくれる。付け合せは煮込んだ青菜と煮込み卵。汁の沁みた卵の味が魅力を増している。ご飯の上に載せないでも、それだけを単品で頼んで、ちょっと一杯やるときのつまみにするというのも悪くない。

カームーの鍋

46 カオパット

炒めご飯である。炒めるという調理法そのものは中華鍋が伝わって以来のもので、純粋にタイ族のものかといわれれば疑問は残るのだが、中華鍋が伝わったのもたいへん古いことであろうから、炒めものとタイ人との関係も昨日今日のことではないはずである。しかし、カオパットがごく普通のタイ人家庭の中で食べられていたかといえば、それもまた疑いが残る。カオパットもやはり冷蔵庫の普及する一九五〇年代までは十分にタイ人家庭の中に入っていた形跡がないのである。炒め飯はおかずにはならないので市場で買って家で食べるということはあまり行なわれたと思えないし、家に持って帰るまでにはおいしくなくなってしまうだろう。残ったご飯をおいしく食べられるというところが炒め飯の取り柄なのだが、高温多湿の気候の中、ご飯が腐ってしまったら、炒めようと茹でようと食べられないのは当然だし、そもそも炒めるためには強い火力が保証されなければならない。だから基本的に大衆食堂での外食メニュウだったのも無理のない話である。

現在、カオパットはタイ料理の定番メニュウで、家庭でも一般的に食べられている。そもそもタイで食べられているインディカ米はパラパラとしており、またそのように炊くのがスタイルなのだが、それは炒め飯を作るのにぴったりなのである。家庭でも残ったご飯で簡単に作ることができ、具もうるさいことは言わない。鳥や豚やエビがあればもちろんそれに越したことはないけれど、そのような大物がなくてもかまわない。中国ソーセージであるクンチエンや北タイのムーヨー、ネームといった腸詰系、ツナ缶や魚の缶詰などの保存食系、残り物の野菜、卵、その他何でも、可ならざるはなしといったところである。一方、辛いものが一切だめという外人には強い味方となったので、一般食堂からホテルの食堂や高級レストランにも進出することになった。シーフード炒め飯、パイナップル炒め飯などはそうした高級路線から生まれた新メニュウである。

レストランのカオパット

47
カオケーン

ご飯に何かをかけて食べるのは一杯飯のもっとも標準的な姿である。これも分けてみると、前に作ってあるおかずや汁をご飯にかけて出すだけのものと、注文を受けてから調理してご飯にかけて出すものと二種類あるようである。作ってあるおかずをご飯にかけて出すのは、基本的には惣菜屋で、惣菜を持ちかえりで売る店が、そこで食べていく人のために椅子や机を設置して間口を広げたわけである。店の前のショーウィンドウにはアルミ製のトレーが並んでおり、作り置きの汁物や炒め物や煮物が入っている。庶民魚プラー・トゥーや目玉焼き、中国ソーセージのクンチエンも並んでいるだろう。その脇には小さなコンロがあって、トムチュート(薄味の汁物)あたりがかかっている。気の利いた店なら二種類か、三種類くらい用意されているかもしれない。頼む人は指差しでも口で言ってでも、一、二種類のおかずを指定して、それをご飯の上にかけてもらう。ちょっと余裕があるときには目玉焼きとかクンチエンの揚げたのでも追加で載せてもらうか、トムチュートを一椀もらえば、二、三人ですくって飲むこともできるといった具合である。一方、注文して作ってもらうのは、屋台でとくに多い。ガスのコンロを備えていて、中華鍋を片手にどんどん作ってはご飯に載せていくのは見ているだけでリズムを感じる職人芸である。一食作るのに要する時間が短いことにあらためて驚かされたりする。バイ・カプラオ(ホリーバジル)と鶏肉炒め、エビとカレーペースト炒め、カナー(カイラン)と塩漬け豚や塩漬け魚の炒め物、野菜炒め、プリック・パオと鶏肉炒め、豚のパット・キーマオ(酔っ払い炒め)、などなどが定番のメニューで、それに加えてカイ・チアオ・ムーサップ(ひき肉入り卵焼き)や春雨の炒め物がよく出るところだろう。トムチュートも注文によってすぐさまこしらえてくれるし、目玉焼きがほしければこれもあっという間に揚げてくれる。こちらは万能の職人芸的ファーストフードといったところだろう。

さまざまなカオケーンの具

48 カオトム

カオトム(お粥)は家でも街でもよく食べられているが、どちらかと言えば夜に食べるものだというイメージが強い。本当の夕食が終わってしばらくして、ちょっと小腹がすいたなぁという時に登場するもっとも軽い、でもお菓子なんかではない一品がお粥というわけである。

一般にタイで食べられているお粥はその形態から次の二つに分けてみることができる。一つは米の形が見えるような、ごく水っぽいご飯で、これが普通に言うカオトムである。トムとは煮るという意味のタイ語で、ご飯をあらためて煮たものである。もう一つは米の形がぐずぐずに崩れた状態になるまで煮込んだもので、これはチョークと言う。チョークは中国人の言葉で、漢字で書けばまさに粥だろう。

カオトムはさらに二種類に分けることができる。一つは具を煮込んだカオトム・クルアンで、それだけで一回の食事になる。具は豚肉、鶏肉、魚肉といったところで、中国人のものだけに牛肉は少ない。意外に魚肉が健闘しているのはさっぱりした感じが夜の食事にあうからだろうか。もう一つは具も何も入っていない素のカオトムで、おかずと一緒に食べるもの。これはカオトム・クイという。カオトム・クイの店は街でも一番遅くまでやっているもののひとつで、お酒も出す。夜遊びの後の小腹ふさぎで、お粥を食べながら、ちょっとした料理をつまみつつ、一杯という趣のある場所なのである。料理は小さなものは酢漬けの野菜、酢漬けの小エビ、塩漬け卵、ピータンなど。もうちょっと本格的に食べるのなら、チャップチャーイ(野菜のごった煮)やプラー・サリット(アイゴ)の揚げたもの、カームー(豚のももの煮込み)といったところだろう。

チョークは具に何を入れてもよさそうだが、実際にはミンチした豚肉がほとんどである。卵を落として一緒に煮ると食べるころには半熟になっていい具合である。薬味の漬け生姜も忘れてはならない。チョークもカオトムもれんげを使って食べる。

チョーク

49 ホーイトート、クラポ・プラーとカノムパン・サンカヤー

三つとも夜の街に出ている屋台である。ちゃんとした店でメニュウになって出てくることはなく、あくまで屋台というのがスタイルである。どれもお菓子やスナックというのでもなく、もちろんご飯のおかずというのでもない。しかし、そこそこおなかにはたまるので食事の代わりに腹をふさぐこともできる。マージナルな存在である。

ホーイトートはホーイ・ナーンロム（牡蠣）と卵を合わせて炒ったもので、中華料理色が強くふわふわに仕上げる牡蠣炒めオースワンよりも、もう少し硬く、お好み焼きのような感じにする。料理人が大きな鉄板を前にして牡蠣と卵をへらでならしている姿はまさにお好み焼きである。食べるのはケチャップのような、ちょっと酸っぱいソースで食べる。

クラポ・プラーは魚の浮き袋のスープである。とろみがかった感じで、鶏肉、シイタケ、タケノコ、豚の皮など、いろいろのものを煮込んであるのが複雑に重なり合った味を作っている。寸胴をのぞくと宝物の箱をのぞく気がする。オプションでウズラのゆで卵とか鶏の足を柔らかく煮たのとかを付け加えることができる。病人の食事にもよく用いられるのは、消化がよく、栄養価も高いからだろう。

カノムパン・サンカヤーもタイの夜歩きには欠かせない脇役である。ふかふかであつあつに柔らかく蒸した食パンのかたまりを、フォークでさして甘いカスタードのサンカヤーにからめて食べるものである。サンカヤーはクリームのようだが、トーイの葉で緑色の色と独特の香りをつけてある。タイ人はほとんどパンというものを食べないのが普通だが、カノムパン・サンカヤーともう一つ夜の屋台でやっている甘くしたトーストは例外である。飲み物はいずれもカーフェーで、これはコンデンスミルクとコーヒーを混ぜた赤土色のコーヒー。かなり面妖な味だが、一緒に出てくる中国茶と合わせて飲んでみると、独特の趣が感じられるものである。

これもやはり屋台メニュウの一つであるマレー風のスナック、ローティー

50

ナムプリック

おかずの中のおかずである。言うまでもないことだが、米食の民族におけるおかずは、食卓の主人公であるご飯に対して仕える家臣としての存在である。ご飯をおいしく食べるために、そのおかずがどれほど功労を発揮するかという点こそがおかずの価値を決めるのである。ナムプリックはさまざまな材料から作ったペースト状のおかずの総称であり、食卓家臣団の中枢、旗本といっていい存在である。そのゆえにタイ人の食卓的ナショナリズムの中心としても働いている。タイではじめてのミス・ユニバースとなったアパッサラー・ホンサクン以来、歴代のミスたちは一番好きな食べ物は何ですかというお決まりのインタヴューに答えて、迷わずプラー・トゥーとナムプリックですと答えるのが定法になっているようだ。ミスの中には外国人の血が混じっている人もいるだろうし、近寄りがたい美人もいるだろうが、ナムプリックが好きだということは、とにかく仲間だ、応援するぞというわけなのだろう。

ナムプリックの数は非常に多い。北部タイだけでも三〇種を超えるナムプリックが数えられているという。東北部ではチェオやプンと称し、これまた豊富な種類があり、食卓の定番である。中部でも南部でも、タイ国全土でそれぞれの土地の材料を生かしたナムプリックが作られている。構成する食材としてはエビのペースト、タマネギ、ニンニク、塩、ナムプラーとプラーラー、マナーオの絞り汁などなど。しかし、けっして欠かせないのはプリック(トウガラシ)であり、味としてはやはり「辛い」というのが基本のコンセプトになる。もちろん中央部ではわりに穏やかな味のナムプリックが好まれ、北部では思いっきり辛いのも人気があり、家庭によっても主婦の好みによりそれぞれだとも言えるが、辛くないナムプリックはちょっと考えにくいものである。トウガラシが東南アジアに受容されたのはおそらく一六世紀中盤以降であろうからナムプリックの歴史もそれをさかのぼることはなさそうだが、タイ人の生活にかくも密着しえたのは驚くべきことかもしれない。

ナムプリック・カピ

51 タイスキとチェオホーン

タイスキは煮立てたスープの中に具を投入して、食卓を囲む人は各自小さな金網でもって具をすくい、甘辛いタレにつけて食べるという鍋物である。一九五〇年代の半ばに広東あたりから伝わったというが、未詳である。いずれにせよ中華料理の系統であることは確実で、中央に煙突のような排気口のある鍋の形は、以前から中華料理の一部で火鍋として、ご馳走の魚頭スープなどに使われていたものと考えられる。そこに日本のすき焼きやしゃぶしゃぶのイメージが重ねあわされてシーロム通りに出現したものであろう。

タイスキは日本人の中では圧倒的な人気を誇る料理である。とくに何人かの日本人が集まると、必ずタイ料理を食べられない人がいるので、いっそ日本料理にするか、辛くないタイスキにするかというのが手ごろな選択肢だからである。具は豚肉、牛肉、鶏肉、エビ、魚の切り身、イカの切り身、各種肉のつみれ団子、エビのペーストの海苔巻き、貝、卵、春雨、キノコ、豆腐、各種野菜など、要するに何でもかまわないのであって、全部ぶち込んだ闇鍋状のものとなる。タレはその店の評価の分かれるポイントで、秘伝だといっていい。生卵をからめて食べることもある。最後に残ったスープでおじやを作ったり、バミー(小麦の麺)を入れて煮たりするのは、とくに日本人の間では必ず行なわれる儀式である。タイスキのほかにサイドメニューでアヒルの焼き物や焼き豚、シュウマイなどを頼むこともでき、本来の中華料理の残り香を感じさせる。近頃では火災予防の必要から、ガスも炭も使わず、もっぱら電気の鍋を使うようになってしまったのは趣半減である。

チェオホーンは韓国のプルコギの鍋を使ってつくる、東北タイ料理出身の新しい鍋物である。具は味付けされた肉を主体としており、そこに野菜や春雨が加わる。肉はさらに卵を絡めながら煮る。タイスキの高級感とはまったく違い、多くはオープンエアーの屋台がその舞台である。

チェオホーン

52 飲み物1

水と清涼飲料水

タイ料理の正統な飲み物はなんと言っても冷えた水である。水で一番おいしいのは雨水で、独特の甘みがあるのだというが、それは空気のきれいな地方での話で、バンコクの雨を飲むわけにもいかないだろう。一般にタイは飲み水の豊富なところではないことにバンコクなどの都市部では、川や運河は水源であると同時に恐ろしい伝染病の道でもあった。近代化以前のバンコクの運河の汚さは相当なもので、コレラがはやると、死体があちこちに浮いていたものだという。もちろん飲むなど論外である。何しろ下水の水を飲むようなもので、普段のときでも水あたりで命を落とす外国人は数え切れないほどいたわけである。飲用水専用プラパー運河が一九一〇年に開通し、水道というものができてから現在までも、水道の水をそのまま飲むというのは一般家庭でもあまり推奨されることではなく、水道水は濾過するか、沸騰させて消毒してから飲むのが普通である。飲み水を売るようになってからは、一般家庭でも二〇リットルくらいのタンクで買う。これは配達サービスがある。二リットルくらいの小さなボトルウォーターも多い。シンガビールの会社が作っているナム・シンは有名だが、地方ブランドも含めて、数え切れないほど多くの会社が飲料水業界に進出している。給油所でサービスにくれるのもたいていボトルウォーターである。ドライブは喉が乾くからだろうか。

清涼飲料水はペプシ・コーラが圧倒的に有力。とにかく食卓にペプシがないとものが食べられないという大ファンも少なくない。宣伝も凝ったのが多い。かなり下ってファンタくらい。リポビタンDは人気が高い。M-150、M-100はビンの大きさが違うだけ。クラティンデーン(赤い野牛)は一番人気のスタミナドリンクだろう。カンボジアなど周辺国でも売られている。缶入りもあるが二五〇ミリリットルは少々多すぎる感じだがどうなのだろうか。

雑貨屋で売られる清涼飲料水

53
飲み物2
オーリエンなど

瓶詰めの清涼飲料水以外にも、伝統的なジュースがいくつかある。大学や役所などの食堂には、前にガラスの大きなビンを置いた飲み物屋のブースが必ず一つ二つはあるだろう。もちろんペプシを頼んでもいいが、ガラス瓶の中から適当なジュースを頼んで氷の一杯入ったグラスに注いでもらうのも悪くない。

黒いのはオーリエン。タイのブラック・コーヒーだという人もいて、気持ちはわかるけれど、難しいところだろう。一般にはマカーム(タマリンド)の種を炒ったもので作る甘い冷やし物である。近頃はインスタントコーヒーで代用することもあるというが、コーヒーの味はしない。漢字で書けば「烏涼」だというから、中国人の飲み物だったのがタイ社会に受け入れられたものだろう。それでも学士院版のタイ語辞書にはその語彙自体が載っていないほど冷遇されている。アイス・コーヒーはカーフェー・イェンといって、ミルクコーヒーが同じようにガラスビンの中に用意されている。もちろん大変甘く味付けされている。もう少し赤みがかった、赤土色のようなのがチャー・イェン(アイス・ティー)で、甘くどこか紅茶のような味がする。

たいてい並んでいるのが、深いワインカラーのナム・クラチアップで、クラチアップ(おくら)のジュースである。よく使うインドと違って、タイではあまり使われない野菜で、ケーン・ソムに入れることがある程度だが、ジュースはポピュラーである。味は甘酸っぱく、オクラの味とはまったく違う。ミカンジュースはナム・ソムと呼ばれるが、タイのミカンは日本のそれのように柔らかく甘くはなく、もっとプリミティブな感じ。甘くするのにはシロップを加えている。その場で絞ったのをだすのはナム・ソム・カンという。ラムヤイ(竜眼)の実をシロップに付けてジュースにしたのが、ナム・ラムヤイ。ジュースの上にはちょっと実も載っているので、おまけがついてきた感じのうれしさがある。

オーリエン

54 ビール

ビールはいまやタイでもっとも日常的に飲まれているアルコール飲料だといえるだろう。バンコクにはもちろん、ちょっとした町にはビアガーデンが出現しており、地元の人たちがビールをやっている。もちろん生ビールである。暑い国だからといえばその通りだが、タイが暑いのは今に始まったことではないから、理由はやはりビールの値段が相対的に安くなってきたことによるのが大きいのかもしれない。思えばバンコクにある普通の食堂でビールの大瓶を一本頼んだとして、二〇年前で七〇バート(七七〇円)、現在でも七〇バート(二〇〇円)といったところである。もう少し安いところもあるくらいだろう。この二〇年間にクイティアオの値段は二倍半くらいにはなっているのだから、ビールの値段はかなり下がっているのである。そしてその分、消費は大きく伸びた。

　種類も多彩になっている。以前は一九三三年開業の歴史を誇るビアシン(シンガービール)とクロスターくらいしかなかったものが、現在はハイネケン、ビアチャーン(象印)、リーオー(豹印)、新しくプーケット・ビールなどというのまででき、百花繚乱の体をなしている。しかもそれぞれのブランドがその中で細分化した商品を生み出しているのは迷ってしまうほどだ。もっともそれぞれの店がすべての種類の商品を取り揃えているというわけではなく、そのうちのいくつかしか置いていないのが普通なのであるが、今一番売れている、安くて薄口のビアチャーンと定番の濃い口のビアシン、ちょっと気取った感じで他のより少し高いクロスターくらいは置いてあることだろう。リーオーは値段を抑えてビアチャーンに対抗してはいるが、一番安いというのが心理的にストッパーになっているのだろうか。バンコクでは、スーパーでは売られているのに、店にはあまり出ていない。タイのビールは日本のよりもアルコール度数が高くて、六パーセントくらいが普通である。酔い心地のハカがいくわけである。

ビアガーデン

55

焼酎、ウィスキーなど

ビール以外の酒となると庶民派なら焼酎で、もち米から作るラオ・カーオ、モミから作るラオ・ウ、サトウヤシの樹液から作るナム・ターン・マオといったところである。アルコールの強さはラオ・カーオが強く、ヤシ酒は低いまま飲むことが多い。ラオ・カーオは沖縄の泡盛の原型になったものとして有名である。酒としての強弱はともかく、味はというと同じタイ米から作った泡盛には遠く及ばない、プリミティブな感じの酒である。これらは一応非合法ということになっているが、地方では日常的に飲まれている。しかし、一方自家製ラオ・カーオによる事故があとを絶たないのも事実である。

ウィスキーは何と言っても一九四一年創業のメーコーンが世界的に有名である。東北タイから販売を開始しただけあって、ラープやカイ・ヤーンといった東北タイ料理にはさっぱりしていてとても合う。とはいえ、米とサトウキビが原料で、麦から作るいわゆるウィスキーというのとは味も香りもかなり違っているのはやむをえない。オン・ザ・ロックで飲むというより、水割りか、ソーダ割りにするのが一般的な飲み方だろう。ソーダはラーマ四世王時代から外国人向けに生産されていたもので、比較的歴史が古い。これも安全な飲み水に苦労していた背景があるのだろうが、ともかくソーダだけでなくリポビタンDやクラティンデーンなどのドリンク剤をおまじないのようにちょっとたらして飲むこともよく行なわれる。味がまろやかになり、悪酔いをしないのだという。メーコーン以外にもブラックキャット、ホントーンなどいくつかのブランドが作られている。値段もビールに比べればかなり安く酔っ払えるものだといっていい。

近年になって「リージェンシー」などのブランディーやワイン「シャトー・ド・ルーイ」も作られはじめた。どちらもなかなかの出来であるといっていい。ワインの原料のブドウはタイ東北部の奥地ルーイ県で生産されている。

メーコーンとソーダ

56 冷たいお菓子

夕方涼しくなるころには屋台の店が立ち並ぶ一角が出現する。いわゆるナイトバザール、夜市である。さまざまな食べものの屋台、日用品の屋台が並ぶ中、とくに欠かせないのが冷たいお菓子の屋台だといっていいだろう。氷やシロップや塩でちょっとしょっぱくしたココナツミルクをかけた一杯がほてった口の中をすっきりさせてくれる。冷やしものの屋台の前にはガラスの容器にいろいろの具が入れてある。瓜を切ったもの、黒豆、赤豆、もち米など。指差しでどんどん頼んでみよう。一品では味が単調になるので三種類くらい選んでお椀に入れてもらうのがいい。

ココナツミルクを入れるものの代表は、カオニアオ・ダム(黒もち米)で、甘く、力強く煮込んである。ココナツミルクをかけて食べる。カボチャや豆類などを加えてもらうのもよく合う。

トゥワダム(黒豆)もココナツミルクとあわせて食べる。さらに具を加えるとしたら、ロート・チョンという緑色で、長さ三センチほどの流線型のもの。正しいものはバイ・トェーイで色と香りが付けられているはずである。サリムというそうめんのようなお菓子もある。これは緑、赤、白などカラフルで色によってそれぞれちょっとずつ香りが違うような気がする。サークー(タピオカ)にココナツの果肉やトウモロコシの実を混ぜて、ココナツミルクをかけてたべるのがサークー・ピアック・マプラーオ・オーンで、他のものと混ぜて食べるというよりは単独で楽しむものだ。一品物としてはカボチャをココナツミルクで煮たファックトーン・ケーンブワット、バナナをココナツミルクで煮たクルワイ・ブワットチーが人気者である。後者はバナナの白さをチー(尼さん)の衣に見立てて、尼さん出家バナナという名前になっている。

ココナツミルクを入れないものとしては、真っ黒な仙草ゼリーのチャオクワイ、温かいものだが豆乳ゼリーをショウガ汁に浮かべたタオフワイといったところがポピュラーだ。

お持ち帰り用の袋入りお菓子

57

モチモチ系お菓子

タイ人はお菓子が大好きで、食事のあとにはちょっと甘いものを口にしないと、どうも食べ終わった気がしない。大学や役所の食堂でも、お菓子のブースがないところは見たことがない。

モチモチしたお菓子はもち米を使ったものが多い。もち米というのはそれ自体でもココナツミルクとあわせれば十分にお菓子の役割を果たしてくれる。道端でも竹筒に入れて甘く蒸したもち米を売っているのをよく見かけるだろう。カオラームといって、中にはいっているのは白いもち米のこともあり、黒豆を入れてあるものもあり、黒米、赤米といった縄文っぽい力強さを持った米もある。カノム・トゥワペープはもち米の粉を練って、中に緑豆を入れて、ココナツの削りぶしをまぶしたお菓子で、材料から見てもタイらしいお菓子の典型かもしれない。

もち米ではなくうるち米の粉を使ったお菓子もいろいろとある。カノム・チャンもその一つで、チャンというのは層になっているということ。米の粉を砂糖と混ぜて、タオヤーイヨム(タシロイモの球根からとった澱粉)や豆の粉と合わせる。で、それにトェーイ(ニオイタコノキ)の葉の汁を混ぜて緑色と甘い柔らかな香りをつけたものと、混ぜないで白いままのものをわけて、白いもの、緑のもの、白いもの、緑のものと段々になるように蒸しあげて作るものである。ちょっと見は豚の三枚肉のようになって、もっちりした食感とトェーイの香りが何ともいえない。

カノム・クルワイはうるち米の粉とバナナの実でもって作るお菓子である。バナナの実をつぶして米の粉やココナツミルクと合わせ、砂糖などを加えて蒸しあげる。バナナのほんのりした香りがいいわけだ。米の粉から作るのはカノム・ソートサイもその一つである。バナナの葉で編んだ小さな入れ物に一つずつ入れてある。上の方はプリンとして、下の方はモチモチしている。これはもち米の粉、うるち米の粉、黒もち米の粉、ココナツミルクなどいろいろ使っているのである。

餅菓子

58

卵系お菓子

卵を使ったお菓子で、カスタードのようにしないものも多い。つまり卵黄を使ってねりねりの状態にしたお菓子である。名前はいくつかあって、それぞれに少しずつ作り方も形も異なるが、味の点ではかなり近いというのが本当のところだろう。というより、どれも非常に甘くて、その甘さが強烈なために本来の味に行き着かないような気さえする。

代表的なのはカノム・トーンイップで、卵黄と、砂糖を溶かして煮詰めたシロップだけで作る黄色いお菓子である。最終的には指でつまんでギャザーを作り、ちょうど花びらのような形にするので、トーン(金)をイップ(つまむ)というような名前で呼ばれている。卵の黄身と砂糖のみで、他のものを加えないで作るのであるから、その甘さが想像できる。現在の日本ではちょっとお目にかかれなくなったような原色の甘さなのだが、タイのとくに地方の家庭ではよく作られているお菓子でもある。とくにお年寄りの大好物で、暑くて食欲の沸かない日の栄養源にしているようだ。

卵黄と砂糖のシロップにうるち米の粉を加えて練りこみ、小さな卵状の滴(ヨート)型につくったものがカノム・トーンヨートである。これも黄色が金の美しさになぞらえられた美しい名前である。さらに、うるち米の粉の代わりに豆、イモ、キャッサバの粉を練ったものと合わせて、カヌン(パラミツ)の種の大きさと形に丸めたお菓子をカノム・メットカヌンという。これは食感がかなりぽくぽくしてくるが、それでも非常に甘いお菓子であることに変わりはない。

卵黄と砂糖という同じような材料を混ぜ合わせたものを、バナナの葉を丸めて作った漏斗をつかって、細い糸のように垂れさせて、黄金の細い糸を束ねたようにまとめたものが、カノム・フォーイトーンである。砂糖と卵黄との兼ね合いが難しく、固すぎて板のようになってしまったり、細い糸のはずがラーメンのようになったりして、ちょうどよく作るのはなかなか難しいようである。これらはみなアユタヤーの宮廷で発明されたお菓子だといわれている。

トーン・ヨート

59
カスタード系お菓子

タイのカスタード系お菓子といえば第一に挙げなければならないのが、サンカヤー・ファックトーンであろう。サンカヤーとはカスタードのこと、ファックトーンはカボチャのことで、カボチャをくりぬいて中にカスタードを入れて蒸しあげるという、ちょっとデラックスな感じのするお菓子である。使う卵はアヒルの方がいいというが鶏卵でもかまわない。砂糖はナムターン・ピープ(ヤシ砂糖)に限る。ナムターン・ピープは円盤状やカタツムリ状に固めて石油缶に入れて売られている。ある種のお菓子作りには欠かせない食材なので、ナムターン・ピープのいいものが取れるところはお菓子がおいしいわけである。もちろんココナツミルクも必要だが、これは使わないお菓子のほうが例外だといってもいい。大切なものなので、粉になっているのを水で溶いたり、缶詰で売っているのよりも、自分で削って絞りたいものである。削る道具はクラターイ(ウサギ)と呼ばれるもの。ウサギの形をしていたからである。日本でサンカヤー・ファックトーンを自分で作る場合、カボチャの選び方に成否がかかっている。欲張って大きなのを選ぶと、蒸している最中で割れてカスタードがぐちゃぐちゃになる。小ぶりでしっかりと形のいいものを選ぶ。できたものは一度冷蔵庫で冷やして、カスタードがしっかりしてから食べるといい。

もう一つの立役者はカノム・モーケーンである。鉄道の南部線に乗っているとちょうどラーチャブリーを過ぎるころからしきりに売りに来る。幼稚園児の弁当箱くらいの金属製の箱に、カスタードが詰まっていて、上にちょっと豆が振りかけてある。三つでいくら、四つでいくらなどと売り歩いているが、スプーンがないと食べるのには往生する。オーブンで焼くので、カノム・モーケーンの上の方はこげ茶色になっていて、香ばしい感じである。中は柔らかなカスタードで、そのコンビネーションがこのお菓子の売りなのだろう。

カノム・モーケーン

60 ふかふか系お菓子

ふかふかした食感のお菓子もまとめておこう。ふかふかしているのはふくらし粉を入れて膨らませているからで、暑いタイではちょっと口がぽそぽそしてありがたくないようだが、案外に人気があるのは冷房の効いた部屋の中で食べるのだろうか。

カノム・トゥワイフーはふかふか系としてはごくポピュラーなものだといっていいだろう。日本の小さな饅頭くらいの大きさで、ふかふかして、膨らんだ勢いで上が割れている。材料はうるち米の粉で、砂糖とジャスミンの絞り汁とふくらし粉を加えて小さな器に入れ、蒸し器で蒸すというものだ。とくに餡こなどの具は入れないが、色を加えるので、薄いピンク、クリーム色、薄いグリーンなどのバリエーションを楽しむことができる。甘く、ほんのりとジャスミンの香りがするタイ風のスポンジケーキである。

カノム・サーリーもよく見かけるお菓子。こちらはちょうどカステラのように大きく焼いたのを、四角く切り分けて食べる。材料は小麦粉で、アヒルか鶏の卵、ふくらし粉を練って蒸しあげる。ジャスミンやバラのエッセンスを加えて香りを出してもいいし、色を加えて淡いピンクやグリーンに染めることもある。卵を加えているために、カノム・トゥワイフーよりもモチモチした重い感じになり、日本のカステラに一歩近づいた感じになる。蒸しあげる際に、上にサーリー(中国の果物「沙梨」)の乾物をちょんと載せるのがスタイルであるが、ない場合はあきらめよう。

カノム・ターンは熟したルークターン(サトウヤシの実)を使ったタイらしいお菓子である。サトウヤシの実の皮をむき、果肉をほぐして布に包んで水に漬けて渋みをぬく。小麦粉とふくらし粉と砂糖とを加えてよく練り合わす。ふくらんできたら、ココナツの削り節を加え、バナナの葉に包むか、なければ何か容器に入れて蒸し器で蒸す。出来上がりはピンポン玉くらいのふんわりした、黄色のお菓子になる。

カノム・トゥワイフー

61 串焼き

夕方、暑さもちょっと山を越えたころ、タイの街を歩いていると必ずといっていいほど食べ物の屋台に出会う。で、その中に必ずあるのが串焼きの店である。串にさして焼けば何であれとりあえず串焼きなので、立ったまま食べるのには便利になる。お行儀よく食べるのが苦手な人にはとくにもってこいの食べ物で、若い人や子供はとくに好きなのだろう。学校の引けるころになると校門の周りは串焼き屋で一杯になる。一番ポピュラーなのはムーピン(豚肉の串焼き)である。これは豚肉にあらかじめ味をつけておいて、それを炭火で焼く。焼いたあと好みによってドブンとタレにつけてくれ、付け合せの生プリック・キーヌー(青トウガラシ)と一緒に袋に入れてくれる。同じ店ではカオニアオ(もち米)も一緒に売っている。簡単な東北タイ料理の一種だといってもいいのだろう。ムーピンの店では、一緒に鶏肉の串も売っていることがほとんどである。もも肉だったり、手羽だったり、変わったところでは頭だけだったりする。レバー、ぼんぼちの串もある。

串焼き屋

一方、甘いタレを塗りつけながら焼いて、マレー風のピーナツ味の付け汁とアーチャート(甘酸っぱいキューリの付け合わせ)で食べるのはムーサテという、マレーシアの串焼きサテのタイ版である。こちらはそれ専門で他のものは売らない。味をあらかじめつけたルークチン(つみれ玉)も多い。鶏肉、魚肉、豚肉、牛肉など。

サイクローク(腸詰)も串にさして売られている。腸詰の中にはニンニクを利かせたもち米が入っており、皮のカリカリした香ばしさとあいまって絶妙の味わいである。付け合わせは、生プリック・キーヌーでこれをそのままガリガリとかじれるようになったらタイ料理食いも一人前というものだが、ほんのりと甘いもち米とよくあう取り合わせだといえる。キン(ショウガ)の薄切りもついてくる。三つとも一時に口に入れるのがおいしく食べるコツである。こちらも一緒にもち米を売っている。

62 揚げ物

屋台の中ではちょっと大掛かりな部類に属する揚げ物屋もまた人気者である。これにも二種類があって、串のついたのを客の注文に応じて細い寸胴の中の油の中に突っ込んであげるという比較的ちまちましたものと、脇に油の煮えた大鍋を置いて、鶏肉でも豚肉でも、バチョー(豚のひき肉を固めたもの)でも、がんがん揚げてしまうという豪快なものである。細い寸胴を使う方では、あらかじめ用意したさまざまな具がすべて串にさしてあり準備完了の状態で客を待っている。一番ポピュラーなのはルークチン(つみれ玉)で、豚肉のも牛肉のも鶏肉のもあり、さらに豚のエン(腱の部分)のもある。それからサイクローク(ソーセージ)がある。これも鶏肉のも豚肉のもあり、細いのは昔風に赤く着色されている。太いのはいわゆるフランクフルト・ソーセージであって、茶色くて切れ込みが入っている。さらにプー・アット(カニかまぼこ)や、チーズかまぼこ、揚げたルークチンなどなど、かなり多彩なものだといえる。一本ずつ揚げて、はさみ器で取り出すと、今度は全部串から抜いてしまう。で、一緒くたに袋に入れると、いやおうなく甘辛いタレにからませてしまうのである。大鍋で揚げるほうは具がそもそも大物である。かなり大きな鶏肉のかたまりとか、ソーセージでもいきなりフランクフルトであるとか、豚肉のかたまりとなる。こちらは揚げたものを店の前に積み上げて、それをお客さんが選んで買っていく。

揚げ物で見逃せないのはパートンコーである。一種の揚げパンで中国の焼餅に近いものだが、焼餅がフランスパンのように長いのに対し、タイのパートンコーは七、八センチのものが背中合わせに二つくっついたようになって大鍋で揚げる。どこに行くのも一緒の仲良しのことをパートンコーのようだと言うくらいだ。相棒はナム・タオフー(豆乳)である。基本的に朝のものだが、真夜中にも夜食に食べる人も少なくない。

鶏肉を揚げる

63 カノム・クロックなど

タイの道端には作りたてのお菓子もたくさん売っている。作りながら売る典型は、鉄板の上でうるち米の粉を直径七、八センチの円盤状に伸ばして、ちょっとした具を入れて二つに折りたたむというカノム・ブアンである。リズミカルにくるくるっと丸く伸ばしたと思ったら、そこに白いクリームを載せ、いろいろな具を彩りよくちょんちょんと入れて、手際よく折り返していく。具はココナツの果肉を削ったものとか、エビとか、モヤシを入れる。味はしけて柔らかくなりかけた瓦せんべいをさらに甘くしたような感じ。

タコ焼きのような鋳物製の焼き器に、小麦粉とココナツミルクで作ったとろとろを入れて焼くのはカノム・クロックである。クロックとは台所用の小型臼であって、タイの主婦のシンボルである。お菓子の形からそういうのだが、実際は盃といったほうが近いように見える。盃の外側はカリカリに、内側は柔らかい感じにする。これも何も入れないで焼いたのでは香ばしいだけで愛嬌がないから、中にちょっとだけ具を入れてアクセントにする。小さな箱に入れてくれて、一〇個で一〇バートくらいか。

道で出会うお菓子といえば、そこで作っているわけではないけれど、カノム・トゥワイがある。小さなぐい飲みのような陶器製の器に、ココナツミルクを使って作ったカスタードを入れたものを数十もかごに載せて天秤棒で売りに歩く。買うと、へらでその容器から中身だけをクリンクリンと上手に出して、発泡スチロールの箱に入れてくれる。陶器製のぐい飲みは売り物ではないので念のため。バナナの葉に、ココナツミルクと一緒に甘く蒸しあげたもち米のお菓子を包んでいるのがカオトム・マットである。一見したところは新潟の笹団子のようで、縛ってあるのを解いて葉をむいてみると、もち米で黒豆もあまく蒸しこんである。中に入れる具はいろいろだが、なかなか腹にたまるお菓子で、鉄道に乗っているとしょっちゅう売りに来る、車内販売の常連でもある。

カオトム・マット

64 嗜好品

タイの食文化上、最大の嗜好品はマークである。これはマーク(ヤシ科ビンロウ)の実の核をスライスして、石灰を塗ったプルー(コショウ科キンマ)の葉に包んで噛むものである。八〇年代初めまでの、地方のお年寄りはよく噛んでいたものだが、現代ではほとんど見かけなくなった。とはいえ、マレー半島からアッサム州に至るまでタイ族全体に広く分布する習慣であり、現代でも行なわれている地域は珍しくない。タイ族以外でも、台湾などには路上のビンロウ売り屋台がそこここにあるし、インド人もよく口を動かしては赤い汁を吐き出している。インドや中国ではもっぱら男性の嗜好品であるが、東南アジアではタイでもベトナムでも男女ともにたしなんできた基本的な嗜好品だということができる。お客をもてなす道具の中には、マークの道具一式と、噛み汁と噛みカスを吐き出す壺が不可欠である。それらは螺鈿や漆の工芸品としてもすぐれた作品を伝えている。古典文学でも、男女の語らいの場面などには大切な小道具として用いられているアイテムである。

キンマークをすると、初心者は口がしびれ、体が熱くなり、酔ったようになるというが、慣れると程よい刺激となる。

北部では蒸したお茶の葉を発酵させ、岩塩やニンニクを巻き込んで噛む、ミエンが好まれている。噛みタバコに近い存在である。U字型の小さな金属性パイプに石灰などの薬味を入れて、パイプの片方を口にくわえ、もう片方を鼻の穴に入れ、薬味を吹き入れるというものもあり、ヤーナット(鼻の薬)と呼ばれていた。男性のもので、今ではほとんど見かけない。

タバコはアユタヤー時代から伝わっており、バナナの葉などで巻いて飲まれていた。紙巻はハイカラなものでラタナコーシン朝中盤以降になって一般に広がり、アメリカ産、英国産、中国産、日本産などのタバコが輸入された。同時にタイ国内でもエジプト人や中国人によってタバコが生産されたが、一九三九年にタバコ公社が設立されてから国内での生産は一元化されている。

プルー

65
煮る

具を煮ることによってスープを作るというのはタイ料理ではもっとも古層に属する調理法である。煮るのは大方は水をベースにしている。しかし東北タイなどでは、魚に塩をして甕の中で発酵させたプラーラー(現地の発音ではパーラー)を絞って布漉ししたナム・プラーラーを煮立てて、そこに具を入れて煮ることもあり、中央部タイではココナッツミルクを入れて煮ることも行なわれている。トウガラシやハーブ、ホームデーン、ニンニクなど材料を細かく切って、クロック(台所臼)で叩き潰し、すりつけて、混ぜ合わせ、ペースト状に作り上げたものが、クルアン・ケーン(カレーペースト)である。これを煮立った水にそのまま溶かしたり、フライパンで炒めてから水に溶かしたりして、それをベースにした汁物のことをケーンという。クルアン・ケーンはまさにケーンの母であり、その出来具合が出来上がりのケーンの味を左右する。タイ料理の体系の中で、一番むずかしく、工夫が積み重ねられている部分がここにある。クルアン・ケーンはごく多様で、多くのレシピをもつが、近頃では何かと時間の節約をしなければならないと見えて、スーパーにはインスタントのカレーペーストの素が何種類も売られている。

一方、クルアン・ケーンを使わずに、煮立った湯にそのままハーブやメインの具を入れて、鍋の中で味を作っていく汁物をトムと総称している。酸っぱくて辛いトムヤムや薄味のトム・チュートはその代表的なものである。トム・チュートは一九六〇年代くらいからケーン・チュートとも慣例的に呼ばれるようになっているが、本来はトム・チュートである。東北タイのトム・セープもこの系列の料理である。酸っぱくて辛いが、その後ろにどこか甘さが秘められているのが特徴である。あひるのトゥンや魚の姿煮など、中国の煮物がタイ料理に受容されたのは、中国人移住者が増え、一定の社会的パワーを持ちつつも、対社会に同化を始めた二〇世紀中盤過ぎになってからであろう。

トムチュート

66 炊く・蒸す

タイ人の主食は古来米の飯であるから、炊かないで食べるわけにはいかない。伝統的に、米はモー（ぷっくりした土鍋）で煮て食べる。いわゆる湯取り方で、湯を中途でこぼしたり、蓋をあけて水分を蒸発させたりして、水がなくなるまで米を煮るのである。日本のように水分をできるだけ外に出さないようにして、蒸らしながら炊くのとは方針が正反対に異なる。飯鍋の底にはおこげがこびりつくが、これはこれで油で揚げてお菓子にしたりして食べる。水分をとばしながら米を煮るもっとも典型的な例は、寺祭りなど大量の飯を炊くときにクラタ・バイブワ（巨大な中華鍋）を使って炊くような場合だろう。バイブワとは蓮の葉という意味で、鍋の口径は一メートル近くある。もちろん蓋などなく、水の加減、火の加減を見ながら、木のへらでかき混ぜつつ煮るのである。クラタ・バイブワで上手に飯を炊くのは熟練を要するが、最後に鍋の底にこびりついたパリパリの部分はカオタンといってとくに上等のおやつである。

米を蒸して食べるのは、東北タイ、北部タイの主食であるカオニアオ（もち米）である。水に漬けておいたカオニアオをフワット（竹製蒸し籠）に入れて下から蒸しあげる。フワットは竹を編んだ籠で、じょうごのような形をしている。カオニアオをその中に入れて、布かバナナの葉で蓋をして、水を入れた鍋の上にすえつけて、下から火を焚くと、蒸気が竹の網目から入ってカオニアオを蒸すのである。その他の蒸し料理は中国人の食卓から伝わったものである。中でもカイ・トゥン（茶碗蒸し）、ペット・トゥン（アヒルの蒸しスープ）など、料理を陶器の容器や皿に入れて、重ねた蒸しざるの中で蒸しあげるトゥンの技法はとくに広く受け入れられているものである。大きな魚でもヌン・ブワイ（梅蒸し）、ヌン・スィーイウ（醤油蒸し）など、現在一般に食べられているご馳走の中には中国風の蒸し料理が少なくない。

蒸しあがったもち米

67 炒める

炒めるという調理法は、炒める道具、クラタ(中華鍋)が入ってきてから後のことである。というと新しい技法のように聞こえるが、一三世紀のスコータイに中国商人が出入りしていたことも議論の余地のないことであり、中国人とタイ人の交渉は古代にさかのぼるので、タイ料理としてはごく古い技法の一つではある。しかし、中華料理の中でも比較的に新しく一〇〇〇年ほどの歴史しかないといわれており、道具としてのクラタと中華鍋が同一の形式のものであるのか否か、クラタという語彙と中華鍋をあらわす漢語がどういう関係にあるのか、など問題点は尽きない。

炒めるといっても強火で全体に火をまわすパット、比較的に長時間をかけて炒るクワ、薄く張った油の中で泳がすように炒めるチアオとさまざまな形がある。日本語ではどれも炒めると呼ぶものの、技法としては別個の技法であり、同時に発展したと考える必要はまったくないわけである。チアオとパットの場合には中華鍋が必要であり、さらにパットには非常に強い火力が不可欠である。一方、クワなら油抜きでも行なうことができ、火力もそれほど強いものでなくても問題がない。クラタという道具だけあっても、十分な火力が得られなければパットは不可能である。宮中や特別な身分の人は中国式のかまどを持っていたであろうからともかく、一般タイ人の家庭料理に強火を使った炒め物が登場してくるのは、意外に時代のくだった話であるはずである。しかし、クワやチアオなら話はもう少し簡単であって、油(昔は豚のラード、今はサラダ油をつかう)とクラタさえあれば、さまざまなものを炒ったり、卵をチアオしたりできる。たとえばケーン・クワなどは古い詩やレシピ集にも顔を出す典型的なタイ料理であるし、ナムプリックやクルアン・ケーンを作るときにもニンニクをチアオしてからクロックで搗き込んだりするほどで、クワやチアオといった技法は一般民衆の暮らしにまでしっかりと入り込んでいるわけである。

炒める人

68
漬ける

マック(漬ける)というのは発酵を利用して保存食を作ったり、発酵する前とは別の濃い味になったのを調味料に使うわけである。ドーン(漬ける)は腐敗を防ぐために漬物にすることで、マックもドーンもタイ族が古くから持っている調理の技法だと考えられる。

　マックして作るというと最初に思い出すのはナムプラーだろう。これは小魚を塩漬けにして、上から水をかけ、染み出る水を集めたもので、風味のあるしょっぱさを売り物にする調味料である。同じように魚を使った発酵調味料としては、南部タイにはナム・ブードゥー、ナム・タイプラー、ナム・プンプラーがあり、東北タイにはプラーラーがあり、北部にもナム・プーがあって、それぞれに食卓に貢献しているものの、ナムプラーのような穏やかさはなく、個性の濃い香味料である。いずれも塩と魚肉または蟹肉をハイ(両ミミ土器の壺)に入れて、密閉して日向に数週間から数ヶ月間を放置して作る。肉を焼く前に数時間タレに漬け込んだりするのもマックである。カイ・ヤーンは、鶏を漬け込んでおき、炭火で焼くものだし、牛肉のナムトックも焼く前には数時間タレに絡ませてマックする。そうすることにより、肉本来の味も出るし、タレの味も肉にしみこむのである。肉類はとくにマックすることが多いが、麺類でも生麺のクイティアオ・センヤイやカノムチーンでは生地を作ってから麺にするまでの間に、数時間ねかせるものがある。とくに北部、東北部ではねかせたものが好まれる。色はほんの少しクリームがかり、歯ごたえが強くなるほか、味もすこし深い感じになる。

　一方、漬物にするというドーンはほとんどが野菜を漬けて保存期間を長くするものである。酢で漬けたり、ナムプラーで漬けたり、タオチアオ(豆醤、みそ)に漬けたり、米のとぎ汁に漬けたりと、漬けるものはさまざまである。漬けられるものも、野菜だけでなく、魚肉、貝類などの動物類もある。マムワン(マンゴー)などの果物を漬ければ、タイ女性なら誰でも好きな酸っぱいお菓子になる。

カニの酢漬けプー・ドーン

あとがき

食べるという行為は人間のからだにとってかかせない。それは、心にとってひとときも欠かすことのできない言葉と並んで、文化の根幹をなすものである。それだけに「食」について十全な記述をして、その特徴を明らかにするのは、文化史を志すものにとっては夢のひとつである。そう思って、とにかく引き受けてみたが、いざ手をつけてみると、その難しいことは、山の素人がヒマラヤ登山に出発するようなものであった。「食」の問題は一つ一つ、ひどく複合的なのである。作ったり、運んだり、調理したり、食べたりと、食卓上の食べものには人間の仕事が全部反映されている。筆者は曲がりなりにも二十数年間にわたって、タイ料理と言われるものを食べてきたが、自分では料理をしたことも、田んぼに足を踏み入れたこともない。あれこれ知らないことばかりで大いに困惑した。

そういうわけで多くの方々のお力を借り、お時間を頂戴してこの本をこしらえなければならなかった。

まず、この仕事をご紹介いただいた神田外語大学学長の石井米雄先生にはお忙しい中をお願いして歴史の分野の原稿に目を通していただいた。貴重なアドバイスをいただくこともできた。タイを代表する料理出版社セーンデート出版社社長ニッダー氏、同社顧問で元マヒドン大学副学長のタウィートーン博士のご夫妻には、食文化全般について相談に乗っていただいただけでなく、タウィートーン博士の著作には参考にさせていただくことが多かった。世界中を駆け回る写真家の大村次郷氏には撮影旅行に同行させていただき、数々の有益なお話を聞かせていただいた。名桜大学を卒業し現在タイ留学中の日高百合さんと、彼女の叔父上に当たるラーチャブリー県ダムヌーンサドゥワックの中華系農民パタラケットウィットさんには、実際の台所風景や調理の様子などの撮影に快い協力をいただいた。サイヤム大学日本語科講師の高田先生にはバンコク郊外の都市住民の食生活について写真撮影のご協力をいただいた。バンコクのアテナ・トレーディング社社長神田裕子氏には東北タイ料理の写真撮影についてご協力をいただいた。同じくバンコクで不動産紹介を行なう石川商事社長石川貴志氏、そのスタッフのチャルンスィー・トーポンさん、チャウィサー・ダーラートさんには南タイ料理の写真撮影についてご協力いただいた。カラーグラビアを除いて、写真はすべて筆者自身の撮影したものであるが、若干のものについては現在文科省留学生としてシラパーコーン大学大学院に留学中の原田あゆみさんの手を煩わせた。ここに記してそれぞれの方に厚くお礼を申し上げます。

料理名など、タイ語のカタカナ表記はすべて筆者の判断でこれを行なった。

日本とタイはいずれも完全食品である米を主食とする食文化を持っている。米食の場合は、基本的には日に五合の飯さえ十分に食べていればそれで栄養は足りるのであるから、副食物の役割は食べ手に飯をたくさん食べさせるということに尽きる。一方、パン食の場合、パンだけでは栄養が不足して生きていけないから、さまざまな副食物でそれを補う必要がある。おかずの位置付けがまったく違うのである。しかし、現在はタイでも日本でも、西洋の影響で栄養価の高い副食物が飯を押しのけて食卓に幅を利かせるという有様がまかり通っている。いわば下克上。本当にそれでいいのだろうか。筆者は農民でも調理者でもないが、一個の食べ手として自分のからだがちょっと心配である。

監修にあたって

石毛直道

食は文化を映す鏡である。

台所の食材には、地域の環境と生産様式が反映されている。台所用具や料理法には、民族の伝統的技術が集約されている。食卓での作法には伝統的な人間関係のルールや宗教が顔をのぞかせ、冠婚葬祭や年中行事も食事の場に象徴される。作物や家畜のおおくは歴史的な異文化交流によってもたらされたものである。基本的な人間活動である食のあり方をみることによって、地域や社会を理解することができる。

台所と食卓から世界を読み解こうというのが、この『世界の食文化』シリーズである。各地域の食生活について紹介するだけではなく、食を切り口にしてみえてくる地域や民族の文化についての考察を試みている。

地域別に構成された各巻の執筆者は、それぞれの地域での生活体験をもつ第一線の研究者たちである。さまざまな専門領域から、わかりやすく食を論じた論考には、従来日本人がそれぞれの地域にいだいてきた常識をくつがえす問題意識がふくまれている。

各巻に共通するテーマとしては、それぞれの地域における現代の食文化の特色を基軸に、その形成過程を歴史的にとらえ、食文化の伝統と変化を描きだすことである。

したがって、各巻をそれぞれの地域の生活文化論として、独立した単行本として読むこともできるし、全巻を通覧、比較することによって、グローバル化時代の食の文明論として読むことも可能である。

この企画を構想するにあたって、財団法人味の素食の文化センターの御協力を頂いた。記して感謝の意を表したい。

山田 均（やまだ ひとし）

一九五九年、千葉県生まれ。早稲田大学大学院博士後期課程単位取得退学。名桜大学国際学部助教授。

『タイこだわり生活図鑑』、『トムヤム生活タイの壷』（以上トラベルジャーナル）、『やさしいタイ語会話』（ユニコム）、

『タイ自由と情熱の仏教徒たち』（三修社）など。

世界の食文化 ❺ **タイ**

二〇〇三年一〇月二三日　初版第一刷発行

著者―山田 均　**ブックデザイン**―杉浦康平＋佐藤篤司　**本文組版**―今東淳雄　**地図制作**―白砂昭義

発行所―社団法人農山漁村文化協会　〒一〇七-八六六八　東京都港区赤坂七丁目六-一　URL―http://www.ruralnet.or.jp/

電話―〇三-三五八五-一一四一（営業）〇三-三五八五-一一四五（編集）　**FAX**―〇三-三五八九-一三八七　**振替**―〇〇一二〇-三-一四四四七八

印刷・製本―株式会社東京印書館

ISBN4-540-03217-8　〈検印廃止〉

日常茶飯事ともみえる「食」の文化を発見！

講座 食の文化［全7巻］

モノからこころへ　過去から未来へ

発行…(財団法人)味の素食の文化センター
発売…(社団法人)農山漁村文化協会
監修…石毛直道
菊判・上製、各巻平均四〇〇頁・カラー二四頁
定価＝各六、八〇〇円　揃価＝四七、六〇〇円

石毛直道氏を中心に専門を超えて約20の分野の研究者が集い、食の営みを多角的に捉えた「食の文化フォーラム」十数年間の成果を集大成。学問分野として軽視されがちだった食文化に関する総合的な研究体系を、国内では初めて提示した画期的な企画。

❶人類の食文化(責任編集…吉田集而)
❷日本の食事文化(責任編集…熊倉功夫)
❸調理とたべもの(責任編集…杉田浩一)
❹家庭の食事空間(責任編集…山口昌伴)
❺食の情報化(責任編集…井上忠司)
❻食の思想と行動(責任編集…豊川裕之)
❼食のゆくえ(責任編集…田村眞八郎)